마을이 세계를 구한다

Village Swaraj

마하트마 간디 | 김태언 옮김

녹색평론사

책머리에

'나바지반 트러스트'가 '마을 스와라지'[1]에 관한 마하트마 간디의 글을 발췌하여 책으로 출판하는 것은 참으로 고마운 일이다. 여기에는 농촌생활의 여러 분야, 즉 농업, 마을산업, 가축 돌보기, 운송, 기초교육, 건강, 위생 등에 대한 간디지[2]의 견해가 들어있다. 우리가 정치 및 경제적 권력의 광범위한 분산에 기초하여 인도에 판차야티 라지를 세우려 노력하고 있는 이 때에, 이 책은 다수의 공식 및 비공식 일꾼들에게 큰 가치가 있을 것이다. 공동체 개발운동은, 주로 서구 민주주의에서 수입된 프로그램의 일종으로 간주되어서는 안된다. 그것은 반드시 인도의 조건과 전통에 기초를 두어야 한다. 따라서 이 운동에 참여하기 위해 훈련을 받고 있는 모든 일꾼들은 농촌재건의 여러 면에 관한 간디지의 생각에

---
1) 자치, 독립을 뜻하는 말.(이하 각주는 모두 역자 주)
2) Gandhiji. 마하트마 간디에 대한 존칭 겸 애칭.

대해 충분한 지식을 갖는 것이 가장 중요하다. 우리가 만일 인도의 발전에 관한 간디지의 경험과 이상들을 간과하고 지나쳐버린다면 우리의 민주주의가 건전한 기초 위에서 진화해나가는 데 커다란 위험을 초래할 것이다.

간디지가 현대의 산업화에 대하여 시대에 뒤떨어진 생각을 가지고 있었다는 생각은 옳지 않다. 그는 사실 기계화에 반대하지 않았다. 그는 '기계에 대한 열광'에 강하게 반대했다. 그는 마을들의 수백만 장인들에게 일거리를 제공할 수 있는 작은 기계들의 개량을 환영했다. 그는 대규모 공장의 대량생산 대신에 다수의 사람들이 가정에서 할 수 있는 생산방식을 옹호했다. 간디지는 노동력이 있는 모든 인도사람들에게 충분한 일거리를 주고자 했고, 이러한 목표는 시골의 마을산업과 가내공업을 효과적으로 조직하는 것에 의해서만 성취될 수 있다고 주장하였다. 농촌지역의 놀고 있는 인력을 완전히 활용하지 않는 경제계획은, 건전하거나 이성적이라고 말할 수 없다. "굶주리고 할 일 없는 사람들에게 신(神)은 일과 양식에 대한 약속의 모습으로 나타났을 때에만 받아들여질 수 있다"고 간디지는 말했다. 완전고용이라는 이 이상을 이제 서구의 경제학자들은 특히 인구가 많고, 증가하고 있는 저개발 국가들에서의 계획경제개발의 기초로 인식하고 있다. 갈브레이드 교수는 완전고용이 실업과 결합된 생산 증가보다 더 바람직하다는 견해를 표명했다.

마하트마 간디는 마을 판차야트[3] 조직을 통한, 경제와 정치권력

---

3) 선출된 몇명으로 구성되어 마을 일을 돌보는 마을회의.

의 분산을 강하게 호소했다. 그는 인도의 판차야트 체계가 과학적으로 작용하면 시골의 사회적·경제적 힘을 구축할 수 있을 뿐만 아니라 외국의 침입에 맞서 국방력을 강화할 수도 있다고 굳게 믿었다. 아카리아 비노바 바베 역시 인도의 마을들을 그라마다나[4]를 통한 협동공동체체제 위에 조직할 긴급한 필요를 강조해왔다. 이러한 탈중심화된 민주주의라는 이상이 중세적 관념에 기초한 감상적인 제안으로 간주되어서는 안된다. 서구의 현대 경제학과 정치사상을 공부해보면, 오늘날 탈중심화된 제도들이 민주주의를 안정된 기초 위에 세우는 데 결정적인 것으로 간주됨을 알 수 있다. 조아드 교수는 "사회적 활동에 대한 신념이 다시 활기를 띠게 하려면 국가는 나누어지고 그 기능은 분산되어야 한다"고 말한다. 《페이비언 사회주의》라는 책에서 콜 교수는 평범한 남녀들 사이에 집단행동 능력을 널리 확산시키기 위해서 "우리는 우리 사회를 작은 민주주의에 기초하여 세우기 시작해야 한다"고 말했다. 이런 입장에서 볼 때, 인도의 시골에서 열의와 활기를 가지고 시작된 '판차야트 라지'의 실험은 간디지가 제시한 마을 스와라지의 목표를 향한 옳은 발걸음이다.

무엇보다도 우리는, 간디지가 오직 물질적 가치에만 기초한 사회·경제질서를 대변한 것이 아님을 마음속에 분명히 새겨야 한다. 그는 항상 소박한 삶과 고매한 사상이라는 이상을 지지했고, 단순히 높은 생활수준이 아니라 보다 높은 삶의 수준을 위해 일했다. "문명의 진정한 의미는 욕구를 늘리는 것이 아니라 의도적으

---

[4] gramadana. 마을을 보시하는 것.

로 또 자발적으로 욕구를 제한하는 것이다"라고 간디지는 말한다.

불행히도 경제생활의 이 윤리적·도덕적인 면은 흔히 무시되어 인간의 진정한 복지에 손해를 끼쳐왔다. 현대 경제학자들은 지금 저변이 넓고 빠른 경제성장을 위해서 상품에 대한 투자에 더해서 사람에 대한 투자가 긴급히 필요하다고 강조하고 있다. 슘페터 교수의, 경제적·정치적 민주주의의 성공을 위해 "적절한 능력과 도덕적 성품을 가진 개인들이 충분히 많이 존재해야 한다"는 지적은 올바른 것이다. 크로스란드는 같은 생각을 다음과 같이 강력하게 표현하였다. "정작 풍요의 시대에 들어서서, 그것을 어떻게 즐길지를 우리에게 가르쳐줄 가치들을 잃어버렸다는 것을 알게 되는 것은 우리가 원하는 바가 아니다." 따라서 간디지가 꿈꾼 새로운 인도 건설이라는 위대한 모험에 종사하는 모든 일꾼들이 끊임없이 마음속에 지니고 있어야 할 것은 우리 계획의 이 인간적·도덕적 면이다.

뉴델리
1962년 11월 13일
슈리만 나라얀

서문

인류 역사에서 오늘날처럼 인류 통일이라는 이상이 세계의 정치가, 과학자, 문인, 문외한 모두의 주의를 끈 일은 없었다.

스리 아우로빈도의 말로 하면 "오늘날 인류 통일이라는 이상이 다소 막연하게 우리 의식의 전면으로 나오고 있다. 시대의 지적·물리적 상황이 그것을 준비했고, 거의 강요하였다. 특히 과학적 발견들은 지구를 너무나 조그맣게 만들어서 이제 지상의 가장 큰 왕국들도 한 나라의 지방에 불과한 것처럼 보이게 만들었다." 아놀드 토인비의 지적은 옳다. "서구의 기술발달은, 시적(詩的)으로 표현해서, 거리를 없애버렸고, 동시에 인간의 손에 역사상 처음으로 인류를 없애버릴 수 있는 무기를 쥐어주었다. (…) 지금 우리에게 그토록 긴급하게 통일이 필요한 이유는 선풍적인 것이면서 진부한 것이기도 하다. 그것은 간략하게 '하나의 세계가 아니면 아무것도 없다'라는 경구에 담겨있다. 오늘날 정치적 의식이 있는 사람이라면 누구에게나, 핵의 시대에 우리가 지금 전쟁을 폐지하지 않는다면 전쟁이 우리를 전멸시키리라는 것은 명백하다." 피티림 소로킨은 세계가 직면한 현재의 문제를 아무도 흉내 낼 수 없는 언어로 다음과 같이 말했다. "전쟁의 상처로 피 흘리면서 핵의 프랑켄슈타인에 의해 겁에 질린 인류는 죽음의 덫에서 벗어날 길을 간절히 찾고 있다. 인류는 명예롭지 못한 죽음 대신에 삶을 갈망한다. 전쟁이 아니라 평화를 원한다. 증오가 아니라 사랑에 굶주리고 있고, 질서가 무질서를 대신하길 바란다. 인류는 더 나은 인간성을, 더 큰 지혜를 꿈꾸고 로봇문명의 피투성이 누더기 대신에 더 훌륭한 문화의 옷으로 몸을 감쌀 것을 꿈꾼다. 그러나 어리석게도 스스로 죽음의 덫에 빠져들어 '살 것인가 말 것인가' 라는 냉혹한 문제를 마주하고, 이전보다 더욱 간절히 생존과 불멸에의 영원한 추구를 해나가도록 강요당하고 있다."

지금 죽음을 거래하는 무기들로 도전을 받고 있는 인류가 제때에 올바른 노선으로 행동하지 못한다면 그 결과는 전면적인 파멸이 될 것이다. 인류의 구원은 세계정부 설립에 있다. 전쟁을 종식시키는 길은 그것뿐이다. 그리고 진정한 세계정부 설립은 반드시 현존하는 국가들의 국가주권 폐지를 포함한다.

국가주권 폐지는 성취하기 쉽지 않기 때문에 어떻게 세계정부를 설립할 것인가는 중요한 문제이다. 간디지처럼 말하는 정치가들은 아주 드물 것이다. "우리가 독립보다는 보편적 상호의존성을 수용할 용의가 있음을 표현하는 것이 거창한 일이거나 불가능한 일이라고 보지 않는다. 자기희생의 논리적인 다음 단계는 공동체를 위한 개인의 희생, 지역을 위한 공동체의 희생, 광역을 위한 지역의 희생, 국가를 위한 광역의 희생 그리고 세계를 위한 국가의 희생이다." 아놀드 토인비는 "핵시대에 우리의 정치가들에게 필요한 정신은 확실히 아쇼카의 정신(즉 비폭력)이다. 우리는 이제 통일 없이 지낼 수 없다. 그러나 우리는 또 이제 이 필수불가결한 목표를 강제적 방법으로 추구할 수가 없다. 강제가 아니라 전향이 인류 통일을 위한 유일한 방법이다. 핵시대에 무력의 사용은 결합이 아니라 자멸을 가져올 것이다. 한때는 오직 양심에 의해 아쇼카를 따르게 되었었지만, 이 시대에는 양심뿐 아니라 두려움에 의해 정책이 결정된다"고 했다. 그러므로 분명한 것은 폭력의 길은 인류에게는 언제나 닫혀있다는 사실이다. 마하트마 간디는 스리 바라탄 쿠마라파의 책 《마을주의》의 서문에서 "우리 세대가 겪은 지난 두번의 전쟁은 그런 경제질서가 완전히 파산했음을 증명해 보여주었다. 덧붙여서 나에게는 그 전쟁들이 전쟁의 파산도 증명한 것으로 보인다"고 말했다. 이제는 비폭력의 시대가 시작되었다고 말할 수 있기를! 이제 세계는 비폭력이라는 이 무한한 보물을 개발해내는 것 외에 다른 대안이 없다. 지금까지는 세계의 모든 현실주의 정치가들이 이 비폭력을 경멸스러운 듯이 보아왔다. 간디지는 인도가 수행해야 할 확실한 임무가 있다고 믿는다. 그는 "깨어난 자유로운 인도는 신음하고 있는 세계에 전할 평화와 선의의 메시지를 가지고 있다"고 말한다. 그는 또 "나는 마음 가장 깊은 곳에서 세계가 출혈로 죽음에 이를 만큼 병들어 있음을 느낀다. 세계는 출구를 찾고 있고, 그리고 출구를 갈구하는 세계에게 현실에서 벗어날 길을 보여주는 것이 오래된 나라 인도의 특권일 것이라고 믿는다"고 말한 일도 있다. 아놀드 토인비에 의하면 "인도의 특별한 기여는 인도의 관대함과 너그러움일 것이다. (…) 그리고 이것이 통일된 인류에게 준 인도 특유의 선물이었다고 미래의 세대들은 말할 것이다."

분쟁 해결의 궁극적 수단이 군사력인 한, 세계정부를 통한 세계평화 확립은 공허한 꿈으로 남아있을 것이다. 우리가 영구적인 평화를 원한다면 무력의 사용은 완전히 배제되어야 한다. 지속적인 평화를 보장할 수 있는 것은 오직 도덕적 제재로 뒷받침된 세계정부뿐이다. 크기에 상관없는 모든 구성단위의 평등과 우애에 기초한 세계연합이 세계평화를 확보하는 데 크게 기여할 것이다. 세계정부 자체만으로는 평화를 보장할 수 없다. 왜냐하면 상충하는 각 나라들의 사회경제체제 속에 전쟁의 뿌리가 있기 때문이다. 그 뿌리부터 달라지지 않는 한 세계평화에 대한 희망은 망상일 것이다. 따라서 세계 조직은 진정한 민주주의의 활동을 확립하고 모든 형태의 착취를 확실하게 제거해야 한다. 진정한 민주주의의 활동을 돕고, 개인들의 완전한 성장을 위한 공간을 제공하는 것은 작은 단위들뿐이다. 단위가 커질수록 개인의 주도성과 자유의 범위는 줄어든다. 보다 큰 조직은 통일성과 조직성을 추구하여 개인과 보다 작은 무리들을 억제하는 경향이 있다. 그들은 결국 정체(停滯)와 부패를 증가시킨다. 그러므로 지속하는 세계평화를 성취하기 위하여 현재의 정치경제체제를 분산된 작은 단위들로 이루어지도록 재조정하는 것이 절대로 필요하다. 그렇지 않으면 세계평화라는 목표 자체가 좌절될 것이며, 세계정부는 극복할 수 없는 거대한 문제들을 초래하여 위험에 처하게 될 것이다. 따라서 분산된 정치적·경제적 단위들이 피할 수 없는 선택이다.

작은 단위와 보다 단순한 조직으로 집중되어 있을 때 집단의 삶이 더 쾌적하고 다양하며 생산적이라는 사실을 인간의 경험은 증명한다. 작은 단위들만이 가장 강렬한 생명을 가지고 있다. 거대한 지역에 퍼져있는 집단은 응집력과 생산성이 부족할 것이다.

고대 그리스 도시국가들과 인도의 마을공화국들은 풍요롭고 세력 있는 삶의 전반적인 발달의 예를 제공하였다.

판디트 자와할랄 네루는 이렇게 썼다.

이러한 마을 자치시스템은 아리안족의 정체(政體)의 기초였다. 그 체제에 힘을 준 것은 이 시스템이었다. 마을 집회들은 자유를 몹시 소중히 생각했으므로 어떤 군인도 왕의 허락 없이 마을에 들어올 수 없도록 규정했다. '니티사라'는 신민들이 왕의 관리에 대해 불평을 하면 왕은 "자신의 관리가 아니라 신민들의 편을 들어야 한다"고 말했다. 그리고 많은 사람들이 불평을 하면 그 관리는 해고시켜야 한다. "왜냐하면 관직의 허영에 취하지 않는 사람이 있는가"라고 니티사라는 말한다. 오늘날 이 나라에서 잘못되게 처신하고 우리를 잘 다스리지 못하는 많은 관리들에게 특히 해당되는 현명한 말들이다!

*

1830년에도 영국의 인도총독 찰스 메트 칼프는 마을공동체를 다음과 같이 묘사하였다.

"마을공동체는 거의 자족적이고 외부에 대해 거의 독립적인 작은 공화국이다. 그들은 다른 어떤 것도 존속하지 못하는 곳에서 존속한다. 각각이 분리된 작은 국가인 이 마을공동체들의 연맹은 그들의 행복과, 자유와 독립의 상당 부분을 누리는 데 크게 도움이 된다."

이 묘사는 옛 마을 체계를 아주 칭찬하고 있다. 우리는 거의 목가적인 상황을 본다. 의심할 바 없이, 마을들이 갖고 있는 상당히 큰 자유와 독립은 좋은 것이었고, 또 다른 좋은 점들도 있었다. (…) (마을공화국들을) 재건하고 새롭게 태어나게 하는 일은 여전히 우리가 해야 할 일로 남아있다.

간디지가 생각한 이러한 마을 스와라지의 모습은 옛날의 마을 판차야트를 되살리는 것이 아니라 오늘날 세계의 상호관계 안에서 독립적인 마을 단위인 스와라지를 새롭게 형성하는 것이다. 마을 스와라지는 정치학·경제학·사회학 분야에서의 비폭력의 실제적 구현이다.

간디지에 의하면 이상적 사회는 국가가 없는 민주주의, 계몽된 무정부 상태이며, 거기서는 사회생활이 아주 완전해져서 자기규제가 이루어진다. "이상적인 상태에서는 국가가 없기 때문에 정치권력이 존재하지 않는다." 간디지는 이상의 완전한 실현은 불가능하다고 믿었다. "이상은 넓이는 없고 오직 길이만 있는 유클리드의 직선과 같은 것으로, 아무도 그릴 수 없었고 앞으로도 그릴 수 없을 것이다. 그렇지만 그 이상의 직선을 생각 속에 가지고 있었기 때문에 우리는 기하학을 발전시킬 수 있었다." 그는 정치 분야에서 마을 스와라지를 국가 없는 민주주의라는 자신의 이상에 근접하는 것으로서 제시했다. 그는 가장 적게 통치하는 정부가 가장 좋은 정부라고 생각한다. 공산주의 철학에 의하면, 그 마지막 단계는 "국가는 시들어 없어져버린다." 그러나 전체주의 국가 러시아에서는 모든 권력이 국가에 집중되었다. 그곳에서 언젠가 국가가 시들어 없어지리라고 믿기는 어렵다. 마하트마 간디는 실제적인 이상주의자여서 국가 없는 민주주의라는 이상의 실제적 유용성을 깨달았고, "국가가 시들어 없어지는 것"이 아니라 "국가를 분산시키는" 마을 스와라지를 제시하였다. 따라서 마을 스와라지는 '국가가 시들어 없어짐'이라는 먼 목표와는 달리 실현 가능한 지평에서 이상을 표현한 것이다.

현대의 민주주의는 선거 중심이고 정당이 주도하여 권력을 지향하는 중앙집중적인 복잡한 메커니즘으로 이루어져 있다. 권위의 집중이 현재의 모든 정치체제의 특징이다. 그들은 자본주의든 사회주의든 혹은 공산주의 체제이든 간에 모두 다루기 어렵고 불안정하게 되었다. 개인들은 투표자로서 주인이라고 칭해지기는 하지만 사실상 더이상 중요한 존재가 아니다. 그들은 정기적으로 선거 때에 투표자로서 나타나고 나서는 다음 선거 때까지 잠들어 있다. 투표만이 개인이 수행하는 정치적 행동이 되었고, 그것마저도 중앙에 집중된 정당체제의 지시하에, 또 주로 집중된 경제권력의 도구인 신문들의 지도 아래에서 하도록 강요되고 있다. 개인은 정부정책 형성에 거의 목소리를 내지 못한다. 복지국가나 전체주의체제에서, 개인은 잘 먹고 말없이 이리저리 이끌려 다니는 짐승과도 같은 위치로 전락하였다.

간디지는 인도에서 진정한 민주주의가 시행되기를 원했다. 그래서 그는 "진정한 민주주의는 중앙에 앉아있는 스무명의 사람들에 의해 작동될 수 없다. 그것은 모든 마을의 주민들에 의해 아래로부터 작동되어야 한다"고 말했다. 마을 스와라지에서 마을은 가장 완전한 권력을 부여받은 탈중심화된 작은 정치 단위이므로 모든 개인은 정부에 직접 목소리를 낼 수 있다. 개인은 자신의 정부를 세우는 건축가이다. 마을정부는 최소한의 자격조건을 가진, 마을의 성인 주민들이 선출한 다섯명으로 된 판차야트의 지휘를 받고, 전적인 권위와 사법권을 갖는다. 거기에는 징벌체계는 없을 것이기 때문에 판차야트는 입법, 사법, 행정이 하나로 뭉쳐진 것이 될 것이다.

그러한 정부체계에는 권위에 의해 통제되는 것이 아니라 스스로 통제하는 시민들이 있을 것이다. 모든 일에 관해 정부만 쳐다보는 사람들 대신에 솔선수범하는, 시민으로서의 책임감이 잘 발달된 사람들이 있을 것이다.

진정한 민주주의, 즉 스와라지는 진정한 정치시스템의 궁극적인 원동력인 개인의 완전한 자유와 성장을 위해 일한다.

간디지가 생각한 마을 스와라지는 따라서 현재의 정치체계들의 특징을 이루는 많은 정치적 병폐들에 대해 강력한 치유책을 제공하는 진정하고 힘찬 민주주의이다. 그런 탈중심화된 진정한 민주주의는 인류 전체를 위한 메시지를 갖고 있을 것이다.

간디지에게 정치권력은 그 자체가 목표가 아니라 사람들이 삶의 모든 분야에서 그들의 조건을 개선할 수 있게 하는 수단의 하나이다. 따라서 그는 그 유명한 '마지막 유언'에서, 인도는 정치적 독립을 얻었지만 "도시들과 구별되는 70만 마을들의 관점에서 볼 때에는 아직 사회적·도덕적·경제적 독립을 얻지 못했다"고 지적했다. 그는 판차야트 라지, 즉 완전한 정치권력을 가진 비폭력적이고 자족적인 경제 단위인 마을 스와라지의 모습과 그 프로그램을 구상하였다. 간디지가 생각한 마을 스와라지는, 재산 중심인 서양 경제와 달리 인간 중심이다. 그것은 생명의 경제요, 서양의 것은 죽음의 경제이다. 간디지가 생각한 마을 스와라지 프로그램에서 당연히 중심적 지위를 차지하는 마을일꾼의 의무는, 마을들을 농업과 수공업을 통해 독립적이고 자급자족하도록 조직하고, 마을사람들에게 보건과 위생을 교육하고 질병과 불건강을 예방하는 모든 조처를 취하며, '나이탈림'[5]의 노선을 따라 마을사람들의 출생에서 죽음에 이르기까지의 교육을 마련하는 것이다.

세계평화를 희망하는 세계의 정치가들은 위에서부터 아래로의 계획을 생각하겠지만, 간디지는 바닥에서부터 위로 일해갈 것을 제안했다. 그래서 그는 "독립은 바닥에서 시작해야 한다. 따라서 모든 마을은 하나의 공화국 혹은 전권을 가진 판차야트가 될 것이다. 그러므로 당연히 모든 마을은 자립적이고, 전세계를 상대로 자신을 방어할 수 있을 정도로 자신의 일들을 관리할 능력이 있어야 한다. 그것은 외부로부터의 어떤 공격에도 맞서서 자신을 방어하도록 훈련되고 방어하다가 멸망할 준비가 되어있어야 한다. 따라서 궁극적으로는 개인이 단위이다"라고 말했다. 간디지에게 "자치는 외국정부이든 자국정부이든 정부의 통제로부터 독립하려는 계속적인 노력을 뜻한다. 만일 사람들이 생활의 모든 세세한 일에서 규제를 해주도록 정부를 바라보고 있다면, 스와라지 정부도 한심한 것이 될 것이다." 마을 스와라지에서 궁극적인 권력은 개인에게 있을 것이다.

현실에서 '마을 스와라지'의 완전한 모습을 보고자 한다면 우선 '스와라지'에 도달해야 한다. 개인에 따라서 우주가 결정된다.

---

[5] Nai Talim. 간디가 주창한 수공업 일을 통한 국민교육.

그래서 마을 스와라지는 그것을 이루고 있는 개인들이 그들의 매일의 생활에서 구현하는 스와라지 정신의 거울이 되어야 할 것이다. 따라서 마을일꾼은 첫째로 진정한 교육에 주의를 집중해야 할 것이다. 그 교육은 머리, 마음, 손의 조화로운 발달이 되어야 한다. '나이탈림'은 간디지의 타파샤(고행)의 열매이다. 간디지는 머리, 마음, 손이 조화롭게 전체를 이룬 인물이다. 비폭력의 정신이 수공예적인 일을 통해 아이들의 몸과 마음과 정신의 고른 발달을 목표로 하는 '나이탈림' 계획 전체에 스며들어 있다. '나이탈림'을 따른 진정한 교육이라는 자본설비와 함께 시민은 마을 스와라지 건설에서 커다란 자산이 될 것이다.

마을 스와라지는 자발적 협력의 기초 위에서 모든 시민에게 완전고용을 제공하고, 의식주 등 생활의 기본적 욕구에서 자급자족을 이루기 위해 일하는 인간 중심의 착취 없는 탈중심화된 단순·소박한 마을경제이다.

현대 경제체계는 방종, 욕구의 다양성, 윤리와 경제의 분리에 뿌리를 둔 것이어서 대규모이고, 기계화되어 있고, 중앙집중적이며 복잡한 구조로 되어있다. 그것은 실업, 저고용, 빈민화, 착취, 시장을 장악하려는, 그리고 자원을 위해 땅을 정복하려는 미친 듯한 경쟁 등으로 꼴사나운 모습이 되어있다. 경쟁과 갈등과 계급전쟁이 사회조직을 좀먹는다. 거기에는 인간을 기계에 원료를 공급하는 손으로, 기계의 단순한 부속물로 보는 개인의 노예화가 포함되어 있다. 그는 영혼을 죽이는 반복적인 일로 섬세한 감수성을 잃어버리고, 공장의 힘든 노동이라는 독재자를 피해서 풍기문란한 영화관이며 술집, 사창가로 오락을 찾아 달려간다. 사회는 특권을 가진 자와 그렇지 못한 자, 부자와 가난뱅이로 나누어진다. 백만장자는 사치 속에서 아무런 목표 없는 삶을 살고 중노동에 시달리는 노동자들은 입에 풀칠하기도 어려운, 오늘날과 같은 경제적 불평등은 지금껏 존재한 일이 없다. 고도의 기술선진국인 영국과 미국은 아직 실업문제를 해결하지 못했다. 그리고 그것은 인도에서 훨씬 더 커다란 문제이다. 아득한 옛날부터 주로 농업으로 생계를 꾸려온 수많은 사람들이 인도의 70만 마을에 흩어져 있기 때문이다.

마을 스와라지는 간디지의 평생에 걸친 탐색의 열매이다. 그는 굶주리는 인도의 수많은 민중과 함께하는 마음으로, 인도의 모든 병폐를 치유하는 확실한 방법으로서 이 부적을 제안했다. 아니, 이것은 역사상 어디에서나 농사꾼들이 착취당하고 굶주려온, 전 세계의 병폐를 치유할 수 있을 것이다. 판디트 네루에게 쓴 편지(1945년 10월 5일)에서 간디지는 다음과 같이 썼다.

> 인도가 진정한 자유를 얻고 인도를 통해 세계가 또한 진정한 자유를 얻으려면, 조만간 사람들이 도시가 아니라 마을에서, 궁전이 아니라 오두막에서 살아야 한다는 사실을 모두 깨달아야 한다고 나는 확신합니다. 수많은 사람들은 도시에서, 궁전 같은 집에서 결코 함께 평화롭게 살 수 없습니다. 그렇게 되면 폭력과 거짓밖에 의지할 데가 없을 것입니다.
> 나는 진실과 비폭력이 없으면 인류는 멸망할 수밖에 없다고 생각합니다. 우리는 오직 마을생활의 소박함 속에서만 진실과 비폭력을 이룰 수 있고, 이 소박함은 차르카[6]와 차르카가 의미하는

---

[6] charkha. 실잣는 물레.

모든 것 속에서 가장 잘 발견될 수 있습니다. 오늘의 세계가 그릇된 길로 간다 해도 두려워하지 말아야 합니다. 인도도 그 길로 가서, 속담에 나오는 나방이처럼 불꽃 주위에서 점점더 격렬하게 춤추다가 결국 타버릴 수도 있습니다. 그러나 인도와, 인도를 통해서 전세계를 그러한 운명으로부터 보호하고자 하는 것이 내 필생의 의무입니다.

내 말의 요지는, 사람은 자신에게 진정으로 필요한 것으로 만족해야 하고 자족적으로 되어야 한다는 것입니다. 이러한 통제력을 갖고 있지 않으면 자신을 구할 수 없습니다. 대양이 물방울들로 이루어져 있듯이 결국 세계는 개인들로 이루어져 있습니다. (…) 이것은 잘 알려진 진실입니다.

이처럼 간디지는 단순·소박한 삶과 자발적 가난을 지지했다. 그렇다고 해서 육체적 안락을 갖지 말아야 한다는 뜻은 아니다. 그는 누구나 균형된 식사, 필요한 의복과 거처를 가져야 한다고 말했다. 그는 살아있는 사람 누구라도 음식을 먹을 권리가 있다고 믿었다. 그는 "인도와 세계의 경제구조가 누구도 음식과 의복이 없어 고생하는 일이 없도록 되어야 한다. 다시 말해서, 모든 사람이 생활을 해나갈 수 있을 만큼 충분한 일거리를 얻을 수 있어야 한다. 그런데 이러한 이상은 오직 생활의 기본적인 필수품 생산수단이 대중의 통제하에 있을 때에만 보편적으로 실현될 수 있다. 이런 것들은 신이 주신 공기와 물이 그렇듯이, 또 그러해야 하듯이 모두가 자유롭게 쓸 수 있어야 한다. 그것들은 다른 사람을 착취하기 위한 거래 수단으로 되어서는 안된다. 어떤 나라나 민족 또는 집단이 그것을 독점하는 것은 옳지 않다. 이 단순한 원칙의 무시가, 우리가 오늘날 이 불행한 땅뿐만 아니라 세계 다른 곳들에서도 보게 되는 빈곤의 원인이다"라고 말했다.

모든 시민들에게 완전한 고용을 제공하는 그런 비폭력적인 경제를 구축하기 위하여 그는 산업주의, 중앙집중화된 산업체들 그리고 불필요한 기계들을 배제하였다. 그는 도시를 마을 착취의 매개체로 보았다. 그는 도시를 국가라는 사회의 신체에 있는 부스럼이라고 부르기까지 했다. 그는 미래세계의 희망은, 아무런 강제와 무력이 없고, 모든 활동은 자발적인 협력으로 이루어지는 작고 평화롭고 협력적인 마을에 있다고 말했다. 마을 스와라지에서는 전체가 사랑에 의해 다스려지므로 높은 사람도 낮은 사람도 없다. 모누가 평등하다. 카스트도 계층도 불가촉천민도, 힌두와 무슬림의 다툼도 없을 것이다. 모든 개인은 인간 본연의 지위와 신분을 되찾을 것이다.

제대로 작동되는 마을 스와라지는 세상사람들이 따를 수 있는 모범을 제공할 것이다. 그것은 인도가 세계에 주는 선물이 될 것이다. 그러면 세계의 자치적 마을 단위들은 높은 문화를 가진 지적인 활기찬 남녀들의 살아있는 우애의 장이 될 것이다. 이런 사회에서 사는 것 자체가 교육이요 성취일 것이다. 그 속에서의 삶은 자신의 모든 능력을 표현하고, 서로에 대한 봉사의 행동으로 드러나는 상호 존경과 사랑의 느낌을 교환하는 삶이 될 것이다. 문화, 예술, 시, 미술, 과학이 완전한 성취에 이를 것이다. 지상에 신의 왕국이 도래할 것이다.

마을 스와라지는 너무나 큰 잠재력을 가지고 있다. 그것을 역동적으로 실현시키는 것은 우리 모두의 일이다. 민족의 아버지의 꿈을 성취하는 것이 그에게서 풍요로운 불멸의 유산을 물려받은 이들의 의무가 된다. 따라서 현 국가정부가 마을 판차야트를 창조하고 그들에게 보다 큰 권력을 부여하는 입법을 한 것은, 옳고 적절한 일이다. 우리는 마을 판차야트들이 마음속에 간디지가 생각한 마을 스와라지의 모습을 유지하고, 그가 설정한 노선에 따라 일할 것을 희망한다.

마을 스와라지는 간디지가 마음에 두었던 정신으로 이행되어야 한다. 만일 마을 판차야트를 움직이는 책임을 진 사람들에게 자신을 내세우지 않는 봉사정신과 카스트, 종파, 사회계층의 한계를 뛰어넘는 사랑이 없다면 마을 스와라지는 간디지가 기대한 달콤한 열매를 맺지 못할 것이다.

마을시스템에 관한 판디트 네루의 말을 기억해보자. "개인이나 집단이 더 많은 것을 지니고 있으려 하면 할수록, 그 개인이나 집단이 자기중심적이고 이기적이고 편협하게 될 위험은 더욱 커진다." 우리 마을들은 현재 사회적 불화와 카스트제도와 편협성으로 고통받고 있다. 마을 판차야트를 성공시키는 길은 꽃이 뿌려진 길은 아니다. 마을 지도자들이 진정한 사명감을 갖고 개척해야 하는 길이다. 이 오래된 땅 인도가 일어나서 자신의 사랑을 완수하고, 그렇게 함으로써 세계를 위해 일했다는 진정한 영광을 함께하기를 기원한다.

이 책은 마하트마 간디지의 글 중에서 마을 스와라지에 관련된 것들을 모아 그의 생각을 가능한 한 단절 없이 제시하려는 시도이다. 통일성을 위해서 몇군데에서 간접적인 말을 직접 하는 말로 바꾼 곳이 있다. 약간의 편집과 생략 외에는 원래의 글을 충실히 보존했다.

이 머리말을 쓰도록 해준 데 대하여 슈리만 나라얀에게 감사한다.

1962년 11월 22일
H. M. 비야스

목차

책머리에 · · · · · · · · · · · · · 3
서문 · · · · · · · · · · · · · · · 7

제1장 스와라지의 의미 · · · · · · · · · 25
제2장 이상적 사회의 모습 · · · · · · · · 31
제3장 어느 쪽에 희망이 있는가 · · · · · · 34
제4장 도시와 마을 · · · · · · · · · · · 46
제5장 마을 스와라지 · · · · · · · · · · 54
제6장 마을 스와라지의 기본 원칙들 · · · · · · · 59
　　　사람 우위 – 완전고용 | 생계를 위한 노동 | 평등 | 신탁 |
　　　탈중심화 | 스와데시 | 자급자족 | 협동 | 불복종 |
　　　종교의 평등 | 판차야트 라지 | 나이탈림

제7장 생계를 위한 노동 · · · · · · · · · 70
제8장 평등 · · · · · · · · · · · · · · 76
제9장 수탁자 이론 · · · · · · · · · · · 79
제10장 스와데시 · · · · · · · · · · · · 83
제11장 자급자족과 협동 · · · · · · · · · 91
제12장 판차야트 라지 · · · · · · · · · · 97
제13장 나이탈림 · · · · · · · · · · · · 105

제14장	농업과 가축 돌보기 · · · · · · ·	123
제15장	농업과 소의 복지 · · · · · · · ·	130
제16장	농업과 가축 복지(1) · · · · · ·	137
제17장	농업과 가축 복지(2) · · · · · ·	142
제18장	농업과 가축 복지(3) · · · · · ·	156
제19장	카디와 실잣기 · · · · · · · · ·	164
제20장	그 외 마을산업 · · · · · · · · ·	183

낙농 | 쌀 찧기와 옥수수 가루내기 | 기계 기름과 '가니' 기름 |
돌설탕 | 벌 치기 | 무두질 | 비누 | 수제품 종이 | 잉크

제21장	마을 교통 · · · · · · · · · · ·	207
제22장	통화, 교환, 세금 · · · · · · · ·	213
제23장	마을 위생시설 · · · · · · · · ·	216
제24장	마을 건강과 위생 · · · · · · · ·	219
제25장	식사 · · · · · · · · · · · · ·	237
제26장	마을의 보호 · · · · · · · · · ·	248
제27장	마을일꾼 · · · · · · · · · · ·	254
제28장	정부와 마을들 · · · · · · · · ·	282
제29장	인도와 세계 · · · · · · · · · ·	287

역자 후기 · · · · · · · · · · · · · · · · · 292

독자에게

 내 글을 부지런히 읽는 독자와 내 글에 관심을 갖고 있는 이들에게 나는 일관성 있게 보이는 데에 전혀 관심이 없다는 것을 말하고 싶다. 진실을 추구하는 과정에서 나는 많은 생각들을 버렸고 많은 새로운 것들을 알게 되었다. 나이는 들었지만 나는 내면적인 성장을 그쳤다거나 육신이 다했을 때 나의 성장이 멈출 것이라고 느끼지 않는다. 내가 관심을 갖고 있는 것은 내가 나의 신(神)인 진리의 부름에 즉각 복종하는 것이고, 따라서 누구라도 나의 글들에서 불일치를 발견했을 때, 내가 아직 제정신이라고 믿는다면, 같은 주제의 두 글 중에서 나중 것을 택하는 것이 현명한 일일 것이다.

1933년 4월 29일
M. K. 간디

제1장 스와라지의 의미

스와라지는 신성한 말 — 베다의 말로 자기통치, 자기억제를 뜻하며, '독립'이라는 단어처럼 모든 억제로부터의 자유를 뜻하지는 않는다.

모든 나라가 먹고 마시고 숨쉴 수 있어야 하는 것처럼 모든 민족은 자신의 일을 아무리 서툴게라도 스스로 처리할 수 있어야 한다.

스와라지는 남자든 여자든, 인도에서 태어났든, 귀화한 사람이든, 직접적인 노동으로 국가에 봉사했고 투표인으로 이름을 등록한 성인으로서 가장 많은 인구가 인정한 사람들의 승인으로써 인도가 다스려지는 것을 의미한다. 진정한 스와라지는 소수의 사람이 권위를 얻는 것에 의해서가 아니라, 권위가 남용되었을 때 모두가 저항할 수 있는 능력을 갖는 것에 의해 실현될 것이다. 달리 말하면 스와라지는 대중들에게 권위를 규정하고 통제할 능력이 그들 자신에게 있다는 것을 교육함으로써 얻어지는 것이다.

정치적 독립이라는 말로 나는 영국의 하원이나 러시아의 소비에트 통치나 이태리의 파시스트 통치 혹은 독일의 나치 통치를 흉내 내는 것을 의미하지 않는다. 그들에게는 그들의 특성에 맞는 체제가 있다. 우리는 우리에게 맞는 체제를 가져야 한다. 그것이 무엇이 될지는 내가 말할 수 있는 것이 아니다. 나는 그것을 라마라지, 즉 순수한 도덕적 권위에 기초를 둔 사람들의 통치로 묘사하였다.

자치는 전적으로 우리 내면의 힘에, 가장 힘든 역경에 맞서 싸울 수 있는 능력에 달려있다. 사실상 그것을 얻고 그것을 유지하려는 계속적인 노력을 요구하지 않는 자치는 그 이름에 값할만한 것이 못된다. 정치적 자치, 즉 다수의 남녀를 위한 자치는 개인의 자치보다 나을 것이 없고, 따라서 그것은 개인의 자치 혹은 자기지배를 위해 요구되는 것과 정확히 똑같은 수단에 의해 달성되어야 한다는 것을 나는 말과 행동으로써 보여주려 하였다.

자치는 외국정부이든 자국정부이든 정부의 통제로부터 독립하려는 계속적인 노력을 뜻한다. 사람들이 스와라지 정부가 생활의 모든 일을 규정해줄 것을 기대한다면 딱한 일이다.

나의 스와라지는 우리 문명의 특징을 온전하게 유지할 것이다. 나는 새로운 것을 많이 쓰고 싶은데 그러나 그것은 모두 인도라는 바탕 위에 쓰여질 것이다. 나는 상당한 이자를 붙여서 되돌려 줄 수 있을 때에는 기꺼이 서양으로부터 빌려올 것이다.

스와라지는 자신의 이익을 포함한 모든 고려보다도 나라의 이익을 가장 중요하게 여기는 다수의 충성스러운 애국자들이 있는 곳에서만 유지될 수 있다. 스와라지는 다수에 의한 정부를 뜻한다. 그 다수가 부도덕하거나 이기적이면 그들의 정부는 혼란일 뿐이다.

내가 … 우리가 … 꿈꾸는 스와라지는 인종이나 종교의 차이를 의식하지 않는다. 그것은 또 학식 있는 사람이나 부자들이 독점하는 것도 아니다. 스와라지는 농부들과, 그리고 특히 불구자, 장님, 굶주리며 힘들게 일하는 수백만을 포함하여 모두를 위한 것이다.

인도의 스와라지는 다수공동체, 즉 힌두들의 지배가 될 것이라는 말이 있었다. 그러나 그보다 큰 잘못은 없다. 그것이 사실이라면 나 자신부터 그것을 스와라지라고 부르기를 거부할 것이며, 있는 힘을 다해 그것에 맞서 싸울 것이다. 나에게는 힌두 스와라지는 모든 사람들의 지배, 정의의 지배이기 때문이다.

만일 스와라지가 우리를 교화하고 우리 문명을 정화하고 안정시킬 것이 아니라면 그것은 아무런 가치도 없다. 우리 문명의 요체는 공사 간의 모든 일에서 도덕성에 최고의 자리를 주는 것이다.

푸르나 스와라지 ― '완전한' 스와라지라고 하는 것은, 그것이 왕자에게나 농부에게나 똑같고, 부유한 지주에게나 땅이 없는 농군에게나 똑같고, 힌두에게나 무살만에게나 똑같고, 파시교도와 기독교도에게나, 자이나교도 유태교도 시크교도에게도 카스트나 종파나 신분에 상관없이 똑같기 때문이다.

그 단어가 내포하는 의미와, 우리가 약속한 거기에 도달하는 수단 ― 진리와 비폭력 ― 은 스와라지가 누구에게는 편파적이고 다른 이에게는 불공정할 가능성을 미리 배제한다.

내가 꿈꾸는 스와라지는 가난한 사람의 스와라지이다. 당신이 누리는 삶의 필수품들은 왕자들이나 부자들이 누리는 것과 같은 것이어야 한다. 그러나 그것은 그들이 모두 궁전을 가져야 한다는

제1장 스와라지의 의미 27

뜻이 아니다. 궁전은 행복을 위해 필요한 것이 아니다. 당신이나 나는 그 속에서 길을 잃고 말 것이다. 그러나 당신들은 부자들이 누리는 생활의 평범한 즐거움을 모두 누릴 수 있어야 한다. 그런 즐거움이 보장되지 않는다면 스와라지는 완전한 스와라지가 아니라는 것을 나는 조금도 의심하지 않는다.

스와라지는 뼈만 남은 인도의 민중을 해방시키는 것을 뜻한다. 완전한 스와라지는 벙어리가 말하기 시작하고, 절름발이가 걷기 시작하는 상태를 의미한다.

진리와 비폭력을 통한 완전한 독립은 가장 초라한 단위라 하더라도 인종과 색깔과 종파에 상관없이 모두 독립하는 것을 의미한다. 이 독립은 결코 배타적인 것이 아니다. 그것은 따라서 내부나 외부의 상호의존성과 공존할 수 있다. 그려진 직선이 유클리드의 이론적인 직선에 미치지 못하는 것과 꼭 마찬가지로, 실제는 항상 이론에 미치지 못할 것이다. 그러므로 독립은 오직 우리가 실제로 진리와 비폭력에 접근하는 정도만큼만 완전할 것이다.

우리가 완전한 스와라지로 무엇을 의미하고, 그것을 통해 무엇을 원하는가에 모든 것이 달려있다. 스와라지로 대중들의 각성과, 그들의 진정한 이해와 온 세상에 맞서서 그 이해에 봉사하는 것을 의미한다면, 그리고 완전한 스와라지를 통해서 우리가 조화와, 내부의 것이든 외부에서 오는 것이든 공격을 받지 않을 자유, 대중의 경제적 조건의 진보적 개선을 원한다면, 우리는 정치적 권력 없이도 그리고 현존하는 권력에 직접 작용함으로써 우리의 목적에 도달할 수 있다.

스와라지에 대한 나의 개념에 대해 오해가 없길 바란다. 그것은 외부적인 통제로부터의 완전한 독립과 완전한 경제적 독립이다. 그러므로 한편에는 정치적 독립, 다른 한편에는 경제적 독립이 있다. 그것은 다른 두개의 목표도 가지고 있다. 하나는 도덕적·사회적인 것이고, 다른 하나는 다르마(Dharma), 즉 가장 높은 의미의 종교이다. 그것은 힌두교, 이슬람교, 기독교 등을 포함하지만, 그 모든 것보다 우월하다. 이것을 어느 한 모서리라도 직각이 아니면 모양을 유지할 수 없는 스와라지의 사각형이라고 부르자.

내가 생각하는 스와라지는, 우리 모두가 우리의 스와라지를 진실과 아힘사[7]만을 통해 얻고 구축하고 유지해야 한다고 확고하게 믿게 되어야만 실현될 것이다. 진정한 민주주의 혹은 대중의 스와라지는 거짓되고 폭력적인 수단으로는 이룰 수 없다. 그것들을 사용하면 자연히 반대의견을 가진 이들을 억압하고 제거하여 모든 반대 자체를 없애버릴 것이기 때문이다. 그렇게 해서는 개인의 자유로 나아갈 수 없다. 개인의 자유는 오직 순수한 아힘사의 체제하에서만 완전히 발휘될 수 있다.

아힘사에 기초한 스와라지에서 사람들은 자신들의 권리를 알 필요는 없다. 그러나 자신들의 의무는 알아야 한다. 상응하는 권리를 만들어내지 않는 의무는 없다. 그리고 자신의 의무를 제대로 수행함에서 생겨나는 권리만이 진정한 권리이다. 따라서 시민의 권리는 그들이 속한 국가에 봉사하는 사람들에게만 생겨난다. 그리고 그들만이 자신들에게 생겨난 권리들을 바르게 행사할 수 있다. 모든 사람이 거짓말을 하거나 폭력주의에 의지할 권리를 가지

---

7) ahimsa. 비폭력.

고 있다. 그러나 그런 권리를 행사하는 일은 그 자신과 사회 모두에게 해가 된다. 그렇지만 진실과 비폭력을 지키는 사람에게는 신망이 생기고, 신망이 권리를 가져온다. 또 의무를 수행한 결과로 권리를 얻은 사람은 그 권리를 오직 사회에 봉사하는 데 쓰고 결코 스스로를 위해 쓰지 않는다. 민중의 스와라지는 개인들의 스와라지(self rule)의 합계를 뜻한다. 그리고 그런 스와라지는 개인들이 시민으로서의 의무를 수행하는 데서만 나온다. 그 속에서는 누구도 자신의 권리를 생각하지 않는다. 권리는 의무를 더 잘 수행할 수 있도록 필요할 때 온다.

비폭력에 기초한 스와라지하에서 누구도 다른 누구의 적이 아니며, 모두가 공동의 목표를 향해 자신의 몫을 하고, 모두가 읽고 쓸 줄 알며, 그들의 지식은 날마다 계속해서 커진다. 질병은 최소로 줄어든다. 아무도 거지가 아니고, 노동력은 항상 고용처를 찾을 수 있다. 그러한 정부하에서 도박과 음주와 부도덕이나 계층 간의 증오는 설 자리가 없다. 부자들은 자신의 부를 현명하게 유용하게 사용할 것이고, 위세와 세속적 쾌락을 증가시키는 데 탕진하지 않을 것이다. 한줌의 부자들은 보석으로 장식한 궁전에서 살면서, 수백만명은 햇빛도 들지 않고 환기도 되지 않는 비참한 구덩이 같은 데서 사는 일은 일어나지 말아야 한다. 비폭력적인 스와라지에서 정당한 권리의 침해는 있을 수 없다. 또한 아무도 부당한 권리를 가질 수 없다. 잘 조직된 국가에서 권력 찬탈은 있을 수 없는 일이며, 찬탈자를 쫓아내기 위해 무력에 의지할 필요도 없다.

제2장 이상적 사회의 모습

[간디지는 자신이 생각한 자유로운 인도의 모습이 한 노래 속에 담겨있는 것을 발견했다. 뉴델리의 방기 거리에서 저녁기도 때 불려진 노래였다. 그는 그 노래에 매료되어 영어로 옮겨서 페틱-로렌스 경에게 보내도록 했다. 그것은 다음과 같다.]

우리는 슬픔도 고통도 없는 나라에서 산다네.
환상도 고뇌도 없고, 미혹도 욕망도 없는 곳,
사랑의 강 갠지스가 흐르고 온갖 피조물은 기쁨이 가득한 곳
모두의 마음이 한곳으로 흐르고 시간의 흐름을 느낄 일이 없는 곳,
모두가 원하는 것을 얻는 곳;
이곳에서 모든 교환은 정당하고
모두가 같은 틀에서 만들어지네.
결핍도 근심도 없고
어떤 모습의 이기심도 없네.
높은 이도 낮은 이도, 주인도 노예도 없는 곳;
모두가 빛이지만 불타는 연기는 없네,

그 나라는 그대 안에 있으니 —
    스와라지 스와데시,
그대 마음속의 고향 —
    승리! 승리! 승리!
그것을 갈망하는 이가 그것을 이루네.

카스트도 계층도 없는 사회, 거기에는 수직적 구분은 없고 오직 수평적 구분만 있다. 높은 이도 낮은 이도 없고 모든 일은 같은 지위를 갖고, 같은 임금을 받는다. 더 많이 가진 이들은 그것을 자신들을 위해 쓰지 않고 더 적게 가진 이들을 위한 신탁으로 사용한다. 직업을 선택하는 동기는 출세를 위해서가 아니라 사회에 대한 봉사를 통해 자신을 표현하고 자신을 성취하기 위해서이다.

이곳에서는 모든 일이 같은 등급이고, 같은 임금을 받기 때문에 개인의 이익이라는 유혹 때문에 부모에게서 전수받은 기술을 희생시키는 일 없이 대대로 보존한다. 공동체에 봉사한다는 원칙이 무제한의 기계적인 경쟁을 대신하게 된다. 모든 사람이 충분한 여가와 기회와 교육과 문화를 위한 편의를 누리며 일한다. 그것은 가내공업과 집약적인 소규모 농업협동체로 구성된 매력적인 세계이며, 자민족 중심주의나 카스트제도가 들어설 틈이 없다. 마지막으로, 그것은 경제적인 자립이 강화되면서 개인의 자유의 범위는 최대한으로 확대된 스와데시[8]의 세계이다. 각자가 자신의 가까운 환경에 대해 책임지고 모두가 사회 전체에 대해 책임을 진다. 권리와 의무는 상호의존성과 호혜주의 원칙에 따라 규정된다. 부분

---

8) Swadeshi. 외래품 배척운동을 통한 자립경제.

과 전체 사이에 갈등은 없고, 민족주의가 좁고 이기적이고 공격적으로 되거나 국제주의가 막연한 일반주의라는 안개 속에서 구체성이 사라져버린 추상적인 것으로 되어버릴 위험도 없다.

빈민도 거지도 없을 것이며 높은 사람도 낮은 사람도, 백만장자 고용주도 굶주리는 피고용인도, 또 취하게 만드는 술도 마약도 없을 것이다. 여성도 남성과 똑같이 존경받을 것이며, 여성과 마찬가지로 남성도 정숙과 순결을 굳게 지킬 것이다. 어떤 종교를 가진 사람이든 아내 이외의 여성들을 모두 나이에 따라 어머니나 누이나 딸로 대접할 것이다. 불가촉천민은 없고 모든 신앙이 동등하게 존중될 것이다. 모두가 자부심을 가지고 기쁘게 그리고 자발적으로 생계를 위해 일할 것이다. 만일 내가 침상에 누워 햇볕을 쪼이며 그 생명력을 들이마시며 이런 황홀한 생각에 빠져있다고 해도 독자들은 용서해주길 바란다.

제3장 어느 쪽에 희망이 있는가

산업주의

산업주의는 인류에게 저주가 될 것이라고 나는 생각한다. 산업주의는 전적으로 착취하는 능력, 개방된 해외시장, 경쟁자가 없음에 의존한다. 영국에서 이러한 요소들이 날마다 줄어들고 있기 때문에 실업자의 수가 날마다 증가하고 있는 것이다. 인도의 보이콧은 미미한 영향밖에 끼치지 못했다. 그리고 영국의 상태가 그러할진대, 인도처럼 커다란 나라는 산업주의에 의해 이익을 얻을 것을 기대할 수 없다. 사실 인도가 다른 나라들을 착취하기 시작하면 — 산업화되면 그럴 수밖에 없는데 — 인도는 다른 나라들에게 저주요, 세계에 대한 위협이 될 것이다. 그런데 왜 내가 인도를 산업화할 생각을 해야 하는가? 우리는 우리의 3억명 실업자들을 위한 일자리를 찾을 수 있다. 그러나 영국은 그들의 300만명을 위한 일자리를 찾지 못하고 있고 영국의 가장 위대한 지성인들이 풀지 못하는 문제들을 대면하고 있는 이 상황의 비극을 모르겠는가? 산업주의의 미래는 어둡다. 영국에는 미국, 일본, 프랑스, 독일 등의 성공적인 경쟁자들이 있다. 인도의 몇 안되는 공장들도 영국의 경쟁자이며, 인도가 깨어난 것처럼, 더욱 풍요로운 천연자원, 지하자원, 인간자원을 가진 남아프리카도 깨어날 것이다. 막강한 세력을 가진 영국이지만, 아프리카의 막대한 종족들 앞에서는 난쟁이처럼 보인다. 그들은 고상한 야만인들(noble savages)이니까라고 사람들은 말할 것이다. 그들은 확실히 고상하기는 하지만 야만인들은 아니다. 불과 몇년 후면 서구의 나라들은 아프리카에 그들이 생산한 물건들을 쏟아부을 수 없게 될 것이다. 서구 국가에게 산업주의의 미래가 어두운 것이라면, 인도에게는 더욱 어두운 것이 아니겠는가?

"현재의 혼란의 원인은 무엇인가?" 나는 그것이 강한 나라에 의한 약한 나라의 착취가 아니라, 자매 나라가 자매 나라를 착취하는 것이라고 말한다. 그리고 기계에 대한 나의 근본적인 반대는 이들 나라가 다른 나라를 착취하는 것을 가능케 한 것이 기계라는 사실 때문이다. 기계 자체는 중립적인 것이어서 좋은 목적이나 나쁜 목적이나 어느 것에도 봉사할 수 있다. 그러나 알다시피, 그것은 쉽사리 나쁜 목적에 쓰인다.

사실 서구는 산업주의와 착취를 실컷 향유했다. 중요한 사실은 이 산업문명은 질병이라는 것이다. 그것은 모두 사악하기 때문이다. 표어와 슬로건들에 속지 말자. 나는 기선과 전보에 대해 반대하지 않는다. 그것들이 산업주의와 그것이 의미하는 일체의 것들의 지원 없이도 유지될 수 있다면 존속해도 된다. 그것들은 목적이 아니다. 그것들은 인류의 영원한 복지에 전혀 필수불가결하지 않다. 지금 우리는 증기와 전기의 용도를 알고 있으니까, 산업주의를 피할 줄 알게 된 후에 우리는 적절한 경우에 그것들을 사용할 수 있을 것이다. 따라서 우리의 관심사는 어떤 대가를 치르든 산업주의를 파괴하는 것이다.

한편으로는 만족을 모르는 물질적 야망을, 다른 한편에는 그에 따른 전쟁을 수반하는 이 문명을 불신하는 계몽된 견해가 점점 증가하고 있다. 그러나 그것이 좋든 나쁘든 왜 인도가 서구적 의미의 산업화를 해야 하는가? 서구문명은 도시적인 것이다. 영국이나 이태리같이 작은 나라들은 그들의 체제를 도시화할 여유가 있을지 모른다. 인구밀도가 낮은 미국 같은 커다란 나라는 그렇게 할 수밖에 없다. 그러나 많은 인구가 있고 지금까지 그 목적을 달성해온 오래된 농업전통이 있는 커다란 나라는 서구의 모델을 따를 필요도 없고, 따라서도 안된다고 생각할 수 있다. 한 나라에서 좋은 일이 조건이 다른 나라에게도 반드시 좋은 것은 아니다. 한 사람에게 식량이 되는 것이 다른 사람에게는 독이 되는 일이 자주 있다. 한 나라의 물리적 지리는 그 문화를 결정하는 주된 요소이다. 모피코트는 극지방 거주자에게는 필수품일지 모르지만 적도지방 사람을 떠죽게 할 것이다.

현재의 괴로움은 분명 견디기 어려운 것이다. 가난은 사라져야 한다. 그러나 산업주의는 해결책이 아니다. 악(惡)은 소달구지에 있는 것이 아니다. 악은 우리의 이기심과 이웃에 대한 배려의 부족에 있다. 우리가 이웃에 대한 사랑을 갖고 있지 않다면 어떤 변화도, 그것이 아무리 혁명적인 것이라도, 우리에게 전혀 도움이 될 수 없다.

나에게 힘이 있다면 나는 오늘 그 체제를 파괴하겠다. 나는 아주 무서운 무기가 그것을 파괴할 것이라 믿는다면, 그 무기를 사용할 것이다. 내가 그러지 않는 것은 오직, 그런 무기의 사용이 현재의 통치자들을 파괴할지는 모르지만 그 체제를 영속시킬 뿐이기 때문이다. 사람과 함께 방법도 사라지리라는 믿음으로 방법이 아니라 사람을 파괴하려 하는 이들은 그 방법을 받아들여 그들이 죽인 사람들보다도 더 나쁘게 된다. 그들은 악의 근원을 알지 못한다.

대규모의 산업주의는 경쟁과 판매의 문제가 등장함에 따라 반드시 적극적이든 소극적이든 마을사람들의 착취에도 나아가게 된다. 그러므로 우리는 마을이 스스로 사용할 물건을 주로 제조하고 독립적으로 되는 데에 집중해야 한다. 산업의 이런 특징을 유지하기만 한다면 마을사람들이 만들 수 있고 사용할 여유가 있는 현대적 기계와 연장들을 사용하는 데 대해 아무런 반대도 없을 것이다. 다만 그것들이 다른 사람들을 착취하는 수단으로 사용되지는 말아야 한다.

나는 산업화가 어떤 나라에도 어떤 경우에도 필요하다고 믿지 않는다. 인도에는 더욱 필요하지 않다. 실로 나는 독립된 인도가 수많은 오두막들을 발전시키고 세상과 평화롭게 살아가는 소박하고 품위있는 생활을 택함으로써만 신음하고 있는 이 세상에서 자신의 의무를 다할 수 있다고 믿는다. 고매한 생각은 금권숭배가 우리에게 부과한 높은 속도에 기초를 둔 복잡한 물질적인 삶과는 모순되는 것이다. 우리가 품위있게 생활하는 기술을 배웠을 때만 삶의 모든 은총이 가능하다.

한 나라가 지리적으로 아무리 크고 인구가 많다 하더라도, 빈틈없이 무장되어 있고 과시적인 힘을 자랑하는 이 세계에서 혼자서 그러한 소박한 삶을 살아갈 수 있을 것인지 의심하는 사람들이 있을 것이다. 대답은 간단하고 명백하다. 소박한 삶이 살만한 가치가 있는 것이라면 그 시도는 해볼만한 가치가 있다. 오직 한 개인이나 한 집안만이 노력한다 하더라도.

유럽문명은 분명히 유럽인에게 맞는 것이다. 그러나 인도가 그것을 흉내 내려 한다면 그것은 멸망을 의미할 것이다. 그렇다고 해서 우리가 받아들일 수 있고 우리에게 좋은 것까지 받아들이지 말아야 한다는 뜻이 아니다. 또한 유럽인들도 그들의 문화에 스며든 악이 있으면 그것을 버리려 해야 할 것이다. 끊임없는 물질적 안락 추구와 그것을 증가시키려는 노력이 그런 악이다. 그리고 나는 유럽인 자신들도, 그들이 그 노예가 되어가고 있는 안락의 무게에 짓눌려 멸망하지 않으려면 그들의 사고방식을 재조정해야 할 것이라고 감히 말한다. 나의 판단이 잘못된 것일 수도 있다. 그러나 나는 인도가 '황금양털'을 좇아 달려가는 것은 확실하게 죽음으로 가는 길임을 안다. 우리의 마음속에 '소박한 삶과 고매한 사상'이라는 한 서양 철학자의 좌우명을 새기자. 오늘날 수많은 사람들이 높은 생활수준을 누릴 수 없음이 확실하다. 그리고 대중을 위해 생각을 한다는 많지 않은 수의 우리들은, 헛되이 높은 생활을 추구하느라 높은 생각을 놓쳐버릴 위험에 처해있다.

나는 많은 우리나라 사람들이 우리는 미국과 같은 부를 얻되 그 방법은 피할 것이라고 말하는 것을 들었다. 감히 말하는데, 그러한 시도를 한다면 실패할 수밖에 없다. 동시에 '현명하고 절제하고 격노할' 수는 없다. … 공장 굴뚝의 연기와 공장의 소음으로 끔찍한 곳이 되어버린 땅, 거리에는 돌진하는 엔진들이 자신이 무엇을 좇고 있는지도 잘 모르는 사람들로 가득한 차를 끌고 이리저리 달리고 있고, 아무런 생각이 없는 사람들은 모르는 사람들 한가운데 생선상자 속 정어리들처럼 빼곡히 들어차서 불쾌감을 드러내며 할 수만 있으면 서로를 밀어내려고 하는 그런 곳에 신(神)들이 거주할 것이라고 생각하는 것은 불가능하다. 내가 이런 것들을 말하는 것은, 그것이 물질적 진보의 상징으로 간주되기 때문이다. 그러나 그것은 우리의 행복을 눈곱만큼도 더해주지 않는다.

판디트 네루는 산업화를 원한다. 그는 그것이 사회화되면 자본주의의 사악함에서 자유로우리라 생각하기 때문이다. 나 자신의 견해로는 사악함은 산업주의에 내재하는 것이어서 산업을 아무리 사회화해도 그 사악함을 제거할 수는 없다.

산업화의 신격화에 도달한 러시아를 바라볼 때 그곳의 삶은 내 마음을 끌지 못한다. 성경의 구절을 사용하자면 "사람이 온 세상을 얻은들 그의 영혼을 잃으면 무슨 소용이 있는가?" 현대적 용어로 말하자면, 사람이 개성을 잃어버리고 기계의 한 톱니가 되어버리는 것은 인간의 존엄에 미치지 못하는 일이다. 나는 한사람 한사람이 모두 원기왕성하고, 완전히 발달된 사회구성원이 되기를 바란다. 마을들은 자족적으로 되어야 한다. 아힘사로서 일을 해야 한다면 다른 해결책은 없다. 이제 나는 그런 확신을 가지고 있다.

인도가 서구식의 산업주의를 따르게 되는 일은 절대 없기를 기원한다. 하나의 조그만 섬나라(영국)의 경제적 제국주의가 오늘날

온 세계를 구속하고 있다. 만일 3억 인구의 나라 전체가 그와 유사한 경제적 착취를 하기 시작한다면 그것은 메뚜기떼처럼 온 세계를 헐벗게 만들 것이다.

인도의 운명은 서구의 피투성이의 길을 따라 있는 것이 아니라 단순하고 경건한 생활에서 나오는 평화의 길을 따라 놓여있다. 인도는 영혼을 잃어버릴 위험 속에 영혼을 잃고는 살 수 없다. 그러므로 나태하고 무력하게 "서구로부터 몰아닥치는 영향을 피할 수가 없다"고 말해서는 안된다. 인도는 자신을 위해서, 그리고 세계를 위해서 그것에 맞설 만큼 강해져야만 한다.

세계

"이상적으로 모든 기계를 금지할 것입니까?"

이상적으로, 나는 구원에 도움이 되지 않는 이 육신을 거부하고 영혼의 절대적인 해방을 추구하고자 하는 것과 꼭 마찬가지로, 모든 기계를 금지할 것이다. 그런 관점에서 나는 모든 기계를 거부할 것이지만, 기계는 남아있을 것이다. 육신과 마찬가지로 기계는 불가피한 것이기 때문이다. 육신 자체는 내가 말했듯이 가장 순수한 기계이다. 그러나 영혼이 높이 날아오르는 데 육신이 방해가 된다면 그것은 거부되어야 한다.

기계는 제자리가 있다. 그것은 와서 머물러 있다. 그러나 그것이 필요한 인간의 노동을 대신하는 것을 허용해서는 안된다. 개량된 쟁기는 좋은 것이다. 그러나 만일 한사람이 어떤 기계장치를 발명해서 인도의 모든 땅을 갈 수 있고, 그렇게 하여 모든 농산물을 통제할 수 있게 되고 수백만명은 다른 일자리를 찾을 수 없다면, 그들은 굶주릴 것이고 그들은 할 일이 없어 이미 많은 사람이 그렇게 된 것처럼 멍청이가 될 것이다. 훨씬 더 많은 사람들이 그런 탐탁지 않은 상태로 되어갈 위험이 시시각각 다가오고 있다.

나는 가내공업의 기계류를 개량하는 일을 전부 환영할 것이다. 그러나 동력을 이용한 직조기를 도입하여 수작업 노동을 대체하는 것은, 동시에 수백만의 농민들에게 가정에서 할 수 있는 다른 일거리를 주지 않는 한 죄악이다.

모두의 이익에 공헌하는 기계 사용은 정당하다.

나는 가장 정교한 기계라도 인도의 빈곤과 그에 따른 나태함을 피할 수 있다면 그 사용을 지지할 것이다. 나는 가난을 물리치고 일거리와 부를 만들어내는 유일한 방법으로 실잣기를 제시하였다. 물레는 그 자체로 가치있는 기계이며, 나는 소박하게나마 인도의 특수한 조건에 맞추어 그것을 개선하려고 노력했다.

"당신은 모든 기계에 반대합니까?"

내 대답은 확실하게 '아니오'이다. 그러나 나는 기계를 무분별하게 늘리는 것에 반대한다. 나는 기계의 승리처럼 보이는 것에 현혹되기를 거부한다. 나는 모든 파괴적인 기계에 대해서는 유보 없이 반대한다. 그러나 단순한 연장들과, 개인의 노동을 덜어주고 수많은 마을사람들의 짐을 가볍게 하는 기계들은 환영한다.

내가 반대하는 것은 기계 자체라기보다 기계에 대한 '열광'이다. 그 '열광'은 소위 노동절감 기계류라고 하는 것에 대한 것이다. 사람들은 계속해서 '노동을 절감'하여 결국 수많은 사람이 일자리가 없어 길거리로 쫓겨나 굶어죽게 된다. 나는 인류의 일부를 위해서가 아니라 모두를 위해서 시간과 노동을 줄이고자 한다. 나는 소수의 사람들이 아니라 모든 사람의 손에 부가 축적되길 바란다. 오늘날 기계는 소수의 사람들이 다수를 착취하는 것을 도와줄 뿐이다. 그 뒤에 숨어있는 추진력은 노동을 줄이려는 박애정신이 아니라 탐욕이다. 내가 온 힘을 다해 싸우고 있는 것은 바로 그러한 구조이다.

"그러면 당신은 기계 자체가 아니라 오늘날 너무나 명백한 기계의 악용에 반대하여 싸우는 것입니까?"

나는 주저없이 그렇다고 대답하겠다. 그러나 나는 과학적 진리와 발견들이 무엇보다도 탐욕의 도구가 되기를 그쳐야 한다는 점을 덧붙이겠다. 그러면 노동자들은 지나치게 일을 하지 않을 것이고, 기계는 방해가 아니라 도움이 될 것이다. 나는 모든 기계를 없애는 것이 아니라 제한하는 것을 목표로 하고 있다.

"논리적으로 따진다면 그것은 동력에 의해 움직이는 복잡한 기계들은 모두 사라져야 한다는 뜻이 될 것 같습니다."

그래야 될 것이다. 그러나 한가지를 분명히 해야겠다. 첫째로 고려해야 할 것은 사람이다. 기계는 사람의 사지(四肢)를 위축시키는 경향이 있어서는 안된다. 예를 들어, 싱거 재봉틀의 경우를 보자. 그것은 몇 안되는 유용한 발명품 중 하나이고 거기에는 로맨스가 있다. 싱거는 아내가 손으로 바느질의 지루한 과정을 힘들여 하는 것을 보고 순전히 아내에 대한 사랑에서 아내의 불필요한 노동을 덜어주려고 재봉틀을 고안했다. 그리고 그는 아내뿐만 아니라 재봉틀을 살 수 있는 모든 사람의 노동을 덜어주었다.

"그러나 그 경우에는 재봉틀을 만드는 공장이 있어야 되고, 일반적인 동력을 사용하는 기계가 있어야 할 것입니다."

그렇다. 그러나 나는 그런 공장들은 국유화해서 국가가 통제해야 된다고 생각한다. 사람들은 가장 매력적이고 이상적인 조건에서만 일해야 하고 이익을 위해서가 아니라 인류를 이롭게 하기 위해서, 욕심이 아니라 사랑이 동기가 되어 일해야 한다. 내가 원하는 것은 노동조건의 변경이다. 부를 향한 이 미친 듯한 돌진은 중단되어야 하며, 노동자들은 생계를 위한 임금만이 아니라 단순한 노역이 아닌 매일의 일거리를 보장받아야 한다. 이런 조건하에서 기계는 국가나 기계를 소유한 사람에게와 마찬가지로 그것을 작동시키는 사람들에게도 크게 도움이 될 것이다. 현재의 미친 듯한 돌진은 그칠 것이고 노동자들은 (이미 말한 것처럼) 매력적이고 이상적인 조건하에서 일할 것이다. 이것은 내가 생각하고 있는 예외들 중의 하나일 뿐이다. 재봉틀에는 사랑이 담겨있다. 유일한, 제일의 고려 대상은 개인이다. 개인의 노동을 줄이는 것이 목표가 되어야 하며, 욕심이 아니라 정직한 인도주의적 배려가 동기가 되어야 한다. 욕심을 사랑으로 대체하면 만사가 제대로 될 것이다.

"당신은 이 기계의 시대에 반대하시는 것이군요."

그렇게 말하는 것은 나의 관점을 희화화하는 것이다. 나는 기계 자체에 반대하지 않지만 기계가 우리를 지배할 때는 거기에 전적으로 반대한다.

"당신은 인도를 산업화하지 않을 겁니까?"

내가 의미하는 바의 산업화를 물론 할 것이다. 마을공동체들이 되살아나야 한다. 과거에 인도의 마을들은 인도의 도시에서 필요한 모든 것을 생산하고 공급하였다. 그러나 우리의 도시들이 외국의 시장이 되고, 외국에서 온 값싸고 조악한 제품들을 쏟아부어 마을들을 고갈시키기 시작하자 인도는 가난해졌다.

"그러면 당신은 자연경제로 돌아갈 것입니까?"

그렇다. 그렇지 않다면 나는 도시로 돌아가야 할 것이다. 나는 커다란 기업을 운영할 능력이 있다. 그러나 나는 의도적으로 그런 야망을 포기했는데, 희생한 것이 아니라 그것이 싫었기 때문이다. 매일매일 계속되고 있는, 나라를 오염시키고 있는 일에 참여해서는 안되기 때문이다. 나는 마을을 다른 방법으로 산업화하고자 한다.

기계가 인류에게 필요한 것을 모두 공급할 수 있다고 잠시 인정하더라도 여전히 기계는 생산을 특정 지역에 집중시킬 것이며, 분배를 규제하기 위해서는 우회적인 방법을 써야 할 것이다. 반면에 생산과 분배가 모두 수요가 있는 곳에서 일어난다면 그것은 자동적으로 조정되고, 속임수가 일어날 가능성은 낮아지고, 투기는 불가능할 것이다. 생산과 소비가 모두 한 지역에서 이루어지면 생산을 무한히, 그리고 어떤 대가를 치르더라도 가속하려는 유혹은 사라진다. 오늘의 경제체제가 제시하는 끝없는 어려움과 문제들도 모두 끝날 것이다. … 그렇다. 대량생산을 해야 한다. … 그러나 가내공업에 의한 (개인 차원에서의) 대량생산이다. 개인들의 생산을 수백만배로 곱하면 막대한 규모의 대량생산이 되지 않는가? 당신이 말하는 '대량생산'은 가능한 한 적은 수의 사람이 몹시 복잡한 기계의 도움을 받아 하는 생산이다. … 내가 말하는 기계는 수백만의 가정에 공급할 수 있는 가장 기본적인 것이어야 한다.

나는 사람이 산업 없이 살 수 없다는 것을 안다. 그러므로 나는 산업화에 반대할 수 없다. 그러나 기계산업을 도입하는 데 대해 큰 염려를 가지고 있다. 기계는 지나치게 빠르게 생산을 하고, 그와 함께 내가 파악할 수 없는 종류의 경제체제를 초래한다. 나는 그것이 가져오는 이익보다도 그것이 초래하는 악영향이 더 큰 것을 받아들이고 싶지 않다. 나는 말없는 다수 인도인이 건강하고 행복하기를 바라고 그들이 영적으로 성장하기를 바란다. 아직까지 이런 목표를 위해 우리에게 기계가 필요하지는 않다. 할 일 없는 사람들이 너무나 많이 있다. 그러나 우리가 더 잘 이해하게 되면서 기계의 필요를 느끼게 된다면 물론 우리는 기계를 도입할 것이다. 우리는 산업을 원한다. 부지런해지자. 더 자립적이 되도록 하자. 그러면 다른 사람들을 그렇게 많이 따라가지 않게 될 것이다. 기계는 필요하다면, 그리고 필요할 때 도입할 것이다. 일단 아힘사 속에서 우리의 삶을 형성하고 나면 우리는 기계를 어떻게 통제할지를 알 것이다.

제4장 도시와 마을

 현재 세계에는 두 부류의 사상이 있다. 하나는 세계를 도시들로 나누려는 것이고, 다른 하나는 마을들로 나누려는 것이다. 마을문명과 도시문명은 전적으로 다르다. 하나는 기계와 산업화에 의존하고, 다른 하나는 수공업에 의존한다. 우리는 후자를 택하고자 한다.
 결국 이 산업화와 대규모 생산은 비교적 최근에 생겨난 것이다. 우리는 그것이 우리의 행복을 증진하는 데 얼마나 기여했는지는 모르지만, 그것이 세계대전들을 불러왔다는 것만큼은 안다. 2차 세계대전은 아직 끝나지 않았다. 거기다가 우리는 3차 세계대전에 대한 말까지 듣고 있다. 우리나라는 지금처럼 불행하고 비참한 적이 없었다. 도시사람들은 큰 이익을 얻고 좋은 임금을 받고 있을지 모르지만 그 모든 것은 마을의 피를 빨아서 가능하게 된 것이다. 우리는 수십만, 수천만루피를 모으기를 원하지 않는다. 우리는 우리의 일을 위해 항상 돈에 의지하고 싶지 않다. 대의를 위해 우리의 삶을 희생할 준비가 되어있다면 돈은 아무것도 아니다. 우리는 신념을 가져야 하고, 우리 자신에게 진실되어야 한다. 그것을 가지고 있다면 마을에 있는 300만루피의 자본을 분산시켜 30억루피에 달하는 국가의 부를 만들어낼 수 있을 것이다. 그것을 하기 위해서 필요한 것은 마을들을 자족적이고 독립적으로 만드는 것이다. 그러나 잊지 말아야 할 것은, 내가 말하는 자족은 좁은 의미의 것이 아니다. 거기에는 이기심과 교만의 자리는 없다.

우리는 인도의 도시들에서 볼 수 있는 부에 속아서는 안된다. 그것은 영국이나 미국에서 오지 않았다. 그것은 가장 가난한 이들의 피에서 나온 것이다. 인도에는 70만개 마을이 있다고 한다. 그들 중 얼마는 그냥 없어져버렸다. 벵갈, 카르나탁 그리고 또다른 곳에서 굶주림과 질병으로 죽어간 수천명에 대한 기록은 아무도 가지고 있지 않다. 정부의 기록은 마을사람들이 어떤 일을 겪고 있는지 전혀 알려주지 못한다. 그러나 나 자신이 마을사람이어서 나는 마을의 상태를 알고 있다. 나는 마을 경제학을 안다. 단언하는데, 위로부터의 압력이 바닥에 있는 사람들을 파멸시키고 있다.

필요한 것은 다만 그들의 등에서 내려오는 것이다.

봄베이의 공장노동자들은 노예가 되었다. 공장에서 일하는 여성들의 상황은 충격적이다. 공장이 없었을 때 이 여성들은 굶주리지 않았다. 기계에 대한 열광이 더 커지면 이곳은 불행한 땅이 될 것이다. 이단처럼 생각될 수도 있겠지만, 나는 맨체스터에 돈을 보내고 그곳의 얄팍한 천을 사서 쓰는 것이 인도에 공장을 많이 세우는 것보다 낫다고 말할 수밖에 없다. 맨체스터의 천을 사용함으로써 우리는 돈만을 낭비하지만, 인도에 맨체스터와 같은 곳을 만듦으로써 우리는 돈을 낭비하지 않는 대신 피를 대가로 지불한다. 왜냐하면 우리의 도덕적 존재 자체가 약해질 것이기 때문이다. 나는 이 말에 대해 공장노동자들의 증언을 제시할 수 있다. 그리고 공장으로 부를 축적한 사람들은 다른 부자들보다 나을 가능성은 없다. 인도인인 록펠러가 미국인 록펠러보다 나을 것이라고 생각하는 것은 어리석은 일이다. 가난한 인도는 자유로워질 수 있지만, 부도덕을 통해 부유해진 인도는 자유를 되찾기 어려울 것이다. 나는 돈을 가진 사람들은 영국의 지배를 지지한다는 것을 인정해야 하지 않을까 걱정이다.

그들의 이해관계는 영국 지배의 안정(stability)과 밀접한 관계가 있다. 돈은 사람을 무력하게 만든다. 똑같이 해로운 다른 하나는 성적(sexual) 부도덕이다. 그 둘은 모두 독이다. 뱀의 독이 그 둘보다는 덜 해로운 것이다. 그것은 몸을 파괴할 뿐이지만 그 두가지는 몸과 마음과 영혼을 파괴하기 때문이다. 그러므로 우리는 공장산업이 성장하리라는 전망에 기뻐할 필요가 없다.

가난한 마을사람들은 외국 정부에 착취당하고 또한 같은 나라 사람들 - 도시 거주자들에 의해서 착취당한다. 그들은 식량을 생산하고 굶주린다. 그들은 우유를 생산하지만, 그들의 아이들은 우유를 먹지 못한다. 그것은 수치스러운 일이다. 누구나 균형잡힌 식사, 거주할 품위있는 집, 아이들의 교육을 위한 설비, 적절한 의료 혜택을 누려야 한다.

예닐곱의 현대 도시들은 이상(異常)생성물이며 현재 마을의 피를 빨아내는 사악한 목적에 봉사하고 있다. … 뻔뻔스런 불법행위를 자행하는 도시들은 마을사람들의 삶과 자유에 지속적인 위협이다.

 전세계에서 전쟁에 책임이 있는 사람들은 도시인이지 마을사람인 경우는 없다.

 나는 도시의 성장을 사악한 일로 본다. 인류와 세계에 불행한 일 — 영국에게도 불행한 일이요, 인도에게도 분명히 불행한 일이다. 영국은 자신의 도시들을 통해 인도를 착취했다. 도시는 마을들을 착취했다. 마을의 피는 도시의 건물들을 세우는 시멘트이다. 나는 오늘날 도시의 동맥들을 부풀게 하고 있는 피가 다시 마을의 혈관 속에서 흐르길 바란다.

 "당신은 도시들을 국가의 종기나 부스럼이라고 불렀습니다. 이 종기들을 어떻게 해야 합니까?"

 의사에게 물어보면 종기를 어떻게 해야 할지 말해줄 것이다. 칼로 절개하거나 고약 등을 붙여서 치료해야 한다. 에드워드 카펜터는 문명이, 치료해야 할 병이라고 말했다. 대도시의 성장은 그 병의 한 증상일 뿐이다. 나는 자연치유를 지지하는 사람이어서 신체를 전반적으로 정화하여 자연적으로 치유시키는 방법을 좋아한다. 만일 도시 거주자들의 마음이 아직 마을에 뿌리를 두고 있다면, 만일 그들이 진정으로 마을의 마음을 가지고 있다면 다른 것들은 모두 자동적으로 따라갈 것이고 종기는 빠르게 나을 것이다.

 나는 인도가 몇 안되는 도시에서가 아니라 70만 마을에서 발견되어야 한다고 믿어왔고, 수없이 되풀이해서 말했다. 그러나 도시에서 살고 있는 우리들은 인도는 도시들 속에서 발견되어야 하고 마을들은 우리의 필요를 만족시키려고 만들어졌다고 믿었다. 우리는 그 가난한 사람들이 먹고 입을 것이 충분히 있는지, 해와 비를 가릴 짚이라도 있는지 물어본 적이 거의 없다.

나는 도시인들이 일반적으로 마을사람들을 착취했다는 사실을 발견했다. 그들은 사실 가난한 마을사람들의 호구지책에 의지하여 살아왔다. 많은 영국 관리들이 인도 민중들의 상태에 대해 기록을 했는데, 내가 알기로 아무도 인도의 마을사람들이 생존에 충분할 만큼 가지고 있다고 말하지 않았다. 도리어 그들은, 인구의 대부분이 겨우 기아를 면할 정도이고, 10퍼센트는 반쯤 굶주리고 있으며, 수백만명이 약간의 더러운 소금 뿌린 칠리와 백미나 볶은 곡식으로 만족해야 한다는 점을 인정했다.

만일 우리 중의 누군가 그런 식사로 살라는 요청을 받는다면, 한달 이상 살아남을 것을 기대하지 못하거나, 혹은 지적 능력을 잃게 될 것을 걱정해야 할 것이다. 그러나 우리 마을사람들은 매일같이 그런 상태를 견디고 있는 것이다.

인구의 75퍼센트 이상이 농업인이다. 그들의 노동의 결과 전부를 우리가 빼앗거나 다른 사람이 빼앗도록 허용한다면 자치의 정신은 있을 수가 없다.

도시들은 스스로를 돌볼 능력이 있다. 우리가 관심을 돌려야 하는 곳은 마을이다. 우리는 그들이 편견과 미신, 좁은 시야에서 벗어나도록 깨우쳐주어야 하며, 그렇게 하려면 그들 가운데 머물며, 기쁨과 슬픔을 함께하고 교육과 지적 정보를 그들 사이에 확산시키는 것 외에는 방법이 없다.

우리는 이상적인 마을사람이 되어야지, 위생에 대해 기묘한 생각을 가진 채 무엇을 먹는지, 어떻게 먹는지에 대해 아무런 생각을 하지 않는 그런 마을사람이 되어서는 안된다. 그들 대부분처럼 아무렇게나 요리하고 아무렇게나 먹고 아무렇게나 살지 말자. 그들에게 이상적인 식사를 보여주자. 그저 좋아하는 것, 싫어하는 것에 따라가지 말고 그 호(好), 불호(不好)의 뿌리를 보자.

뜨거운 뙤약볕 아래서 힘들게 일하는 마을사람들과 우리를 동일시해야 하며, 마을사람들이 몸을 씻고 빨래와 설거지를 하고 짐승들이 먹고 첨벙거리는 웅덩이 물을 마시는 게 어떨지 생각해보아야 한다. 그렇게 할 때에야 비로소 우리는 진정으로 대중을 대표하게 되고, 그때 그들은 우리의 부름에 확실하게 대답을 할 것이다.

우리는 별 지출 없이 채소와 푸성귀들을 키울 수 있고, 건강을 유지할 수 있다는 것을 그들에게 보여주어야 한다. 우리는 또 잎채소를 익히면 대부분의 비타민이 파괴된다는 것을 보여주어야 한다.

우리는 그들에게 시간과 건강과 돈을 아껴 쓰는 방법을 가르쳐주어야 한다. 라이오넬 커티스는 우리 마을들을 똥무더기라고 묘사했다. 우리는 그곳을 모범적인 마을로 바꿔놓아야 한다. 우리 마을사람들은 신선한 공기에 둘러싸여 있으면서도 신선한 공기를 마시지 못하고, 가장 신선한 식품에 둘러싸여 있는데도 신선한 음식을 먹지 못한다. 나는 음식에 관련된 문제에서 마치 선교사처럼 말하고 있는데, 마을들을 아름다운 곳으로 만드는 것이 나의 임무이기 때문이다.

인도의 마을들이 항상 지금과 같았는지를 알아내는 것이 유익하다. 만일 이보다 나은 적이 없었다면 그것은 우리가 그토록 자랑스럽게 여기는 고대 문화의 수치이다. 그러나 그렇다면 어떻게 사람들이 우리 주위에서 일어나고 있는 것과 같은 붕괴 속에서 몇 백년 동안 살아남은 것인가? … 이 나라를 사랑하는 사람 앞에 놓인 책무는, 이러한 붕괴를 어떻게 막을 것인가이다. 혹은, 결국 같은 일이지만, 인도의 마을들을 재건해서 도시에서 사는 것이 편안하다고 생각되는 만큼 마을생활도 편안하게 될 수 있도록 만드는 것이다. 사실 이것이 모든 애국자 앞에 있는 숙제이다. 어쩌면 마을사람들은 회복 불가능 상태인지도 모르고, 농촌문화는 쇠퇴기에 들어섰고, 70만 마을들은 인구 3억이 아니라 3,000만명을 부양하는 잘 배열된 700개의 도시들에 자리를 내어주어야 하는지도 모른다. 인도의 운명이 그런 것이라 하더라도 그것조차도 하루아침에 일어나지는 않을 것이다. 수많은 마을과 마을사람들을 쓸어내고 남은 것을 도시와 도시민들로 바꾸어놓는 데는 시간이 걸리게 마련이다.

마을운동은 마을사람 못지않게 도시인들의 교육이기도 하다. 도시로부터 유입된 일꾼들은 마을 중심의 정신상태를 개발하고, 마을의 방식으로 사는 기술을 배워야 한다. 그들이 마을사람들처럼 굶주려야 한다는 뜻이 아니다. 그러나 생활방식에 근본적인 변화가 있어야 된다는 점은 분명하다.

(그렇게 하는) 유일한 방법은 그들 가운데 자리를 잡고, 굳건한 믿음을 갖고서 그들의 후원자로서가 아니라 그들의 청소부로, 간호사로, 그들의 하인으로서 일해나가며 우리의 편견과 선입견들은 모두 잊어버리는 것이다. 당분간 스와라지조차도 잊어버리기로 하자. 그리고 우리가 발걸음을 뗄 때마다 우리를 억압하는 '가진 자들'의 존재를 확실히 잊어버리기로 하자. 그들은 거기에 있

다. 이런 큰 문제들을 다루는 사람들은 많이 있다. 우리는 지금 필요하고, 우리가 목표에 도달한 후에도 필요할, 보다 작은 문제들을 붙잡고 싸우기로 하자. 사실 마을일이 성공적으로 되면 그 일 자체가 우리를 목표에 더 가까이 데려갈 것이다.

도시와 마을 간에 건강하고 도덕적인 관계가 생겨나는 것은 오직 도시들이 마을들을 이기적으로 착취하는 대신 마을에서 끌어내는 힘과 자양물에 대하여 적절한 보상을 해야 한다는 의무를 깨달을 때이다. 그리고 만일 도시의 아이들이 사회 재건이라는 이 크고 숭고한 일에서 자신들의 역할을 하려고 한다면, 그들의 교육의 수단이 되는 직업이 마을의 요구와 직접 관련되어 있어야 한다.

우리는 농촌문명을 물려받았다. 나라의 거대함, 많은 인구, 위치와 기후조건으로 농촌문명이 될 운명이었다. 그 결함들은 잘 알려져 있지만 어느 하나도 고칠 수 없는 것은 아니다. 그것을 뿌리 뽑아버리고 도시문명이 그것을 대신하게 하는 것은, 어떠한 비상수단으로 3억 인구를 300만이나 3,000만으로 줄일 준비가 되어있지 않는 한, 내게는 불가능한 일로 보인다. 따라서 나는 우리가 현재의 농촌문명을 영속시키면서 그것이 가진 결함들은 제거하도록 노력해야 한다는 가정하에서 치유책들을 제시할 수 있다.

제5장 마을 스와라지

마을의 지위

우리 마을들에 봉사하는 것은 스와라지를 세우는 일이다. 그 외의 것은 모두 헛된 꿈에 불과하다.

만일 마을이 멸망한다면 인도도 멸망할 것이다. 그렇게 되면 인도가 아닐 것이다. 그리고 이 세상에서 인도의 사명도 사라질 것이다.

우리는 예로부터의 마을들로 이루어진 인도와, 외국의 지배에서 생겨난 도시들로 이루어진 인도 사이에서 선택을 해야 한다. 오늘날 도시들은 마을들을 지배하고 고갈시키고 있다. 그래서 마을들은 붕괴되고 있다. 나의 카디[9] 정신은, 나에게 그 지배가 사라지면 도시들이 마을들을 도와야 한다고 말한다. 마을의 착취는 그 자체가 조직된 폭력이다. 비폭력 위에 스와라지를 건설하기를

---

9) 카디(khadi)는 인도인들의 옷인데, 간디는 이것을 누구나 스스로 만들어 입어야 한다고 주장한다.

바란다면 마을들에게 적절한 자리를 주어야 할 것이다.

인도가 진정한 자유를 얻고, 인도를 통해 세계도 자유를 얻으려면, 도시가 아닌 마을에서, 궁전이 아니라 오두막에서 살아야 한다는 사실을 조만간 사람들이 깨달아야 한다고 나는 확신한다. 수천만의 사람들이 도시에서, 궁전에서 서로 평화롭게 살 수는 절대로 없다. 그렇게 되면 그들은 폭력과 거짓에 의지할 수밖에 없을 것이다.

나는 진실과 비폭력 없이는 인류에게 파멸밖에 있을 수 없다고 생각한다. 우리는 오직 마을생활의 단순함 속에서만 진리와 비폭력을 실현할 수 있고, 이 단순함은 차르카와 그것이 내포하는 일체에서 가장 잘 발견된다. 오늘의 세계가 잘못된 길로 간다 해도 두려워하지 말아야 한다. 인도도 역시 그 길로 갈지 모르고, 속담에 나오는 나방이처럼 불꽃 주위에서 점점더 격렬히 춤추다가 결국 타버릴지 모른다. 그러나 목숨이 다할 때까지 인도를, 그리고 인도를 통해서 전세계를 그런 운명으로부터 보호하려 노력하는 것이 내 필생의 의무이다.

마을 스와라지

내가 생각하는 마을 스와라지는 기본적 필요에 관해서는 이웃으로부터 독립되어 있고, 그러면서도 의존이 불가피한 다른 여러 가지에 관해서는 상호의존적인 완전한 공화국이다. 따라서 모든 마을의 첫째 관심사는 식량작물과 옷을 자급하기 위해 목화를 키우는 일이다. 마을에는 가축들을 위한 비축 양식이 있어야 하고, 어른과 아이들을 위한 오락과 놀이터가 있어야 한다. 그리고 가용

토지가 더 있으면 '쓸모 있는' 환금작물을 키워서 마리화나, 담배, 아편 등을 쫓아내어야 한다. 마을에는 마을극장, 학교, 공회당을 둘 것이다. 깨끗한 물 공급을 보장하는 자체의 급수시설을 가지고 있을 것이다. 이것은 우물이나 저수조를 통제·관리하여 이룰 수 있다. 교육은 기초과정의 끝까지 의무적으로 이루어질 것이다. 가능한 한 모든 활동은 협동체제로 수행될 것이다. 불가촉천민이라는 등급이 있는 오늘날의 카스트제도는 존재하지 않을 것이다. 불복종과 비협력의 수단을 동반한 비폭력이, 마을공동체의 제재 규약이 될 것이다. 마을이 지니고 있는 인명부에서 차례대로 뽑힌 사람이 마을수비대의 일을 해야 한다. 마을정부는 해마다 최소한의 자격요건을 갖춘 마을의 성인 남녀들이 선출한 다섯명으로 된 판차야트(마을회의)가 운영할 것이다. 모든 권위와 재판권이 거기에 있을 것이다. 기존의 형태와 같은 처벌 체계는 없을 것이기 때문에 이 판차야트가 한해 동안 입법, 사법, 행정의 모든 일을 수행할 것이다. 오늘날 어느 마을이라도 별다른 방해 없이 그런 공화국이 될 수 있다. 마을과의 유일한 연결이라고는 마을의 소득을 빼앗아가는 것뿐인 현 정부조차도, 그것을 방해하지는 않을 것이다. 나는 여기서 이웃 마을과의 관계는 검토하지 않았다. 나의 목적은 마을정부의 대체적인 모습을 제시하는 것이다. 여기에는 개인의 자유에 기초한 완전한 민주주의가 있다. 개인은 자신의 정부를 만드는 건축가이다. 비폭력의 법이 그와 그의 정부를 다스린다. 그와 그의 마을은 세계의 힘에 맞설 수 있다. 마을사람은 누구나 죽음을 무릅쓰고 자신과 마을의 명예를 지키리라는 것이 마을사람 모두를 다스리는 법이기 때문이다.

여기서 그려진 그림에는 본래 불가능한 것은 없다. 그러한 마을을 만드는 것은 평생의 일이 될 수도 있다. 진정한 민주주의와 마을생활을 사랑하는 사람이라면 누구라도 한 마을을 택하여 그것을 자신의 세계로, 유일한 일로 삼을 수 있고, 그는 좋은 결과를 보게 될 것이다. 그는 마을의 청소부, 실잣는 사람, 야경꾼, 의원(醫員)이면서 동시에 학교선생으로서 시작한다. 만일 아무도 그에게 다가오지 않으면 그는 청소부 일을 하며 실을 잣는 것으로 만족할 것이다.

이상적인 마을

이상적인 마을은 완전한 위생에 적합하도록 만들어질 것이다. 집들은 반경 5마일 거리 이내에서 구할 수 있는 재료로 충분히 밝고 환기가 가능하도록 지어질 것이다. 집에는 식구들을 위한 채마밭과 가축들을 둘 마당이 있을 것이다. 마을의 길에는 불필요한 먼지가 일지 않을 것이고, 누구나 쓸 수 있는 필요한 만큼의 우물이 있을 것이다. 모두를 위한 기도의 집, 사람들이 모일 수 있는 장소, 가축들이 풀을 뜯을 마을 공유지, 협동 낙농장, 산업교육 중심의 초급·중급학교 그리고 분쟁을 해결할 판차야트가 있을 것이다. 마을은 자신의 곡물, 채소, 과일과 자신의 카디를 생산할 것이다. 이것이 내가 생각하는 모범 마을의 대략적인 모습이다. … 나는 마을사람들이 현명한 지도하에서 개인 수입과 구별되는 마을 수입을 배가할 수 있다고 확신한다. 우리의 마을들에는 상업적 목적을 위해서는 아니지만 지역의 목적을 위해서는 확실히 거의 모든 경우 무한한 자원이 있다. 가장 큰 비극은 마을사람들이 희망을 잃고, 스스로 운명을 개선시키려는 노력을 하지 않는 것이다.

내가 생각하는 이상적인 마을은 지적인 사람들을 포함할 것이다. 그들은 짐승들처럼 더러움과 어둠 속에서 살지 않을 것이다. 남자, 여자들 모두 자유롭고 세상의 누구 앞에서도 지지 않고 버틸 수 있을 것이다. 페스트도 콜레라도 천연두도 없을 것이고, 아무도 할 일 없이 놀지 않고, 아무도 사치 속에서 빈둥거리지 않을 것이다. 누구나 다 자기 몫의 육체노동을 해야 할 것이다. … 철도, 우편, 전보 등도 상정해볼 수 있다.

제6장 마을 스와라지의 기본 원칙들

1. 사람 우위 — 완전고용

사람을 첫째로 생각해야 된다.

추구해야 할 목표는 완전한 지적·도덕적 성장과 결합된 인간의 행복이다. 나는 도덕적이라는 말을 영적이라는 말과 같은 뜻으로 쓴다. 이 목표는 탈중심화하에서 성취될 수 있다. 체제로서의 중앙집중화는 사회의 비폭력적 구조와 상반되는 것이다.

나는 인도의 경제구조가, 그리고 세계경제도 역시 그 속의 누구도 의식(衣食)의 부족으로 고통을 겪지 않는 것이 되어야 한다고 생각한다. 다시 말해서 모든 사람들이 생계를 꾸려갈 수 있을 만큼 충분한 일거리를 얻을 수 있어야 한다. 이러한 이상은 오직, 기초 생활필수품의 생산이 대중의 통제하에 있을 때에만 보편적으로 실현될 수 있다. 이 필수품들은 하느님이 주신 공기와 물이 그래야 하는 것처럼 모두가 자유롭게 쓸 수 있어야 한다. 그것은 남들을 착취하기 위한 거래의 수단이 되어서는 안된다. 어떤 나라,

국민, 단체이든 그것을 독점하는 것은 부당한 일이다. 이 단순한 원칙을 무시하는 것이 이 불행한 땅뿐만 아니라 세계 여러 곳에서 우리가 보고 있는 궁핍의 원인이다.

도덕적 가치들을 무시하거나 간과하는 경제학은 그릇된 것이다. 비폭력의 법을 경제학의 분야에까지 확장하는 것은 도덕적 가치를 국제적 통상을 규제하는 데 고려해야 할 요인으로 도입하는 것을 의미한다.

모든 인간은 살 권리가 있고, 따라서 의식주를 해결할 방법을 찾을 권리가 있다.

"내일을 생각하지 말라"는 세계의 거의 모든 종교에서 발견되는 가르침이다. 질서가 잡힌 사회에서는 생계수단을 확보하는 일이 가장 쉬운 일이어야 하고, 실제로 가장 쉬운 일이다. 사실, 한 나라의 질서는 백만장자의 수가 아니라 굶주리는 사람이 없다는 것으로써 검증된다.

한 나라의 천연자원을 착취하고, 더 강력한 잠재력을 가진 사람들의 노동을 소홀히 하는 계획은 무엇이든 불균형한 것이고 인간의 평등을 확립할 수 없는 것이다.

진정한 계획은 인도의 노동력 전체를 가장 잘 활용하는 것이다.

일할 수 있는 사람인데도 일자리나 먹을 것이 없는 사람이 단 한명이라도 있는 한, 우리는 쉬거나 푸짐한 식사를 하는 것을 부끄럽게 여겨야 한다.

모든 사람은 새나 짐승들처럼 생활의 필수품에 대해 평등한 권리를 가지고 있다. 그리고 모든 권리에는 그에 상응하는 의무와 그 권리가 공격당했을 때 저항할 수 있는 구제방법이 있으므로,

기본적인 근본적 평등을 지키는 일은 그저 상응하는 의무와 구제방법을 찾아내는 것이다. 상응하는 의무는 내 팔다리로 일을 하는 것이고, 상응하는 구제방법은 내 노동의 열매를 빼앗는 이에게 협력하지 않는 것이다.

2. 생계를 위한 노동

육체노동을 하지 않는 사람이 어떻게 먹을 권리를 가질 수 있는가? 살기 위해서 남녀 누구나 일을 해야 한다. … 즉 모든 건강한 개인은 자신의 음식을 위해 충분히 노동을 해야 하며 그의 지적 능력은 생계수단을 얻거나 재산을 축적하기 위해서가 아니라 오직 인류에 봉사하는 데에 쓰여야 한다. 어디에서나 이 원칙을 지킨다면 모든 사람은 평등하고 아무도 굶주리지 않으며 세상은 수많은 죄악으로부터 구원될 것이다. … 기꺼이 그것에 복종함으로써 사람들은 건강과 완전한 평화를 누릴 것이고, 봉사를 위한 능력을 발전시킬 것이다. … 내 의견으로는 똑같은 원칙이 기타(Gita)의 3장에 제시되어 있다. '희생의 나머지'는 이마의 땀으로 우리가 얻은 빵이다. 먹을 음식을 위해 충분히 노동을 하는 것은 기타에서 야즈나[10]로 분류되어 있다.

지식이 오직 책을 통해서만 얻어진다는 상상은 큰 미신이다. 우리는 이 잘못을 버려야 한다. 독서는 삶에서 한자리를 가지고 있지만 오직 제자리에서만 쓸모가 있다. 만일 육체노동을 희생하여 책의 지식을 계발하려 한다면 우리는 그에 대해 저항해야 한다.

---

10) yajna(供犧). 옛 브라만교의 제사의식.

우리의 시간의 대부분은 육체노동에 바쳐져야 하고, 오직 조금만이 독서에 주어져야 한다. 오늘날 인도에서 부자와 소위 상류계층 사람들은 육체노동을 경멸하기 때문에, 노동의 존엄성을 주장하는 것은 아주 필요하다. 진정한 지적 발달을 위해서조차도 우리는 얼마간의 유용한 육체적 활동을 해야 한다.

수많은 배고픈 사람들은 한가지 좋은 것 — 기운을 돋우는 음식을 요청한다. 그것은 주어질 수 없다. 그것을 그들은 벌어야 한다. 그리고 오직 이마에 땀을 흘려서만 그것을 벌 수 있다.

지적인 일은 중요하고 삶의 체계 속에서 의심할 수 없는 자리를 가지고 있다. 그러나 내가 고집하는 것은 육체노동의 필요성이다. 누구도 그런 의무에서 벗어나서는 안된다고 나는 주장한다.

신은 인간이 자신의 음식을 얻기 위해 일하도록 창조하였고, 일하지 않고 먹는 이들은 도둑이라고 말하였다.

3. 평등

모든 사람은 평등한 기회를 가져야 한다. 기회가 주어지면 모든 인간은 영적 성장의 가능성을 똑같이 가지고 있다.

진정한 경제학은 결코 최고의 윤리기준과 배치되지 않는다. 그 이름에 값하는 모든 진정한 윤리학은 동시에 좋은 경제학이 되어야 하는 것과 같다. 배금주의를 가르치고 강자가 약자를 희생시켜 부를 축적할 수 있게 하는 경제학은 거짓되고 불길한 학문이다. 그것은 죽음을 부른다. 그러나 진정한 경제학은 사회정의의 편이고, 약자들을 포함한 모두의 이익을 증진하며, 품위있는 삶에서 없어서는 안되는 것이다.

나는 지위의 평등화를 가져오고자 한다.

나의 이상은 평등한 분배이다. 그러나 내가 보기에 그것은 실현되지 않을 것이다. 그래서 나는 공정한 분배를 위해 일한다.

경제적 평등은 비폭력적 독립으로 가는 해결의 열쇠이다. 경제적 평등을 위해 일하는 것은 자본과 노동 사이의 영원한 갈등을 폐지하는 것을 뜻한다. 그것은 한편으로는 나라의 부의 대부분을 차지하고 있는 소수의 부자들의 수준을 내리고, 다른 한편으로는 굶주리고 있는 헐벗은 대다수의 수준을 올리는 것을 뜻한다. 비폭력적인 정부 체제는 부자와 배고픈 민중 사이의 커다란 간극이 존속하는 한 분명히 불가능한 것이다. 뉴델리의 궁전 같은 집들과 가난한 노동계층 사람들의 비참한 오두막들 사이의 대조는, 가난한 이들도 가장 부유한 이들과 똑같은 힘을 가지게 될 자유 인도에서는 단 하루도 버틸 수 없다. 부자들이 자발적으로 부와 권력을 포기하고 그것을 공동의 이익을 위해 나누지 않는 한, 격렬하고 피비린내 나는 혁명이 언젠가 일어날 것은 확실한 일이다. 나는 그것에 쏟아진 조롱에도 불구하고 신탁주의[11]를 고수한다. 그곳에 도달하기 어렵다는 것은 사실이다. 비폭력도 마찬가지로 이루기 어렵다. 그러나 우리는 1920년에 그 가파른 길을 올라가기로 결심했다.

4. 신탁

사실 평등한 분배 원칙의 뿌리에는 부유한 이들이 소유한 여분

---

11) doctrine of Trusteeship. 빈부의 문제에 대해 간디가 제시한 해결책으로서, 부자들은 그들이 가진 여분의 재산을 사회적으로 쓰이도록 맡겨야 한다는 주의이다.

의 부를 신탁한다는 원칙이 있어야 한다. 그 원칙에 따르면 누구도 다른 이들보다 한푼이라도 더 소유할 수 없기 때문이다. 이 일을 어떻게 이룰 수 있는가? 비폭력적으로? 아니면 부자들의 재산을 빼앗아야 하는가? 그렇게 하려면 자연히 우리는 폭력에 의지해야 할 것이다. 이런 폭력적인 조처는 사회에 이익이 될 수 없다. 사회는 부를 축적할 줄 아는 사람의 재능을 잃어버릴 것이므로 더욱 가난해질 것이다. 그러므로 비폭력적인 방법이 명백하게 더 나은 것이다. 부자는 자신의 부를 소유한 채 있을 것이며, 그중에서 자신의 필요를 위해 타당하게 요구되는 것을 사용할 것이다. 그리고 그 나머지는 사회를 위해 사용되도록 수탁자로서 행동할 것이다. 이 논의에서 수탁자의 정직성이 전제된다.

그러나 만일 최대의 노력에도 불구하고 부자들이 진정한 의미로 가난한 이들의 후견인이 되지 않고, 가난한 이들은 배고픔으로 점점더 많이 죽어간다면 어떻게 해야 하는가? 이 수수께끼의 답을 찾으려고 애쓰면서 나는 비폭력적 비협력과 시민불복종을 옳고 확실한 방법으로 찾아내었다. 부자는 사회 속의 가난한 이들의 협력 없이 부를 축적할 수 없다. 가난한 이들 사이에 이 지식이 뚫고 들어가 확산되면 그들은 강해질 것이고, 비폭력의 수단으로 그들을 굶주림으로 몰고간 무자비한 불평등으로부터 자유로워질 방법을 알게 될 것이다.

5. 탈중심화

인도가 비폭력의 노선으로 나아가기로 한다면 많은 것을 탈중심화해야 할 것이다. 중앙집중은 적절한 무력 없이는 유지·방어

될 수 없다. 가져갈 것이 아무것도 없는 소박한 집은 단속할 필요가 없다. 부자들의 궁전에는 강도를 막기 위해 힘센 경비원들이 있어야 한다. 거대한 공장들도 마찬가지이다. 농업적으로 조직된 인도는 육해공군을 잘 갖춘 도시화된 인도보다 외국의 침입을 받을 위험이 적다.

공장문명 위에 비폭력을 이룰 수는 없지만 자족적인 마을에서는 가능하다. 내가 생각한 농촌경제는 착취를 전적으로 피한다. 착취는 폭력의 핵심이다.

6. 스와데시

스와데시는 보편적인 법이다. 사람의 첫째 의무는 그의 이웃에 대한 것이다. 이것은 외국인에 대한 증오나 같은 나라 사람에 대한 편애를 의미하지 않는다. 우리의 봉사 능력에는 명백한 한계가 있다. 이웃을 돕는 것조차 쉽지는 않다. 우리 모두가 이웃에 대한 의무를 제대로 수행한다면 도움이 필요한 사람 누구도 보살핌을 받지 못한 채 남아있지 않을 것이다. 그러므로 이웃에 봉사하는 사람은 온 세상에 봉사하는 것이다. 사실상 스와데시에는 자신의 이웃과 다른 사람을 구분할 틈이 없다. 이웃에게 봉사하는 것은 세계에 봉사하는 것이며, 사실 우리가 세계에 봉사하는 방법은 그것밖에 없다. 온 세상을 자신의 가족과 같이 느끼는 사람은 자기 자리에서 벗어나지 않고도 우주에 봉사하는 힘을 가진 것이다. 그는 오직 이웃에게 제공하는 봉사를 통해서만 이 힘을 발휘할 수 있다. 톨스토이는 한걸음 더 나아가 현재 우리는 다른 사람의 등에 올라타고 있다고 말한다. 거기서 내려오는 것만으로도 충분하다. 아무도 스스로 돕지 않으면서 다른 사람을 도울 수는 없다. 그리고 다른 사람을 돕지 않으면서 자신의 사사로운 목표를 이루려 하는 사람은 누구나 자신과 일반적인 세상사람들에게 해를 끼친다. 그 이유는 명백하다. 모든 살아있는 존재는 무언가의 구성원이고, 따라서 한사람의 행동 하나하나는 전세계에 이롭거나 해로운 영향을 미친다. 우리는 근시안이어서 이것을 알아보지 못한다. 한 개인의 한가지 행동의 영향은 무시할만한 것일 수 있다. 그러나 그 영향은 여전히 존재하고, 이 진리를 의식하면 우리는 책임을 깨닫게 된다.

스와데시는 그러므로 외국인을 배척하지 않는다. 그러나 스와데시는 모든 곳에 미치지는 않는다. 그것은 가능한 일이 아니기 때문이다. 세계에 봉사하려 하면서 세계에는 도움을 주면서 이웃에는 도움을 주지 못하는 일은 없다. 이웃을 도우면서 결국 세계를 돕게 된다. 오직 이웃에 대한 의무를 다한 사람만이 "모두가 나의 동족이다"라고 말할 권리가 있다. 그러나 그렇게 말하면서 이웃을 소홀히 하는 사람이 있다면, 그는 방종에 빠져있는 것이며 홀로 이기적으로 사는 것이다.

7. 자급자족

사회의 단위는 마을이어야 한다. 혹은 그것을, 생명 유지에 필요한 것들을 자급자족할 수 있는 이상적인 단위로서, 관리 가능한 작은 무리의 사람들이라고 부를 수 있다.

모든 마을의 첫째 관심사는 자신들의 식량작물과 의복을 위한 목화를 기르는 일이 될 것이다.

카다르[12]의 중심적인 사상은 모든 마을을 식량과 의복에 관하여 자급할 수 있게 만드는 것이다.

자급자족하는 카디는 실잣는 사람이 직접 목화를 기르고 거의 모든 마을에서 목화를 길러야만 성공할 수 있다. 그것은 목화재배의 탈중심화를 의미한다.

모든 마을은 자립적이어야 하고, 전세계와 맞서서 자신을 방어할 정도로 자신의 일들을 관리할 수 있어야 한다.

8. 협동

사람들은 협동 속에서 살고 공동의 선을 위해 일해야 한다.

가능한 한 모든 활동은 협동적 토대 위에서 행해져야 한다.

협동체제는 농업인들에게 훨씬 더 필요하다. … 땅은 국가에 속한다. 따라서 협동적인 경작이 가장 큰 대가를 산출한다.

협동은 엄격한 비폭력에 기초를 두어야 한다는 것을 기억하자.

9. 불복종

불복종과 비협력의 수단을 사용하는 비폭력이 마을공동체의 제재 방법이 될 것이다.

10. 종교의 평등

모든 종교는 세부와 외적 형태는 다를지 모르지만 한 나무의 잎새들처럼 근본에서는 하나이다. 잎 하나하나는 분리된 존재이지만

---

[12] khaddar. 손으로 짠 무명. 간디는 사람들이 이것을 직접 짜서 옷을 해 입기를 권장하였다.

모두 줄기에서 나온 것이고, 유기적으로 줄기에 연결되어 있다. 또 똑같은 잎은 하나도 없지만 서로 싸우지 않는다. 오히려 그들은 같은 바람에 춤을 추며, 함께 아름다운 교향악을 만들어낸다.

세계의 주요 신앙들은 진리의 계시이지만, 모두 불완전한 인간이 외형을 만들었으므로 불완전이 끼어들어 있고 거짓이 섞여있다. 그러므로 우리는 다른 이들의 종교도 자신의 종교와 마찬가지로 존중해야 한다.

모든 종교는 그 나름의 완전하고 평등한 지위를 가지고 있다. 우리는 모두 땅속에 깊이 뿌리를 내려 흔들리지 않는 거대한 나무의 잎새들이다. 아무리 힘센 바람도 그것을 움직일 수 없다.

11. 판차야트 라지

마을정부는 해마다 최소한의 자격요건을 가진 마을의 성인 남녀들이 선출한 다섯사람으로 이루어진 판차야트에 의해 운영될 것이다.

기존의 것과 같은 처벌 체계는 없을 것이기 때문에 이 판차야트는 입법, 사법, 행정을 통합하여 1년간 일할 것이다.

다섯명의 성인 남녀로 이루어진 판차야트는 마을사람이거나 마을사람의 사고방식을 가진 사람들이고, 하나의 단위를 이루게 된다.

인접해 있는 두개의 판차야트는 함께 일을 하며, 그 속에서 지도자를 선출한다.

그런 판차야트가 백개 있고, 쉰명의 첫번째 지도자가 생기면, 그들은 자신들 중에서 두번째 지도자를 선출하고, 첫번째 지도자들은 그 밑에서 일하게 된다. 그와 같은 그룹들이 계속 생겨서 인도 전역을 포함하게 되면, 모든 두번째 지도자들은 함께 인도 전체를 위해 일하고 동시에 각자는 자신의 지역을 위해 일한다. 두번째의 지도자들은 필요하다고 생각되면 그들 중에서 우두머리를 선출할 수 있고, 그는 하고 싶은 동안 모든 그룹을 통제하고 지휘하게 된다.

12. 나이탈림

교육은 아이나 어른에게서 그들 속에 있는 최고의 것을 끌어내는 것을 의미한다. 문자 해독은 교육의 끝이 아니고 교육의 시작도 아니다. 그것은 오직 사람들을 교육할 수 있는 수단 중 하나일 뿐이다. 문자 해독 자체는 교육이 아니다. 따라서 나는 아이의 교육을 쓸모 있는 공예일을 가르치고, 훈련을 시작하자마자 생산을 할 수 있게 하는 것으로 시작하고자 한다. 그렇게 하여 국가가 이런 학교의 생산 제품들을 양도받는 조건으로 모든 학교는 자립할 수 있게 된다.

제7장 생계를 위한 노동

 사람은 직접 노동을 하여 양식을 벌어야 한다는 신성한 법칙을 처음 강조한 것은 러시아의 T. M. 본다레프라는 작가이다. 톨스토이가 그것을 널리 알렸다. 내 생각에는 똑같은 원칙이 바가바드기타 3장에 제시되어 있는데, 거기에는 희생을 바치지 않고 먹는 사람은 훔친 음식을 먹는 것이라고 되어있다. 여기서 희생이란 오직 생계를 위한 노동을 뜻한다.

 이성도 역시 같은 결론에 도달한다. 어떻게 육체노동을 하지 않는 사람이 먹을 권리를 가질 수 있는가? 성경은 "그대 이마의 땀으로 빵을 먹게 되리라"라고 말한다. 백만장자도 하는 일 없이 오래 지낼 수 없다. 하루 종일 침대에서 빈둥거리고 음식도 누군가가 먹여주고 한다면 곧 삶에 싫증이 나고 말 것이다. 그래서 그는 운동을 해서 시장기를 부르고 음식을 스스로 먹는다. 부자이든 가난한 이든 누구나 어떤 형태로든 운동을 해야 한다면 왜 생산적인, 즉 생계를 위한 노동의 형태를 취하지 않을 것인가? 아무도 밭 가는 사람에게 숨쉬기운동을 하라거나 근육운동을 하라고 하지 않는다. 그리고 인구의 90퍼센트 이상이 농사일로 살고 있다. 그 나머지 10퍼센트가 그 대다수의 모범을 따라 적어도 그들이 먹을 양식을 얻을 만큼만 노동을 한다면 세계는 얼마나 더 행복하고 건강하고 평화로워질 것인가!

전세계적으로 자본과 노동 사이에 갈등이 있고, 가난한 이들은 부자를 부러워한다. 만일 모두가 생계를 위한 노동을 한다면 계급의 구별은 사라질 것이다. 부자는 여전히 존재하겠지만 그들은 자신이 그들의 재산의 수탁자라고 생각할 것이고, 그 재산을 주로 공공의 이익을 위해 사용할 것이다.

생계를 위한 노동은, 비폭력을 지키고 진리를 숭배하고 계율을 지키는 것을 자연스러운 행동으로 삼는 사람에게는 참된 축복이다. 이 노동은 진정으로 농업에만 관련될 수 있다. 그러나 현재에는 어쨌든 모든 사람이 그렇게 할 수 있는 위치에 있지 않다. 따라서 어떤 사람은 땅을 가는 대신 실을 잣거나 베를 짜고, 목수일이나 대장간일을 할 수 있다. 그러나 항상 농업을 이상적인 일로 본다. 모든 사람이 자신의 청소부가 되어야 한다. 교육은 먹는 것만큼 필요하다. 그리고 가장 좋은 것은 각자 모두가 자신의 쓰레기를 처리하는 것이다. 그것이 가능하지 않다면 각 가정이 자신의 쓰레기를 처리해야 한다.

나는 오래전부터 쓰레기 처리가 사회의 한 계층의 일로 되어있는 것은 근본적으로 잘못된 것이라고 느껴왔다. 우리는 가장 낮은 지위의 사람에게 이 필수적인 위생서비스를 처음으로 할당한 사람에 대한 역사적 기록을 가지고 있지 않다. 그가 누구였든 간에 그는 전혀 좋은 일을 한 것이 아니다. 우리는 어린시절부터 우리 모두가 청소부라는 인식을 마음에 새겨야 한다. 그렇게 하는 가장 쉬운 방법은 그것을 깨달은 사람 누구나 청소부일로 생계노동을 시작하는 것이다. 그렇게 지성적으로 선택한 청소부일은 인간의 평등을 진정으로 이해하는 데 도움이 될 것이다.

만일 모두가 자신의 양식을 얻을 만큼 일하고 더 일하지 않는다면 모두에게 양식도 여가도 충분히 있을 것이다. 그러면 인구과잉 문제도, 질병도, 우리 주위에서 보는 불행도 없을 것이다. 그러한 노동이 희생의 가장 높은 형태이다. 사람들은 물론 몸으로나 정신으로나 많은 다른 일을 할 것이다. 그러나 이 모든 것은 공동의 이익을 위한 사랑의 노동일 것이다. 그때에는 부자도 가난한 이도 없고 높은 사람도, 낮은 사람도 없고 불가촉천민도 없을 것이다.

이것은 도달할 수 없는 이상일지도 모른다. 그러나 그렇다고 해서 그것을 위한 노력을 그칠 필요는 없다. 희생의 법, 다시 말해 우리 존재의 법 전체를 수행하지 않으면 일상의 양식을 위한 충분한 육체노동을 했더라도 우리는 그 이상에서는 멀리 있게 된다.

우리가 그렇게 한다면 욕구는 최소화될 것이고, 음식은 단순해질 것이다. 그러면 우리는 먹기 위해 사는 것이 아니라 살기 위해 먹을 것이다. 이 주장의 정확성을 의심하는 사람은 누구든 양식을 얻기 위해 땀을 흘려보라. 그러면 자신의 노동의 산물에서 커다란 만족을 얻을 것이고, 건강이 좋아질 것이고, 자신이 취한 많은 것들이 없어도 좋은 것임을 알게 될 것이다.

지적 노동으로 양식을 벌어도 되지 않을까? 아니다. 육체에 필요한 것은 육체에 의해 공급되어야 한다. "시저의 것은 시저에게 돌려주어라"가 여기에 잘 맞는다. 순전히 정신적인, 즉 지적인 노동은 영혼을 위한 것이고, 그 자체로 만족해야 한다. 그것은 보수를 요구해선 안된다. 이상적인 국가에서 의사, 변호사 같은 사람들은 자신이 아니라 오직 사회의 이익을 위해 일할 것이다. 생계노동의 법을 따르면 사회구조에 조용한 혁명이 일어날 것이다. 생존을 위한 노력을 상호 봉사를 위한 노력으로 바꾸어놓는 일이 인간의 승리가 될 것이다. 짐승의 법 대신 인간의 법이 들어설 것이다.

오해하지 말길 바란다. 나는 지적 노동의 가치를 무시하지 않는다. 그러나 아무리 많은 지적 노동이라도 전체의 공동의 이익을 위해 우리 각자가 제공하도록 마련된 육체노동에 대한 보상이 되지는 않는다. 그것은 육체노동보다 무한히 우월할 수 있고, 흔히 그렇기도 하다. 그러나 결코 그 대신이 될 수는 없다. 지적 양식이 우리가 먹는 곡식보다 훨씬 나은 것이라 해도 그것을 대신할 수 없는 이치와 같다. 사실 땅의 소출 없이는 지적 생산물은 불가능한 것이다.

지적인 생계노동은 언제라도 가장 높은 형태의 사회봉사이다.

'지적'이라는 형용사는 노동이 사회봉사가 되기 위해서는 그 뒤에 분명한 목적이 있어야 한다는 것을 보여주기 위해서 노동 앞에 붙은 것이다. 그렇지 않으면 모든 노동자는 사회봉사를 하고 있다고 말할 수 있다. 어떤 의미에서는 그것이 사실이지만 여기서 의미하는 것은 그보다 훨씬 많은 것이다. 모두의 보편적인 이익을 위해 노동하는 사람은 임금을 받을만하고, 그러므로 그러한 생계노동은 사회봉사와 다르지 않다.

마을로 돌아가는 것은 생계노동과, 그것이 내포하는 모든 것에 대한 의무를 분명하게, 자발적으로 인식한다는 것을 뜻한다. 그러나 이를 비판하는 사람은 "수많은 인도의 자녀들이 오늘날 마을에서 살고 있지만 그들은 반 굶주림 상태에서 살고 있다"고 말한다. 애석하게도 이것은 분명한 사실이다. 다행히도 우리는 그들이 자발적인 복종으로 마을에서 살고 있는 것이 아님을 안다. 그들은 아마도 할 수 있다면 육체노동을 피할 것이고, 거처를 구할 수 있으면 가장 가까운 도시로 달려가기도 할 것이다. 주인에 대한 강제적인 복종은 노예의 상태지만, 아버지에게 기꺼이 복종하는 것은 아들된 자의 큰 기쁨이다. 마찬가지로 생계노동의 법에 어쩔 수 없이 복종하는 것은 가난과 질병과 불만을 키운다. 그것은 노예의 상태이다. 기꺼이 그것에 복종하면 만족과 건강을 얻게 마련이다. 그리고 진정한 부는 금과 은 조각이 아니라 건강이다.

구걸

내가 말하는 아힘사는 정직한 방법으로 양식을 얻기 위한 일을 하지 않은 건강한 사람에게 무료식사를 제공하는 일을 용납하지 않을 것이다. 내게 힘이 있다면 나는 무료식사를 제공하는 일을 모두 중지시킬 것이다. 그것은 국민의 품성을 떨어뜨리고, 게으름과 위선, 범죄까지도 조장하였다. 그런 잘못된 자선은 물질적이든 정신적이든 나라의 부에 보태는 것이 없으며, 그것을 제공한 사람은 좋은 일을 했다고 느끼지만 사실은 그렇지 않다. 그것을 제공하는 사람이 공공시설들을 만들어 거기서 기꺼이 일하고자 하는 사람들에게 깨끗하고 건강한 환경에서 식사를 제공한다면 얼마나 훌륭하고 현명한 일이겠는가? 나 자신은 물레 돌리는 일이나 목화를 가공하는 어떤 일이라도 이상적인 일이 될 거라고 생각한다. 그러나 그런 일을 하고 싶지 않다면, 다른 어떤 일을 선택해도 좋다. 다만 규칙은 "일하지 않으면 먹을 수 없다"이어야 한다.

  나는 구걸을 권장하는 것은 나쁘다고 생각하지만 걸인에게 일과 음식을 제공하지 않고 돌려보내지는 않을 것이다. 그가 일을 하지 않으면 음식을 주지 않고 보낼 것이다. 절름발이나 불구자처럼 육체적 장애가 있는 사람은 국가가 지원을 해주어야 한다. 그러나 장님인 체하는 사람이나 진짜 장님을 빙자한 많은 사기놀음이 일어나고 있다. 너무나 많은 장님들이 부정하게 얻은 수익으로 부자가 되었다. 그들을 이런 유혹에 노출시키는 것보다는 보호시설에 두는 깃이 좋을 것이다.

  이마에 땀을 흘려 양식을 버는 것을 좋아하고, 구걸을 하거나 자선을 받기를 거절해야 한다.

제8장 평등

 사회에 대한 나의 생각은, 우리가 똑같은 기회를 가질 권리를 갖고 있다는 의미에서, 평등하게 태어났지만 모두가 같은 능력을 갖고 있지는 않다는 것이다. 그것은 당연히 불가능하다. 예컨대 모두가 같은 키에 같은 피부색, 같은 정도의 지능을 갖고 있을 수는 없다. 따라서 당연하게 어떤 사람은 더 많이 벌 능력이 있고, 어떤 사람은 그렇지 못하다. 재주가 있는 사람은 더 많이 가질 것이고, 그들은 이 목적으로 그들의 재주를 사용할 것이다. 그들이 재주를 친절하게 사용한다면 국가의 일을 할 것이다. 그런 사람들은 아무런 다른 조건 없이 수탁자로서 존재한다. 나는 똑똑한 사람이 더 많이 버는 것을 허용할 것이다. 나는 그의 재주를 속박하지 않을 것이다. 그러나 그가 더 많이 번 것의 대부분은 국가의 이익을 위해 쓰여져야 한다. 아들들의 수입 모두가 공동의 가족 재산으로 들어가는 것처럼.

 평등한 분배의 진정한 의미는, 각자는 자신의 자연스러운 모든 필요를 충족시킬 수단을 갖고 그 이상은 갖지 않는다는 것이다. 예를 들어, 어떤 사람이 소화력이 약해서 양식으로 밀가루 1/4파운드가 필요하고, 또다른 사람은 밀가루 1파운드가 필요하다면 둘 다 필요한 만큼 구할 수 있어야 한다. 이러한 이상이 실현되게 하려면 사회질서 전체가 재구성되어야 한다. 비폭력에 기초한 사회는 다른 어떤 이상도 키울 수 없다. 우리는 어쩌면 그 목표를 실현시킬 수 없을지도 모른다. 그러나 우리는 그것을 마음에 지니고 끊임없이 그것에 다가가기 위해 노력해야 한다. 우리가 목표에 다가가는 정도만큼 우리는 만족과 행복을 얻을 것이고, 또 그만큼 비폭력적 사회를 실현시키는 데 기여한 것이 될 것이다.

수입의 평등

당신의 재능을 돈으로 전환하는 대신 나라에 대한 봉사에 쓰라. 당신이 의사라면 인도에는 당신의 의술 모두를 필요로 하는 많은 질병이 있다. 당신이 변호사라면 인도에는 수많은 분쟁이 있다. 더 많은 말썽을 조장하는 대신 이 분쟁들을 해결하고 소송을 멈추라. 당신이 기술자라면 이 나라 사람의 재력과 필요에 맞으면서 건강과 신선한 공기가 가득한 모범적인 집을 지으라. 당신이 배운 것으로 소용이 닿지 않는 것은 없다. [이 질문을 한 사람은 공인회계사였는데 간디지는 그에게 이렇게 말했다.] 회계사들이 국민회의와 부속 기구의 회계를 감사(監査)해야 할 필요가 어디에서나 너무나 크다. 인도로 오라. 당신에게 충분한 일과 하루에 4안나[13]

---

13) anna. 인도의 화폐 단위. 1루피(rupee)의 1/16.

의 임금을 주겠다. 그것은 수많은 인도인들이 받는 것보다 훨씬 많은 돈이다.

변호사일을 하는 것이, 예컨대 마을 목수의 임금보다 더 많은 돈을 매일같이 번다는 뜻이 되어서는 안된다.

인도가 세상이 부러워할 모범적인 독립의 삶을 산다면 모든 의사, 변호사, 교사, 상인 등이 정직한 하루의 일에 대해 같은 임금을 받을 것이다. 인도사회가 그런 목표에 결코 도달하지 못할지도 모르지만, 인도가 행복한 땅이 되려면 그 목표를 향해 나아가는 것이 모든 인도인들의 의무이다.

제9장 수탁자 이론

 만일 유산을 받거나 장사나 일을 해서 상당한 돈을 갖게 된다면, 나는 그 모든 돈이 내게 속하는 것이 아님을 알아야 된다. 내게 속한 것은 대다수 다른 사람들이 누리는 것보다 나을 것 없는, 명예로운 생계수단의 권리이다. 내 재산의 나머지는 공동체에 속하고 공동체의 복지를 위해 쓰여야 한다. 지주들과 지배층들이 가지고 있는 재산에 관하여 사회주의 이론이 공표되었을 때 나는 이 이론을 분명하게 내세웠다. 그들은 이 특권계층을 제거하고자 했다. 나는 이 계층이 탐욕과 소유의식을 벗어나 노동으로 생계를 버는 사람들의 수준으로 내려오기를 바란다. 노동자는 일을 할 힘의 소유자이지만, 부자는 그의 재산의 소유자가 아님을 알아야 한다.
 이 정의에 따라 얼마나 많은 사람이 진짜 수탁자가 될 수 있는가는 중요하지 않다. 그 이론이 옳다면 많은 사람이 그에 따라 살 것인지, 오직 한사람만이 그에 따라 살 것인지는 중요하지 않다. 문제는 신념에 관련된 것이다. 만일 당신이 아힘사의 원칙을 받아들인다면 당신은 성공을 하든 실패를 하든 간에 그에 따라 살려고 노력해야 한다. 실행하기 어렵다고 말할지는 모르지만, 이 이론에는 이해할 수 없다고 할만한 것은 없다.

수탁자 노릇이 법적인 허구라고 말할지도 모른다. 그러나 사람들이 계속해서 그것에 대해 숙고하고 그에 따라 행동하려고 애쓴다면 지상의 삶은 현재보다 훨씬 더 사랑에 의해 다스려질 것이다. 절대적인 수탁자 노릇은 유클리드의 점에 대한 정의처럼 추상개념이며, 따라서 도달할 수 없는 것이다. 그러나 우리가 그것을 위해 노력한다면 평등의 상태를 실현하는 데 다른 어떤 방법에 의한 것보다 더 가까이 갈 수 있을 것이다….

만일 국가가 폭력으로 자본주의를 억압한다면 국가 자신이 폭력의 혼란에 휘말릴 것이고, 언제라도 비폭력을 발전시킬 수 없으리라는 것이 나의 확고한 믿음이다. 국가는 집중되고 조직된 형태의 폭력을 대변한다. 개인은 영혼을 가지고 있지만 국가는 영혼이 없는 기계이므로 자신의 존재 근거가 되는 폭력을 결코 떼어버릴 수 없다. 그래서 나는 수탁자주의를 더 좋아하는 것이다. 국가가 자신과 의견을 달리하는 사람에게 지나친 폭력을 사용할 수 있다는 두려움은 항상 존재한다. 관련된 사람들이 수탁자로서 행동한다면 나는 정말 기쁠 것이다. 그러나 만일 그들이 그렇게 하지 못하면 우리는 국가를 통해서 최소한의 폭력을 행사하여 그들의 재산을 빼앗을 수 있다. … (내가 원탁회의에서 확정된 모든 이자를 검토해야 하고, 필요하면 경우에 따라 보상을 하거나 하지 않고 압류명령을 해야 한다고 말한 것은 그런 이유에서다.) 나 자신이 더 선호하는 것은 국가에 힘을 집중시키는 것이 아니라 수탁자라는 의식을 확장하는 것이다. 내 의견으로는 개인 소유라는 폭력이 국가의 폭력보다 덜 해롭기 때문이다. 그러나 불가피하다면 나는 최소한의 국가 소유를 지지할 것이다.

오늘날 사회는 비폭력 노선으로는 조직·운영할 수 없다고 말하는 것이 유행이 되었다. 나는 그 점에 관해 의견이 다르다. 한 가정에서 아버지가 잘못을 한 아들에게 매를 때리면 아들은 보복할 생각을 하지 않는다. 그가 아버지에게 복종하는 것은 매 때문이 아니라 그 뒤에 있는 사랑을 느끼기 때문이다. 그것이 사회를 다스리는 방법의 전형이라는 것이 내 생각이다. 가족에 관해 옳은 것은 보다 큰 가족에 불과한 사회에 관해서도 옳을 것이 틀림없다.

나는 비폭력이 단순히 개인적인 미덕이라고 주장하지 않는다. 그것은 다른 미덕들처럼 장려해야 할 사회적 미덕이다. 확실히 사회는 대체로 상호간의 일에서 비폭력의 표현에 의해 규제된다. 내가 바라는 것은 그것을 보다 큰 국가적·국제적 규모로 확산하자는 것이다.

나의 '수탁자' 이론은 임시변통이 아니고, 속임수는 분명히 아니다. 나는 그것이 다른 모든 이론들 뒤에까지 살아남으리라고 확신한다. 그것은 철학과 종교의 재가를 받은 것이다. 재산을 소유한 자가 그 이론에 따라 행동하지 않았다는 점이 그 이론이 거짓임을 증명하지는 않는다. 그것은 부자들의 허약함을 증명하는 것뿐이다. 다른 어떤 이론도 비폭력과 양립할 수 없다. 비폭력적 방법에서는 잘못을 저지른 사람은 그 잘못을 바로잡지 않으면 자신의 종말이 어떠할지를 알게 된다. 비폭력적 비협력으로 그가 잘못을 알 수밖에 없게 되거나, 자신이 완전히 고립된 것을 보게 되기 때문이다.

나는 일반적으로 부자들이, 그리고 실은 대부분의 사람들이 돈을 버는 방법에 대해 까다롭지 않다는 의견에 주저없이 동의한다. 비폭력의 방법을 적용하면서 우리는 아무리 타락한 사람이라도 인간적으로 잘 대해서 개심시킬 수 있다고 믿어야 한다. 우리는 사람 속에 있는 선에 호소하고, 반응을 기대해야 한다. 사회의 모든 구성원이 자신의 명예를 높이기 위해서가 아니라 모두의 이익을 위해서 그의 모든 재능을 사용하면 사회의 복지가 증진되지 않겠는가? 우리는 모든 사람이 자신의 능력을 최대한 발휘할 수 없는 죽은 평등을 만들어내려 하지 않는다. 그러한 사회는 결국 멸망한다. 그러므로 돈을 가진 사람이 수천만을 벌 수 있고(물론 정직한 방법으로), 다만 그 돈은 모두를 위하여 헌납하게 하자는 나의 권고는 아주 건전한 것이다. 그것은, 각자가 이웃에게 무슨 일이 일어나는지 상관하지 않고 자신만을 위해 살고 있는 현재의 삶의 질서를 대신하여, 보편적인 이익을 가져오는 새로운 삶의 질서를 만들어내는 가장 확실한 방법이다.

제10장 스와데시

스와데시는 우리가 더 멀리 있는 것은 배제하고 바로 가까이에 있는 것을 사용하고, 거기에 봉사하도록 우리를 스스로 제한하는 우리 속의 정신이다. 따라서 종교에 관련해서 그 정의를 충족시키려면, 나는 조상들의 종교만을 가져야 한다. 즉 내게 가장 가까운 종교 환경을 사용하는 것이다. 만일 내가 그것에 결함이 있다고 본다면 그 결함을 제거함으로써 그것에 봉사해야 한다. 정치의 영역에서는 토착의 제도를 활용하고, 그것들이 가진 밝혀진 결함을 치유하는 것으로써 그것에 봉사해야 한다. 경제문제에서는 내 가까운 이웃들이 생산한 것만을 사용해야 되고, 그런 산업들을 효율적이고 완전하게 만드는 것으로써 그들에게 봉사해야 한다. 그런 스와데시가 실천된다면 천년왕국이 도래할 것이라고 생각된다….

위에서 말한 스와데시의 세 분야를 간략히 검토해보자. 힌두교는 보수적인 종교가 되었고, 따라서 그 밑에 있는 스와데시 정신 때문에 막강한 세력이 되었다. 힌두교는 개종시키려고 하지 않기 때문에 아주 관용적이며, 오늘날도 과거에 그랬던 것처럼 확장이 가능하다. 그것은 불교를 몰아내는 것이 아니라 흡수하는 데 성공했다. 힌두교도는 스와데시 정신 때문에 개종(改宗)을 거절한다. 그것이 가장 좋은 종교여서가 아니라 개혁을 도입하여 그것을 보완할 수 있다는 것을 알기 때문이다. 그리고 힌두교에 대해서 내가 한 말은 세계의 다른 위대한 종교에도 해당될 것이다. 다만 힌두교의 경우에 특별히 더 그렇다고 생각된다. 이제 내가 도달하려고 한 점을 말해야겠다. 내가 한 말에 무언가 실질적인 내용이 있다면, 인도에 있는 거대한 선교단체들 — 그들이 한 일, 지금도 하고 있는 일에 대해 인도는 깊은 감사의 빚을 지고 있지만 — 은 자선활동은 계속하면서, 개종시키겠다는 목표는 버리는 것이 기독교 정신에 더욱 잘 봉사하는 것이 아닐까?

스와데시 정신을 철저히 따르면서 나는 토착의 제도들을 관찰한다. 마을 판차야트가 내 관심을 끈다. 인도는 실제로 공화주의 국가이다. 인도가 지금까지의 모든 충격을 견뎌낸 것은 그 공화주의 때문이다. 군주와 주권자들은 인도인이건 외국인이건 간에, 세금을 걷어들이는 일 외에는 거대한 민중을 거의 건드리지 않았다. 민중들은, 말하자면, 시저의 것을 시저에게 돌려주고 나머지는 대체로 자신들의 뜻대로 했다. 거대한 카스트 조직은 공동체의 종교적 욕구에 부응했을 뿐만 아니라 정치적 필요에도 응답했다. 마을 사람들은 내부의 문제를 카스트제도로 관리했으며, 지배세력으로부터의 억압도 그것을 통해 다루었다. 카스트제도로부터 놀라운 조직력을 만들어낼 수 있는 국민의 조직능력을 부정할 수는 없다. 그 조직이 얼마나 교묘한 것이었던지, 별 노력을 들이는 것 같지도 않으면서 백만명 이상의 순례자들에게 음식을 조달할 수 있었다. 그런데도 조직력이 부족하다고 말하는 것이 유행이다. 새로운 전통 속에서 양육된 사람들에 대해서는 그것이 어느 정도까지는 사실이 아닌가 생각한다.

우리는 스와데시 정신으로부터 거의 치명적이라 할 만큼 멀어졌기 때문에 몹시 불리한 조건하에서 일해왔다. 교육받은 계층인 우리들은 외국어로 교육을 받았다. 그러므로 우리들은 대중들에 대해 감응하지 못했다. 우리는 대중을 대변하고자 하지만 실패한다. 그들은 우리를 영국인 관리들과 별로 다르게 보지 않는다. 그들은 우리에게 마음을 열어 보이지 않는다. 그들의 희망은 우리의 것과 다르고, 따라서 그들과 우리 사이에는 단절이 있다. 그래서 현실에서 조직의 실패를 보는 것이 아니라 대표자와 그가 대표하는 사람들 간의 의사소통의 결핍을 보게 되는 것이다. 지난 50년 간 우리가 우리의 언어로 교육받았더라면 우리의 어른들과 하인들과 이웃들은 우리의 지식에 함께 참여했을 것이다. 보세나 레이의 발견은 라마야나와 마하바라타[14]처럼 집안의 보물이 되었을 것이다. 현재로는 그런 위대한 발견들이 대중에게는 외국인의 발견과 다를 것이 없다. 학문의 모든 분야에서 교육이 자국어로 이루어졌더라면, 그들은 놀랍게 풍성해졌을 것이라고 나는 감히 말한다. 마을 위생 등에 관한 문제는 오래전에 해결되었을 것이다. 마을 판차야트는 지금 특별한 방법으로 살아있는 힘일 것이고, 인도는 자신의 필요에 맞는 자치 정부를 가지고 있을 것이며, 그 성

---

14) Ramayana. 인도 고대 서사시 중의 하나. 람의 이야기. Mahabharata. 인도 고대 서사시 중의 하나. 왕권 다툼의 13일간의 대전쟁을 다룬 이야기.

스러운 땅에서 조직된 암살이라는 수치스러운 꼴을 보지 않아도 되었을 것이다. 바로잡기에 너무 늦지는 않았다.

이제 스와데시의 마지막 부분이다. 대중의 심한 가난의 원인은 대부분 경제와 산업생활에서 스와데시로부터 파멸적으로 멀어진 데 있다. 인도 밖에서 단 하나의 상품도 들여오지 않았다면 인도는 오늘날 젖과 꿀이 흐르는 땅이었을 것이다. 그러나 그렇게 되지 않았다. 우리는 탐욕스러웠고 영국도 그랬다. 영국과 인도의 관계는 분명한 잘못에 기초를 두고 있다. 그러나 영국은 인도에 잘못 머물러 있는 것은 아니다. 인도인에 대한 책임이 인도에게 있다는 것이 영국이 내세우는 정책이다. 그것이 사실이라면 랭카셔는 비켜서야 한다. 그리고 만일 스와데시주의가 건전한 것이라면 랭카셔는 당분간 충격을 견뎌야 할지 모르지만 마음 상하지 않고 비켜설 수 있다. 나는 스와데시운동을 복수로서 하는 보이콧운동으로 생각하지 않는다. 나는 그것을 모두가 따라야 하는 종교적 원칙으로서 본다. 나는 경제학자는 아니다. 그러나 나는 영국이 필요한 모든 작물을 키우는 자급자족의 나라가 쉽게 될 수 있다는 사실을 보여준 몇몇 논문을 읽었다. 이것은 터무니없는 주장인지도 모르고, 어쩌면 그것이 사실일 수가 없다는 가장 좋은 증거는 영국이 세계 제일의 수입국이라는 점이다. 그러나 인도는 자신을 위해 살 수 있기 전에는 랭카셔를 위해서나 다른 어떤 나라를 위해서도 살 수 없다. 그리고 인도는 필요한 모든 것을 자신의 국경 내에서 생산하거나 생산하도록 도움을 받을 때에만 자신을 위해 살 수 있다. 인도는 형제 간의 살해와 질투, 또다른 많은 악을 조장하는 미친 듯한 그리고 파멸적인 경쟁의 소용돌이 속에 끌려들어갈 필요도 없고, 끌려들어가지 말아야 한다. 그러나 인도의 백만장자들이 세계적 경쟁에 들어서는 것을 누가 막을 것인가. 확실히 법으로 할 수는 없다. 그러나 여론의 힘과 적절한 교육에 의해 바람직한 방향으로 많은 것을 할 수 있다. 베짜는 산업은 죽어가는 상태이다. 나는 떠돌아다니는 동안 가능한 한 많은 직조공을 만나려 애썼다. 그리고 그들이 한때 번성했던 이 명예로운 직업을 어떻게 잃어버리게 되었는지, 이 일을 하던 가족들이 어떻게 그만두게 되었는지를 알고 마음이 아팠다.

스와데시 원칙을 따른다면, 건강한 직업을 원하는 이웃들이 있다는 전제하에 우리에게 필요한 것을 공급해줄 수 있는 이웃들을 찾아내어 공급하도록 가르치는 것이 우리의 의무이다. 그렇게 되면 인도의 모든 마을들은 오직 자기 지역에서 생산할 수 없는 필수품만을 다른 마을과 교역하고, 거의 자급자족하는 단위가 될 것이다. 이 모두가 터무니없는 생각으로 들릴지 모른다. 그렇다, 인도는 터무니없는 나라이다. 친절한 모하메드교도가 깨끗한 마실 물을 주려고 하는데도 목이 말라 고생하는 것은 터무니없는 일이다. 그런데도 수많은 힌두교도들은 모하메드교도의 집에서 주는 물을 마시기보다는 목이 말라 죽는 쪽을 택한다. 이 터무니없는 사람들은 또한 일단 자신들의 종교가 인도에서 만들어진 옷만 입고 인도에서 생산한 음식만 먹을 것을 요구한다고 믿게 되면, 다른 것은 입지도 먹지도 않을 것이다.

바가바드기타에는, 자유롭게 번역하면, 대중은 계급을 따른다는 뜻의 시가 있다. 만일 공동체 지도자들(사고하는 부류의 사람들)이 스와데시 맹세를 한다면 한동안 상당한 불편이 있을지는 모르지만 악을 해소하기는 쉬울 것이다. 나는 삶의 어떤 분야에서도 법률적 간섭을 싫어한다. 그것은 기껏해야 좀 덜한 악이다. 그러나 나는 외국 상품에 대한 엄격한 보호관세는 용인하고, 환영하고, 요청할 것이다. 영국 식민지인 나탈은 다른 영국 식민지 모리티우스에서 들어오는 설탕에 관세를 물려서 자신의 설탕을 보호했다. 영국은 인도에 자유무역을 강요함으로써 인도에 대해 죄를 지었다. 그것이 영국에게는 달콤한 음식이었는지 모르지만 인도에게는 독이었다.

인도는 적어도 경제생활에서는 스와데시를 택할 수 없다는 주장이 자주 있어왔다. 이런 반대의견을 내세우는 사람들은 스와데시를 삶의 규칙으로 보지 않았다. 그들에게 이것은 오직 단순한 애국적인 노력 — 그것이 자기부정을 포함한다면 하지 말아야 하는 — 일 뿐이다. 내가 말하는 스와데시는, 개인에게 줄 수 있는 육체적 불편에 상관없이 겪어야 하는 종교적 훈련이다. 그러므로 인도에서 만들어진 것이 아닌 핀이나 바늘을 갖지 못한다고 해서 두려워할 필요가 없다. 스와데시를 행하는 사람은 현재는 필요하다고 생각하는 수많은 물건을 쓰지 않고도 지낼 줄 알게 될 것이다. 게다가 스와데시가 불가능하다고 하면서 마음속에서 제쳐놓은 사람들은 스와데시가 결국 꾸준한 노력으로 도달해야 되는 목표라는 점을 잊어버리고 있다. 그리고 우리는, 임시적인 조처로 국내에서 살 수 없는 물건들을 사용하는 것을 허용하고 스와데시를 정해진 품목에만 한정하더라도, 여전히 그 목표를 향해 나아갈 것이다.

내가 고려해야 할 스와데시에 대한 반대가 한가지 더 있다. 그것은 스와데시가 문명된 도덕률에 아무런 근거가 없는 아주 이기적인 원칙이라는 주장이다. 그들의 생각으로는 스와데시를 실천하는 것은 야만으로 되돌아가는 것이다. 나는 그 주장에 대해 자세한 분석을 할 수는 없다. 그러나 나는 스와데시가 겸손과 사랑의 법칙에 일치하는 유일한 원칙임을 역설한다. 내가 내 가족조차 잘 돕지 못하면서 온 인도를 돕기 위해 나서겠다고 하는 것은 교만이다. 나의 노력을 가족에게 집중하고 그들을 통해서 전 국민에게, 또 전 인류에게 봉사하고 있다고 생각하는 것이 더 낫다. 이것이 겸손이고 사랑이다. 동기가 행동의 질을 결정할 것이다. 나는 내가 남들에게 초래할지도 모르는 고통에 상관하지 않고 내 가족들을 도울 수 있다. 예를 들어, 다른 사람에게서 돈을 빼앗게 되는 일자리를 빋아들일 수 있다. 나는 그로 인해 부자가 되고 가족의 여러가지 불법적인 요구를 들어줄 수 있다. 그런 경우 나는 가족을 돕는 것도 아니고, 국가를 돕는 것도 아니다. 혹은 나와 나에게 의지하는 사람들의 생계를 위해 하느님이 내게 손발을 주셨다고 생각할 수 있다. 그러면 나는 당장에 나의 삶과 내가 직접 영향을 줄 수 있는 사람들의 삶을 단순화할 것이다. 이런 경우 나는 누구에게도 해를 끼치지 않고 가족을 도운 것이 된다. 모든 사람이 이러한 생활양식을 따른다면 우리는 당장에 이상적인 상태를 갖게 될 것이다. 모두가 동시에 그런 상태에 도달하지는 않을 것이다. 그러나 우리들 중에 그 진리를 깨닫고 실천하는 사람은 분명히 그 행복한 날의 도래를 예상하고 앞당길 것이다. 이런 생활계획하에서는 다른 모든 나라들을 배제하고 인도에만 봉사하는 것처럼 보이지만, 다른 어떤 나라에도 해를 끼치지 않는다. 나의 애국심은 배타적이기도 하고 포괄적이기도 하다. 그것은 전 인류 중에서 오직 내 고국에만 관심을 한정시킨다는 뜻에서 배타적이지만, 나의 봉사가 경쟁적이거나 상호 용납되지 않는 성질이 아니라는 뜻에서 포괄적이다. "*Sic utere tuo ut alienum non leadas*"[15]는 단순히 법에 관한 격언이 아니라 위대한 삶의 원칙이다. 그것은 아힘사 혹은 사랑을 제대로 실천하기 위한 열쇠이다.

스와데시도 그것이 물신이 되어버리면 엉망이 될 수 있다. 그것은 반드시 막아야 될 위험이다. 외국의 제조업자들을 오직 그들이 외국인이라는 이유로 거부하고, 나라에 맞지 않는 국내의 제조업자를 장려하는 데 국민의 시간과 돈을 낭비하는 것은, 범죄라 할 만큼 어리석은 일이며, 스와데시 정신을 거스르는 일이다. 스와데시를 진정으로 신봉하는 사람은 외국인에 대하여 악의를 품지 않으며, 지구상의 누구에 대해서도 반감을 갖고 행동하게 되지 않을 것이다. 스와데시는 증오의 예찬이 아니다. 그것은 순수한 아힘사, 즉 사랑에 뿌리를 둔 사심없는 봉사의 원칙이다.

---

15) 당신의 재산을 사용하면서 이웃의 재산을 해치지 않도록 하라.

제11장 자급자족과 협동

　진실과 비폭력은 내 생각의 질서의 기초를 이룬다. 우리의 첫째 의무는 사회에 부담이 되지 말아야 한다는 것, 즉 자급자족해야 된다는 것이다. 이런 관점에서 자급자족 자체가 일종의 봉사이다. 자급자족하게 된 후에 우리는 남은 시간을 남을 위한 봉사에 쓸 것이다. 모두가 자급자족한다면 아무도 곤경에 처하는 일이 없을 것이다. 그런 상태에서는 누구에게도 봉사할 필요가 없을 것이다. 그러나 우리는 아직 그런 상태에 도달하지 못했고, 따라서 우리는 사회봉사에 대해 생각해야 한다. 우리가 완전히 자급자족을 실현하는 데 성공하더라도 사람은 사회적 존재여서 어떤 형태로든 다른 사람의 봉사를 받아야 할 것이다. 즉 사람은 독립적인 만큼 상호의존적이기도 하다. 사회를 순조롭게 유지하기 위해서 의존이 필요할 때, 그것은 의존이 아니라 협동이 된다. 협동은 아름다운 것이다. 협동하는 사람들 사이에는 강한 자나 약한 자는 없다. 모두가 동등하다. 의존에는 무력함의 느낌이 있다. 가족구성원들은 독립적이면서도 상호의존적이다. 내 것이나 네 것이라는 느낌은 없다. 모두가 협동한다. 그래서 우리가 사회나 민족이나 인류 전체를 가족으로 볼 때 모든 사람은 협력자들이 된다. 그런 협동의 모습을 생각할 수 있다면 우리는 생명이 없는 기계로부터 지원을 받을 필요는 없다는 것을 알게 될 것이다. 기계를 최대한 사용하는 대신에 최소한으로 사용할 수 있을 것이며, 거기에 사회의 진정한 안전과 자기 보호가 있을 것이다.

내가 생각하는 자급자족은 마을들이 양식과 옷과 다른 기초 필수품을 자급자족해야 한다는 것이다. 그러나 그것조차도 도를 넘을 수 있다. 그러므로 나의 생각을 잘 파악해야 한다. 자급자족은 편협함을 뜻하지 않는다. 자급자족한다는 것은 전적으로 독립적으로 되는 것은 아니다. 어떤 경우에도 우리는 필요한 것 모두를 생산할 수는 없을 것이다. 그러므로 우리의 목표가 완전한 자급자족이더라도 우리 마을 안에서 생산할 수 없는 것은 마을 밖에서 구해야 할 것이다. 그리고 우리가 생산할 수 없는 것을 교환에 의해 얻기 위해서 우리가 생산할 수 있는 것을 더 많이 생산해야 할 것이다.

이상적인 상태는 모든 가족이 자신의 땅을 갖고 자신의 농작물을 길러 요리하고 먹는 것처럼, 모든 가족이 목화를 기르고 실을 잣고 베를 짜서 옷을 해 입는 것이다.

양식에 관해서는 인도에는 비옥한 땅이 많이 있고 물도 충분하고 노동력도 부족하지 않다. … 사람들을 자립하도록 교육해야 한다. 일단 스스로 일어서야 한다는 것을 사람들이 자각하면 그것은 분위기에 충격을 줄 것이다.

인도는 자신에게 필요한 것보다 더 많은 목화를 생산한다. 사람들은 직접 실을 잣고 베를 짜야 한다. 사람들은 자신의 카디를 생산해야 한다. 일단 사람들이 자신의 음식과 옷을 생산하기 시작하면 그들의 사고방식 전체가 달라질 것이다.

자급자족은 거창한 말이다. … 마을이 기본적인 필요를 자급하지 못하고, 분쟁과 질병에 의한 내부적 붕괴와 도둑과 강도의 외부적 위험에 대해 스스로 보호하지 못하면, 그 마을은 사라져버릴 것이다. 따라서 자급자족은 목화를 가공하는 모든 과정과 계절에 따라 식용작물과 가축을 위한 건초를 키우는 것을 의미한다. 이런 것을 하지 않으면 굶주리게 된다. 그리고 자립은 마을의 현명한 사람의 중재를 통해 서로의 차이를 조정하고, 위생과 일반적인 질병에 대해 함께 주의를 기울여 청결을 유지하는 것을 의미한다. 개인의 노력만으로는 충분하지 않다. 그리고 무엇보다도 마을사람들이 힘을 합하여 도둑과 강도들로부터 마을을 지킬 수 있다는 점을 느끼도록 가르쳐야 한다. 이것은 협동적인 비폭력으로써 가장 잘 성취할 수 있다. 만일 비폭력으로 가는 길이 분명하지 않은 것 같으면, 그들은 폭력을 통해 공동 방어를 조직하는 일을 주저하지 않을 것이다.

자급자족적인 카디는 실잣는 사람 자신들이, 혹은 실제로 거의 모든 마을에서 목화를 기르지 않으면 결코 성공하지 못할 것이다. 적어도 카디의 자급자족에 관련해서는 목화 재배의 탈중심화가 중요하다. 이것을 위해서는 마을들의 인구조사가 필요하다. 실잣는 사람이나 베짜는 사람들은 목화를 기를 땅을 갖고 있지 않기 때문이다. 자급자족적 카디만을 위해서도 AISA(전 인도 스와라지 연맹)의 존속이 정당화될 수 있다. 그것은 아직 언급할만한 규모로 논의된 바가 없는 분야이다.

우리는 하느님의 창조물 중에 우리에게 가장 가깝고, 우리가 가장 잘 알고 있는 부분에만 봉사할 수 있다. 우리는 바로 옆집에서부터 시작할 수 있다. 우리는 우리집 마당만 깨끗이 유지하는 것으로 만족해서는 안된다. 이웃집의 마당도 깨끗한지 보아야 한다. 우리는 가족에게 봉사해야 하지만, 가족을 위해서 마을을 희생시켜서는 안된다. 우리 자신의 명예는 우리 마을의 명예를 지키는 데 있다. 그러나 우리 각자는 자신의 한계를 이해해야 한다. 우리가 봉사할 수 있는 능력은 우리가 살고 있는 세계에 대한 우리의 지식에 의해 자동적으로 제한된다. 이것을 아주 단순한 말로 표현해 보겠다. 우리의 가까운 이웃보다 우리 자신에 대해 덜 생각하기로 하자. 우리집 마당의 쓰레기를 이웃집에 던져버리는 것은 인류에 대한 봉사가 아니라 악행이다. 이웃에 대한 봉사로부터 시작하자.

농업에 관해서, 토지가 더욱 조각조각 나뉘는 것을 막고, 사람들이 협동 농업을 시작하도록 권장하기 위해서 우리는 있는 힘을 다해야 한다.

마을은 자신이 쓸 목화를 협동으로 기를 수 있다. 그렇게 된다면 수입된 천이 가격이나 질긴 점에서 지방에서 생산된 것을 이길 수 없게 되리라는 점은 쉽게 알 수 있다. 그리고 그 과정에서 에너지가 굉장하게 절약된다.

인간을 짐승과 구분하는 것이 사회적 본성이라는 것을 또한 잊지 말자. 독립적인 것이 인간의 특권이라면, 상호의존적인 것은 인간의 의무이다. 오직 교만한 사람만이 모두로부터 독립해서 홀로 자립할 수 있다고 주장한다. … 우리의 마을을 재구성하여 의복문제에 관련하여 마을사람 각자가 아니라 마을 전체가 집단적으로 자립적으로 되도록 만드는 것이 가능할 것이다.

지난해(1925년) 마드라스의 협동단체에서 강연하면서 나는 손으로 실잣는 일을 통해 이 세상에 알려진 가장 큰 협동사회의 기초를 세우려 애쓰고 있다고 말했다. 이것은 거짓된 주장이 아니다. 야심찬 일일지는 모르지만, 손으로 실잣는 일은 수백만이 협력하지 않는 한 의도한 목적을 이룰 수 없으므로 거짓이 아니다.

전형적인 실잣기센터의 일을 보자. 중앙 사무실에서 실잣는 사람들을 위한 씨앗 목화를 모은다. 씨아로 목화씨를 빼고 그것을 보풀 일으키는 사람들에게 나누어 주면 그들은 그것을 거친 솜[梳綿]의 형태로 되가져온다. 이제 이것을 실잣는 사람들에게 나누어 주면 그들은 매주 거친 솜을 가져가 실을 자아 가져오고 그들의 임금을 받는다. 그 실은 베짜는 사람에게 가고, 카다르 직물이 되어서 돌아온다. 이것을 일반 대중에게 판다. 그렇게 하여 중앙 사무실은 계속해서 카스트나 피부색, 종파에 상관없이 많은 사람들과 살아있는 인간적 접촉을 해야 한다. 센터는 배당금을 벌 것도 없고 가장 가난한 사람들을 보살피는 것 외에는 아무 특정한 책임이 없기 때문이다. 그 센터가 유용하려면 모든 면에서 깨끗하게 유지되어야 한다. 센터와 거대한 조직의 구성 부분들과의 결속은 순수하게 영적 혹은 도덕적이다. 그러므로 실잣기센터는 씨 빼는 사람, 보풀 일으키는 사람, 실잣는 사람, 베짜는 사람 그리고 천을 사는 사람이 모두 공동의 유대와 상호간의 선의와 봉사로 결속된 협동사회인 것이다.

협동 노력이 성공하려면 구성원들이 정직하고, 협동의 커다란 장점을 알아야 하며, 뚜렷한 진취적인 목표가 있어야 한다. 그러므로 엄청난 이자를 매겨서 더 많은 돈을 벌기 위해 협동조합이 일정 금액의 돈을 가지고 있는 것은 나쁜 목표이다. 그러나 협동적인 농업이나 낙농업은 확실히 국민의 이익을 증진하는 좋은 목표이다. 그러한 예는 수없이 늘어날 수 있다. 나는 이 많은 단체들이 무엇일지 궁금하다. 그들은 제 할 일을 알고 있는 정직한 감독자를 갖고 있는가? 관리자가 부정직하고 목표가 의심스러울 때는 왕왕 그러한 운동이 오히려 재난이 되고 말았다는 사실을 지적하는 것이 좋겠다.

제12장 판차야트 라지

독립 이전의 판차야트

판차야트는 옛 정취를 가지고 있다. 그것은 좋은 말이다. 단어 자체의 뜻은 마을사람들이 선출한 다섯명으로 구성된 회의체이다. 그것은 인도의 수많은 마을공화국을 다스린 제도를 나타낸다. 그러나 영국정부는 무자비하게 철저한 징세 방법으로 이 오래된 공화국들을 거의 파괴해버렸다. 마을공화국들은 세금의 충격을 견딜 수 없었다. 국민회의파는 지금 마을 어른들에게 민사·형사 재판권을 주어서 이 제도를 되살리려는 초보적인 노력을 하고 있다. 그 시도는 1921년에 처음 있었고, 실패했다. 다시 시도되고 있지만 체계적으로 품위있게 — 나는 과학적으로라고 말하지는 않겠다 — 하지 않는다면 실패할 것이다.

나이니탈에서 나에게, U. P.의 어떤 곳에서는 강간 같은 범죄까지도 소위 판차야트가 재판을 한다는 보고가 있었다. 나는 무지하거나 이해관계가 있는 판차야트가 아주 기상천외한 판결을 내린 경우를 들었다. 그것이 사실이라면 모두 나쁜 일이다. 규율이 없는 판차야트들은 자체의 무게를 지탱하지 못해 해체되어버리게 마련이다. 그러므로 나는 마을일꾼들에게 다음과 같은 규칙을 지침으로서 제안한다.

1. 지방 국민회의 위원회의 문서로 된 인가 없이 판차야트를 세우지 못한다.
2. 판차야트는 처음에 북소리로 그 목적을 위해 소집한 대중집회에서 선출되어야 한다.
3. 군 위원회의 추천을 받아야 한다.
4. 그런 판차야트는 형사 재판권은 갖지 않는다.
5. 민사 사건 당사자들이 판차야트에게 의뢰할 때 재판을 할 수 있다.
6. 누구에게도 어떤 문제라도 판차야트에게 문의하도록 강요해서는 안된다.
7. 어떤 판차야트도 벌금을 부과하지 못한다. 판차야트의 민사적 판결에서 인정되는 것은 도덕적 권위, 엄격한 공평성, 당사자들의 자발적인 복종뿐이다.
8. 당분간은 사회적인 보이콧이나 다른 보이콧은 없어야 한다.
9. 모든 판차챠트가 돌보아야 할 것은 다음과 같다.
 a) 마을의 어린아이들의 교육
 b) 마을의 위생
 c) 마을의 의료적 요구
 d) 마을 우물이나 샘물의 청결 유지
 e) 소위 불가촉천민의 지위를 올리는 것과, 그들의 일상적 필요

10. 선출된 지 6개월 이내에 정당한 이유 없이 9번의 일을 돌보지 못하거나, 다른 이유로 마을사람들의 신임을 잃거나, 책임을 질 일이 있어서 지방 국민회의 위원회가 이유가 충분하다고 인정하면 그 판차야트는 해산되고 새롭게 선출될 수 있다.

벌금 부과나 사회적 보이콧을 할 수 없게 하는 것은 초기 단계에서 반드시 필요한 일이다. 마을에서의 사회적 보이콧은 무지하거나 사려깊지 못한 사람이 가진 위험한 무기가 될 수 있다. 벌금 부과도 해악이 될 수 있고, 실현하려는 목표를 망칠 수 있다. 판차야트가 정말로 신망이 있고 9번에 제시한 건설적인 일들로 사람들의 호감을 받으면 그 판차야트는 도덕적 위신으로 판단과 권위를 존중받게 될 것이다. 그리고 그것이야말로 사람이라면 누구나 소유하고 있는 가장 큰 권리이며, 이것은 아무도 빼앗아갈 수 없는 것이다.

독립 인도에서의 판차야트

독립은 인도사람들의 독립을 뜻해야 하며, 오늘날 그들을 지배하고 있는 사람들의 독립이 아니다. 지배자들은 자신들의 발밑에 있는 사람들의 의지에 의존해야 한다. 따라서 그들은 민중의 의지를 행사할 준비가 되어있는, 민중의 하인이 되어야 한다. 독립은 바닥에서 시작되어야 한다. 그래서 모든 마을은 공화국이 되거나 판차야트가 완전한 힘을 갖게 될 것이다. 따라서 모든 마을들은 자립적이고 전세계에 맞서서 자신을 방어할 수 있을 정도로 되어야 한다. 마을은 훈련을 받고, 외부로부터의 공격에 맞서서 자신을 방어하다가 멸망할 준비가 되어있어야 한다. 그러므로 궁극적으로 단위가 되는 것은 개인이다. 이것은 이웃에 대한 의존이나 이웃이나 세계로부터 기꺼이 제공되는 도움을 배제하지 않는다. 그것은 자유롭고 자발적인 상호간의 힘의 작용이다. 그런 사회는 반드시 높은 문화가 발달해 있고, 그곳 사람들은 자신이 원하는 것을 알고 있고, 더욱이 다른 사람이 같은 노동을 하여 얻을 수 없는 것이라면 원하지 말아야 한다는 점을 누구나 안다.

이 사회는 자연히 진리와 비폭력에 기초를 두어야 한다. 그것은, 내 생각으로는 세상에 알려져 있는 다른 모든 힘 속에 내재하고 아무것에도 의존하지 않으며, 다른 모든 힘이 사라지거나 활동을 중지했다고 생각될 수 있을 때에도 살아있을, 스스로 존재하고 모든 것을 아는 살아있는 힘, 즉 하느님에 대한 살아있는 믿음 없이는 가능하지 않다.

수없이 많은 마을들로 구성된 이 구조 속에는 점점 넓어지는, 결코 위로 올라가지 않는 원이 있을 것이다. 삶은 밑바닥과 꼭대기가 있는 피라미드가 아닐 것이다. 그것은 대양과도 같이 거대한 원으로서 그 중심은 항상 마을을 위해 죽을 준비가 되어있는 개인일 것이고, 마을은 마을들의 모임들을 위해 죽을 준비가 되어있고, 결국 마지막에 그 전체는 개인들로 이루어진 하나의 삶이 된다. 그 개인들은 교만심으로 공격적으로 되는 일이 없고, 언제나 겸손하며, 자신들이 핵심적 단위를 이루고 있는 그 거대한 원의 위엄을 공유할 것이다.

그러므로 가장 바깥쪽의 원주는 힘을 휘둘러 안쪽의 원을 부수지 않고, 안쪽의 모두에게 힘을 주고, 중심으로부터 자신의 힘을 얻는다. 이 모두가 유토피아적인 생각이고, 따라서 일고의 가치도 없다는 조롱을 들을지도 모른다. 유클리드의 점이 인간의 능력으로 그릴 수는 없지만 불멸의 가치를 가지고 있다면, 내가 그리는 그림은 인류가 살아야 할 가치를 가지고 있다. 그것이 완전히 실현될 수는 없더라도 인도가 이 진실된 모습을 위해 살게 하라. 우리는 우리가 원하는 것에 근접하는 어떤 것을 가질 수 있기 위해 제대로 된 그림을 가져야 한다. 만일 인도의 모든 마을이 공화국이 된다면, 나는 마지막 것이 처음 것과 똑같은 혹은 달리 말해서 처음 것도 마지막 것도 없는 내가 그린 그림의 진실성을 주장할 것이다.

이 그림에서 모든 종교는 각자 완전하고 평등한 자리를 갖는다. 우리는 모두 땅속에 깊이 뿌리를 박아 뽑힐 수 없는 거대한 나무의 잎들이다. 아무리 힘센 바람도 그 나무를 움직일 수 없다.

이 속에는 인간의 노동을 대신하고 소수의 손에 힘을 집중시킬 기계의 자리는 없다. 노동은 문화적인 인간 가족 속에 독특한 자리를 가지고 있다. 한사람 한사람의 개인을 도와주는 기계는 모두 자리가 있다. 그러나 나는 그 기계가 어떤 것이 될 수 있는지 생각해내려고 하지 않았다는 것을 고백해야겠다. 나는 싱거의 재봉틀에 대해 생각했다. 그러나 그것조차도 꼭 필요한 것은 아니다. 나는 내 그림에 그것을 넣을 필요가 없다.

그러면 우리는 무엇을 해야 하는가? 우리가 판차야트 라지, 즉 진정한 민주주의의 꿈이 실현되는 것을 보고자 한다면 우리는 가장 비천하고 가장 낮은 인도인을 이 땅에서 가장 높은 인도의 지배자와 동등하게 보아야 할 것이다. 이것은 모두가 순수하다는 혹은 그렇지 않다면 순수해질 것이라는 것을 전제한다. 순수함은 지혜와 함께가야 한다. 그러면 아무도 공동체 간의 구분, 카스트와 카스트에서 추방된 사람의 구분을 마음에 두지 않을 것이다. 모든 사람은 모두를 자신과 동등하게 보고, 사랑이라는 비단그물 속에 함께 붙잡아둘 것이다. 누구도 다른 사람을 불가촉천민으로 보지 않을 것이다. 힘들게 일하는 노동자와 부자 자본가를 동등하게 생각할 것이다. 모든 사람이 이마에 땀을 흘려 정직하게 생계를 벌줄 알 것이며, 지적 노동과 육체적 노동을 구별하지 않을 것이다. 이러한 성취를 앞당기기 위하여 우리는 자발적으로 스스로 청소부가 될 것이다. 지혜가 있는 사람은 아무도 아편과 술과 마약에 손대지 않을 것이다. 모든 사람이 삶의 규칙으로서 스와데시를 따를 것이고, 아내가 아닌 모든 여자를 나이에 따라 어머니, 누이, 딸로 생각하고 마음에 욕망을 일으키지 않을 것이다. 그는 상황이 요구하면 기꺼이 목숨을 내어놓을 것이고, 결코 남의 목숨을 취하려 하지 않을 것이다. 만일 시크교도라면 구루들의 율법에 따라 혈혈단신으로 10만 대군에 맞서 한뼘의 땅도 내주지 않을 영웅적인 용기를 가지고 있을 것이다. 그러한 인도의 아들이라면 말할 것도 없이 지금 그의 의무가 무엇인지를 말해주지 않아도 잘 알고 있을 것이다.

판차야트의 의무

옛날에 중국 등의 나라에서 훌륭한 여행자들이 인도에 왔다. 그들은 지식을 얻으러 왔고, 여행의 큰 고난을 견뎠다. 그들은 돌아가서 인도에는 도둑이 없고, 사람들은 정직하고 근면하다고 보고

했다. 문에는 자물쇠가 필요하지 않았다. 그때에는 지금처럼 여러 등급의 카스트가 없었다. 정직과 근면을 되살리는 것이 판차야트의 기능이다. 판차야트가 논쟁을 해결해야 한다면, 사람들에게 논쟁을 피하도록 가르치는 것이 판차야트의 일이다. 그렇게 하면 아무런 비용 없이 빠르게 정의를 확보할 것이다. 경찰도 군대도 필요하지 않을 것이다.

판차야트는 소를 개량하는 일을 맡아야 한다. 우유 생산이 꾸준히 증가해야 한다. 우리의 소들은 돌보지 않아서 땅에 부담이 되었다. 무슬림이 소를 죽인다고 비난하는 것은 무지이다. 소를 잘 돌보지 않아서 조금씩 죽게 하는 것은 힌두들이다. 고통으로 서서히 죽게 하는 것은 당장에 죽이는 것보다 훨씬 나쁘다.

판차야트는 그 마을에서 생산되는 식량을 늘리도록 해야 한다. 땅에 적절히 거름을 주어서 할 수 있다. 스리마티 미라벤의 격려 하에 최근 델리에서 열린 퇴비 회의는, 가축과 사람의 배설물을 쓰레기와 섞어서 훌륭한 퇴비로 만들 수 있다고 말했다. 이런 퇴비는 땅을 비옥하게 만든다. 그러고는 마을과 주민의 청결을 돌보아야 한다. 사람들은 몸과 마음이 깨끗하고 건강해야 한다.

극장은 없어야 한다. 사람들은 영화가 강력한 교육 수단이 될 수 있다고 말한다. 언젠가 그런 날이 올 것이다. 그러나 지금 영화가 얼마나 큰 해를 끼치는지를 나는 본다. 사람들은 전래의 놀이를 가지고 있다. 술이나 마약 등은 금해야 한다. 마을에 아직도 불가촉천민의 흔적이 남아있다면 그것은 뿌리뽑아야 한다. 힌두, 무슬림, 시크, 파시, 기독교도들은 모두 형제자매로서 살아야 한다. 그들이 내가 말한 것을 모두 성취한다면 그들은 진정한 독립을 증명할 것이고, 인도 전역에서 사람들이 그 모범적인 마을을 보러 와서 영감을 얻게 될 것이다.

제13장 나이탈림

1

나이탈림은 흔히 수공예를 통한 교육이라고 묘사되는데, 옳은 말이다. 그러나 그것이 전부는 아니다. 이 새로운 교육의 뿌리는 훨씬 깊다. 그것은 개인생활에서나 집단생활에서나 모든 다양한 인간활동에 진리와 사랑을 적용시키는 데 있다. 수공예를 통한 교육이라는 개념은 삶의 활동 속에 스며들어 있는 진리와 사랑에 대한 생각에서 나온 것이다. 진정한 교육은 모두가 쉽게 접근할 수 있어야 하고, 모든 마을사람들이 매일의 생활 속에서 쓸 수 있는 것이어야 한다고 사랑은 규정했다. 그러한 교육은 책에서 나오는 것이 아니고, 책에 의존하는 것도 아니다. 그것은 분파가 나뉘어 있는 종교와도 상관이 없다. 그것이 종교적이라고 말할 수 있다면, 그 종교는 모든 분파의 시조가 되는 보편적인 종교이다. 따라서 그것은 아무런 값을 치를 필요가 없고, 누구도 빼앗아갈 수도 없는 '삶의 책'에서 배우는 것이다.

나는 지력의 올바른 교육은 오직 손, 발, 눈, 귀, 코 등 신체기관의 적절한 운동과 훈련을 통해서만 가능하다고 믿는다. 다시 말해서, 아이의 신체기관을 잘 사용하게 하는 것이 그의 지력을 발달시키는 가장 좋고 빠른 방법이다. 그러나 신체와 두뇌의 발달에 상응하여 영혼이 깨어나지 않으면 그것만으로는 보잘것없는 비뚤어진 일이 되고 말 것이다. 영적인 훈련이란 마음의 교육을 뜻한다. 그러므로 적절한 전반적인 지능 발달은 오직 몸과 마음이 함께 교육될 때에만 일어날 수 있다. 그들이 불가분의 전체를 이룬다. 이 이론에 의하면, 그들이 하나씩 다른 것들과 분리되어 개발될 수 있다고 생각하는 것은 커다란 오류이다.

몸과 마음과 영혼의 다양한 기능들 사이에 적절한 조정과 조화가 못 이루어져 생기는 악영향은 명백하다. 모두 우리 주위에 있다. 다만 현재의 잘못된 연상들 때문에 우리는 그것을 인지하지 못한다. 우리의 마을사람들 경우를 보자. 그들은 어린시절부터 내내 가축들과 마찬가지로 아침부터 밤까지 들에서 힘들게 일을 한다. 그들의 삶은 지루하고 끝이 없는 기계적인 노역의 반복이며, 한점의 지성이나 삶의 보다 높은 아름다움을 잠시 누릴 기회도 없다. 그들은 정신과 영혼을 개발할 여유도 없어서 짐승들과 같은 수준에 떨어져 있다. 그들에게 삶은 비참한 고역이고, 그 속을 그들은 헤매어 나간다. 한편, 오늘날 도시의 학교들에서 교육이라는 이름으로 통하고 있는 것은 실제로는 오직 지적 방탕일 뿐이다. 그곳에서 지적 훈련은 육체노동과는 전혀 무관한 것으로 간주된다. 그러나 몸의 건강을 유지하기 위해서는 어떤 종류든 육체적 운동이 필요하므로, 그들은 인위적이고 쓸모없는 체육교육을 통해 그 목적을 이루려 헛되이 애쓰고 있다. 그 결과가 그처럼 비극적이지만 않다면, 말할 수 없이 우스꽝스러운 것이다. 이 체계를 거쳐 나온 젊은이는 육체적 지구력에서 보통의 노동자와 전혀 겨룰 수 없다. 몸을 조금만 써도 두통이 일어나고, 햇볕에 약간 노출되면 현기증이 일어난다. 게다가 이 모든 것이 아주 '자연스러운' 일로 간주된다. 마음의 기능에 관해서는, 황폐해지거나 아무런 규율 없이 마구 자라도록 방치되어 있고, 그 결과는 도덕적·영적 무질서이다. 게다가 그것이 칭찬할만한 일로 간주된다!

이것에 대비하여 처음부터 마음교육에 주의를 기울인 아이의 경우를 보자. 교육을 위해 실잣기나 목수일, 농사일 같은 유용한 일을 하게 했다고 가정하자. 그리고 그와 관련하여 그가 수행할 다양한 작업과 그가 사용할 연장의 용도와 구조에 관련된 이론의 철저하고 포괄적인 지식이 주어졌다고 하자. 그는 멋진 건강한 몸뿐만 아니라, 그저 학문적이기만 한 것이 아니라 경험에 확고히 뿌리를 두고 매일의 경험으로 검증된, 건전하고 활기찬 지력도 발달시키게 된다. 그의 지적 교육은 그의 일을 지적으로, 효율적으로 수행하는 데 유용한 수학과 여러가지 과학 지식을 포함할 것이다. 여기에 문학이 즐거움으로 추가된다면 그는 지력과 몸과 영혼이 모두 완전히 활동하고, 함께 자연스럽고 조화로운 전체로 발전해 나가는 완전하고 균형 잡힌 전반적인 교육을 받게 되는 것이다. 사람은 지적인 존재만도 아니고, 동물적인 몸만도 아니고, 마음이나 영혼만인 것도 아니다. 이 모두의 조화로운 조합이 온전한 인간을 만드는 데 필요하고, 교육의 진정한 경제학을 구성하는 것이다.

우리가 마을사람들의 필요에 꼭 맞는 교육을 알려주려 한다면 학교를 마을로 가져가야 한다. 그리고 그것을, 마을사람들의 필요에 관한 실제적인 훈련을 시킬 수 있도록 훈련학교로 전환시켜야 한다. 도시의 훈련학교를 통해서는 교사들에게 마을사람들의 필요에 대해 가르칠 수 없다. 또한 마을의 상태에 대해서 그들이 관심을 갖게 할 수도 없다. 도시사람을 마을에 관심을 갖고 마을에서 살게 만드는 것은 쉬운 일이 아니다. 나는 세가온에서 이 사실을 날마다 확인하고 있다. 나는 세가온에서 1년간 머무른 것이 우리를 마을사람으로 만들었다거나, 우리가 공동의 이익을 위해 그들과 하나가 되었다고 자신있게 말할 수 없다.

그리고 초등교육에서 알파벳과 읽기, 쓰기를 가르치는 것으로 훈련을 시작하는 것은 아이들의 지적 성장을 방해한다는 것이 나의 확인된 견해이다. 나는 그들이 역사, 지리, 암산 그리고 (예컨대) 실잣는 기술의 초보적인 지식을 갖출 때까지는 알파벳을 가르치지 않을 것이다. 이 세가지를 통해서 나는 그들의 지력을 발달시킬 것이다. 물레 돌리는 것으로 어떻게 지력이 발달될 수 있느냐는 질문이 있을 수 있다. 그것을 그저 기계적으로만 가르치지 않는다면 놀라운 정도로 지력을 발달시킬 수 있다. 아이에게 각 과정의 이유를 말해주고, 물레의 구조를 설명하고, 목화의 역사와 목화와 문명의 관계를 알려주고, 목화가 자라는 들판을 보여주고, 물레를 돌리면서 바퀴 수를 세는 방법, 실의 고르기와 강도를 알아보는 방법을 가르쳐주면서 아이가 계속 흥미를 느끼게 하고, 동시에 손과 눈과 정신을 훈련시킨다. 나는 이 예비적 훈련에 6개월을 할애할 것이다. 아이는 아마도 이제 알파벳 읽기를 배울 준비가 되었을 것이다. 그리고 알파벳을 빠르게 읽을 수 있게 되면 단순한 알파벳 그리기를 배울 준비가 된 것이다. 기하학적 모양과 새의 모습 등을 그릴 수 있으면, 그는 알파벳을 끄적거리는 것이 아니라 제대로 그릴 것이다. 나는 어린시절 알파벳을 배우던 시절을 회상할 수 있다. 얼마나 싫증나는 일이었던지. 아무도 왜 내 지력이 둔해지고 있는지 상관하지 않았다. 나는 쓰기를 미술로 생각한다. 그런데 우리는 어린아이에게 알파벳 가르치기를 학습의 시작으로 삼아서 그것을 죽인다. 그래서 우리는 쓰기 기술에 폭력을 가하고, 때가 되기 전에 아이에게 알파벳을 가르치며 아이의 성장을 저해한다.

마을 수공예를 가르치는 것을 교육의 중심이며 축으로 보는 것의 가치와 필요성을, 나는 조금도 의심하지 않는다. 인도의 교육기관들에서 채택한 방법을 나는 교육, 즉 사람이 가지고 있는 최선의 것을 끌어내는 일이라고 보지 않는다. 그것은 오히려 정신을 타락시키는 일이다. 그것은 아무 방법으로나 지식을 준다. 그러나 처음부터 수공예를 통해 정신을 훈련시키는 방법은 정신의 진정한 발달을 증진시킬 것이고, 결국 지적 에너지를 보존하고 간접적으로 영적 에너지도 보존하게 될 것이다.

내 계획 속에서 손은 글을 쓰기 전에 연장을 다룰 것이다. 눈은 삶의 다른 것들을 알게 될 때 글자와 단어의 모습을 읽을 것이다. 귀는 사물과 문장의 의미와 이름들을 알아듣게 될 것이다. 훈련의 전 과정은 자연스럽고 서로 반응하는 과정이며, 따라서 이 나라에서 가장 빠르고 가장 값싼 것일 것이다. 내 학교의 학생들은 따라서 쓰기보다 읽기를 훨씬 빠르게 할 것이다. 그들이 글씨를 쓸 때에는 대강 그리는 것이 아니라 그들이 보는 대상의 모습을 정확히 그리듯이 문자를 정확히 옮겨 쓸 것이다. 내가 생각하는 학교가 실제로 존재하게 된다면, 가장 앞선 학교와 견주어도 빠른 읽기와, 지금 대다수의 경우가 그렇듯이 부정확한 것이 아니라 정확한 쓰기에서 손색이 없을 것이라고 나는 감히 말한다.

초등교육 과정은 적어도 7년으로 연장되어야 하고, 영어는 빼고, 실속있는 직업교육을 더하고, 대학입학자격 수준의 일반지식을 포함해야 한다.

소년 소녀들의 전반적인 발달을 위하여 모든 훈련은 가능한 한 이익을 내는 일을 통해 행해져야 한다. 다시 말해서 일은 두가지 목적, 즉 학생이 자신의 노동의 산물로 학비를 지불할 수 있게 하고, 동시에 학교에서 배운 일로 학생을 온전한 어른으로 발전하게 하는 데에 도움이 되어야 한다.

토지, 건물, 장비 등은 학생들이 일한 수익금으로 구매하지 않는다.

면, 모, 비단을 만드는 모든 과정, 즉 따거나 모으기에서 시작해서 씻기, 씨 빼기(목화의 경우), 보풀 일으키기, 실잣기, 염색, 치수 재기, 날실 만들기, 이중으로 꼬기, 도안하기, 베짜기, 수놓기, 마름질과 종이 만들기, 자르기, 책 제본, 상자 만들기, 장난감 만들기, 돌설탕 만들기는 많은 경비를 들이지 않고 쉽게 배우고 다룰 수 있는 확실한 일들이다.

이 초등교육은 국가가 일을 배운 소년 소녀들의 고용을 보장함으로써, 혹은 국가가 정한 값으로 그들이 만든 제품을 구매함으로써 소년 소녀들에게 생계수단을 마련해줄 것이다.

그러나 우리의 국민교육은 너무나 뒤떨어져 있어서 만일 그 계획이 돈에 의존한다면, 우리는 우리 세대의 주어진 시간 내에 국민들에게 이 문제에 관한 우리의 의무를 다할 것을 바랄 수 없다. 그러므로 나는 조직 능력에 대한 모든 명성을 잃을 위험을 감수하고, 대담하게 교육이 자활해야 한다는 제안을 하는 것이다. 교육이라는 말로 나는 아이나 어른에게서, 몸과 마음과 영혼의 가장 좋은 것을 전반적으로 끌어내는 것을 뜻한다. 문자해독은 교육의 목표도 교육의 시작도 아니다. 그것은 오직 사람들을 교육시키는 수단의 하나일 뿐이다. 문자해독 자체는 교육이 아니다. 따라서 나는 아이에게 쓸모있는 수공예적 일을 가르치고 훈련을 시작하는 순간부터 생산을 할 수 있게 하는 것으로 교육을 시작할 것이다. 그렇게 하여 모든 학교는 자활적으로 될 수 있다. 다만, 국가가 이 학교들이 생산한 제품을 구매해야 한다.

나는 그런 교육제도 아래서 정신과 영혼의 가장 높은 발달이 가능하다고 주장한다. 다만 모든 수공예작업은 오늘날 하고 있는 것처럼 그저 기계적으로 가르칠 것이 아니라 과학적으로, 즉 아이가 매 과정의 이유와 목적을 알도록 가르쳐야 한다. 나는 상당한 자신감을 가지고 이것을 쓰고 있는데, 경험의 뒷받침이 있기 때문이다. 실잣기를 가르치는 곳에서는 대체로 완전히 이 방법을 채택하고 있다. 나 자신이 샌들 만들기와 실잣기까지 이런 식으로 가르쳐서 좋은 결과를 보았다. 이 방법은 역사와 지리에 대한 지식을 배제하지 않는다. 나는 그런 일반적인 내용은 말로 전달하여 가장 잘 가르칠 수 있다는 것을 안다. 그렇게 하면 읽기나 쓰기를 통해 하는 것의 열배를 전달할 수 있다. 알파벳 기호는 나중에 아이가 밀과 겨를 구별할 줄 알고, 자기의 취미를 어느 정도 개발했을 때 가르칠 수 있다. 이것은 혁명적인 제안이지만, 이것으로 굉장한 노력을 절약하고, 학생이 여러 해 걸려 배울 것을 단 한해에 배울 수 있게 한다. 이것은 전반적인 절약을 뜻한다. 물론 학생은 수공예를 배우는 동안에 수학을 배운다.

현재의 대학입학자격에서 영어를 뺀 것과 동등한 것이 되어야 하는 초등교육을 나는 가장 중요시한다. 만일 모든 대학생들이 갑자기 그들이 알고 있는 지식을 잊어버린다 해도 몇십만 정도 학생들의 기억상실은 3억 인구가 암흑의 바다 속에 머물러 있음으로 생겨나는 손실에 비하면 아무것도 아닐 것이다. 문맹은 수백만 마을 사람들 사이에 널리 퍼져있는 무지를 재는 적절한 척도가 아니다.

나는 대학교육을 혁신하여 국민적 필요에 연관시킬 것이다. 기계기술자와 다른 기술자에 등급을 둘 것이다. 그들은 여러 다른 산업체에 속하게 하고, 산업체는 필요한 졸업생의 훈련에 대하여 임금을 지불해야 한다. 그렇게 하여 타타회사가 국가의 감독하에 기술자 훈련을 위한 대학을 운영하게 될 것이고, 공장연합도 자기들이 필요한 졸업생들을 훈련시키기 위한 대학을 운영할 것이다. 다른 산업분야도 마찬가지일 것이다. 상업대학이 있을 것이고, 미술·의학·농업대학이 있을 것이다. 오늘날 여러 개의 사립 미술대학이 자립경영을 하고 있다. 따라서 국가는 국립대학 경영을 그만둘 것이다. 의과대학은 공인 병원에 소속될 것이다. 의과대학은 돈 있는 사람들에게 인기가 있으므로 기증자들이 의과대학을 후원할 것으로 기대할 수 있다. 농업대학은 제대로 된 것이라면 자립경영을 할 수 있어야 한다. 나는 몇몇 농업대학 졸업생들에 관련된 고통스러운 경험이 있다. 그들의 지식은 피상적이고, 실제의 경험은 없다. 그러나 만일 그들이 자립적이고 고장의 요구에 맞는 농장에서 견습생활을 했다면, 학위를 받은 다음에 그들의 고용인에게 부담을 줘가면서 경험을 쌓을 필요는 없을 것이다.

올바른 교사들이 있으면 우리 아이들은 노동의 위엄을 배우고, 노동을 그들의 지적 성장의 필수적 부분이며 수단으로 볼 줄 알게 되고, 그들의 노동으로 그들이 받는 훈련에 대해 대가를 지불하는 것이 애국적인 일임을 깨닫게 될 것이다. 내 제안의 핵심은 수공예 작업을 그저 생산적인 일로서가 아니라 학생들의 지력을 발달시키기 위해 가르쳐야 한다는 것이다. 국가가 일곱살에서 열네살까지의 아이들을 맡아서 생산적 노동으로 그들의 몸과 정신을 훈련한다면, 공립학교가 협잡이고 교사들이 백치가 아닌 다음에야 학교는 자립적으로 될 수밖에 없다.

우리는 지금까지 아이들의 정신을 자극하고 발달시킬 생각은 전혀 하지 않고, 아이들에게 온갖 종류의 정보를 집어넣는 데만 집중했다. 이제 그것을 중지시키고, 손으로 하는 일을 부수적인 활동으로가 아니라 지적 훈련의 중심 수단으로 삼아 아이들을 제대로 교육시키는 데 집중하도록 하자.

내가 주창하는 학교에서 소년들은 고등학교에서 가르치는 모든 것에서 영어를 빼고, 훈련, 음악, 그리기, 일을 더 배울 것이다.

나는 인도에서 무상의 의무적인 초등교육의 원칙을 굳게 믿는 사람이다. 나는 또 아이들에게 유용한 일을 가르치고, 그것을 그들의 지적·육체적·영적 능력을 개발하는 수단으로 활용함으로써만 이것을 실현할 수 있다고 주장한다. 교육에 이런 경제적 계산을 결부시키는 것을 야비하다거나 적절하지 않다고 생각해서는 안된다. 경제적 계산이 본질적으로 야비한 것은 아니다. 진정한 경제학은 최상의 윤리적 기준과 상충하지 않는다. 진정한 윤리학이라고 할만한 것은 동시에 또한 훌륭한 경제학이 되어야 하는 것과 마찬가지이다.

도시의 학교에서 아이들에게 가르치기에 가장 적절한 일은 어떤 것일까? 그 점에 관해서 어렵고 엄격한 규칙은 없다. 그러나 내 대답은 분명하다. 나는 인도의 마을들을 부활시키기를 원한다. 오늘날 우리의 마을들은 도시의 부속물에 불과하게 되었다. 그들은 사실상 도시에 의해 착취당하고, 도시의 관용에 의지하여 존재하고 있다. 이것은 부자연스러운 일이다. 도시가 이기적으로 마을들을 착취하는 대신 마을에서 얻어가는 힘과 자양물에 대해 적절한 대가를 치러야 한다는 의무를 깨달을 때에만 둘 사이에 건강하고 도덕적인 관계가 생겨날 것이다. 그리고 만일 도시의 아이들이 사회 재구성이라는 이 위대하고 숭고한 일에서 역할을 하려면, 그들의 교육수단이 되는 일들이 마을의 요구에 직접 관련된 것이 되어야 한다. 내가 보기에는 목화씨 빼기와 씻기에서부터 실잣기까지의 다양한 과정들이 여기에 가장 적합하다. 현재 목화는 마을에서 키우고, 씨 빼고 실잣고 천으로 짜는 것은 도시에서 하고 있다. 공장에서 목화가 거쳐가는 연속적인 과정 전체는 사람, 재료, 기계적 동력의 낭비라는 거대한 비극을 이룬다.

실잣기 같은 수단을 통해 초등교육을 하려는 나의 계획은, 그러므로 가장 멀리 미칠 결과들을 내포한 조용한 사회혁명의 선봉으로서 고안된 것이다. 그것은 도시와 마을 관계의 건강하고 도덕적인 기초를 제공할 것이고, 그리하여 현재의 사회적 불안정과 계층

간의 악화된 관계라는 가장 나쁜 악들을 없애는 데 크게 기여할 것이다. 그것은 우리의 마을들에서 진행되고 있는 쇠퇴를 중지시키고, 가진 자와 가지지 못한 자들이 부자연스럽게 나뉘지 않고, 누구에게나 생계에 필요한 임금과 자유의 권리가 보장되는 보다 정당한 사회질서의 기초를 놓을 것이다. 그리고 이 모든 것은 계층 간의 피비린내 나는 싸움이나, 인도 같은 거대한 대륙을 기계화하는 데 들어갈 막대한 자본의 지출 없이 이루어질 것이다. 또 그것은 수입된 외국의 기계들이나 기술에 어쩔 수 없이 의존하게 만들지도 않을 것이다. 마지막으로, 몹시 전문화된 재능의 필요를 회피함으로써 사람들이 자신의 운명을 스스로 개척할 수 있게 할 것이다. 그러나 누가 고양이 목에 방울을 달 것인가? 도시사람들이 내 말에 귀를 기울이기나 할까? 아니, 그것은 그저 황야에서의 외침으로 남아있을까? 이와 같은 질문에 대한 대답은 나보다는 도시에서 살고 있는 교육을 사랑하는 사람들에게 달려있다.

그런 교육을 한다면 그 직접적인 결과로 교육이 자립적으로 된다. 그러나 그 성공 여부는 자립성에 있는 것이 아니라 과학적인 방법으로 수공예 작업을 가르쳐서 온전한 인간을 끌어내는 데 있다. 어떤 상황에서라도 학교가 자립할 수 있게 만들겠다고 약속하는 교사는 나는 거절할 것이다. 학교의 자립은, 학생이 그의 모든 능력을 사용할 줄 알게 되었다는 사실의 논리적인 결과일 것이다. 하루에 세시간씩 수공예 작업 일을 하는 소년이 확실히 자신의 생활비를 벌 수 있다면, 그 일에 그의 정신과 영혼의 발달을 더하는 아이는 얼마나 더 많은 것을 벌겠는가!

이 기초적 교육은 시골에서 우리를 둘러싸고 있는 분위기에서,

그리고 그것에 대한 반응으로 자라났다. 따라서 그것은 그 분위기에 대처하도록 고안되었다. 이 분위기는 인도의 70만 마을과 수백만의 마을 거주자들에게 퍼져있는 것이다. 그들을 잊으면 인도를 잊는 것이다. 인도는 도시들 속에서 찾을 수 없다. 인도는 그 수많은 마을들에 있다.

다음은 기초교육의 원칙들이다.

1. 모든 교육이 제대로 되려면 자립적이어야 한다. 다시 말해서, 결국 자본은 온전하게 남겨두고 지출을 스스로 충당해야 된다.
2. 마지막 단계까지도 손의 솜씨를 활용할 것이다. 즉 날마다 일정 시간 동안 학생들은 손으로 어떤 일을 할 것이다.
3. 모든 교육은 그 지방의 언어로 제공되어야 한다.
4. 각각의 종교적 훈련은 하지 않을 것이다. 기본적인 보편적 윤리를 충분히 가르칠 것이다.
5. 이 교육은 아이들이나 어른이나, 남자나 여자를 대상으로 하더라도 학생의 가정에까지 영향을 미칠 것이다.
6. 이 교육을 받는 수백만명의 학생들은 자신들이 인도 전체에 속해있다고 생각할 것이므로, 그들은 각 지방 간의 언어도 배워야 한다. 이런 공통의 언어는 나가리(Nagari)나 우르두(Urdu)로 쓰인 힌두어일 수밖에 없으므로 학생들은 이 두가지 글에 모두 숙달해야 한다.

2

모든 교육은 어떤 기본적 기술과 연결되어야 한다. 일곱살이나 열살의 아이에게 산업의 수단을 통해 지식을 전달할 때, 우선 수공예 작업과 연결될 수 없는 과목들은 모두 배제해야 한다. 그렇게 함으로써 당신은 처음에 배제해두었던 많은 것들을 연결시킬 수 있는 방법과 수단을 발견하게 될 것이다. 이렇게 처음에 일부를 배제해놓는 과정을 따르면 교사와 학생들 모두의 에너지를 절약하게 될 것이다. 현재 우리는 우리를 인도해줄 지침서도 선례도 가지고 있지 않다. 그러므로 우리는 느리게 가야만 한다. 중요한 것은 교사가 처음의 마음을 유지하고 있어야 한다는 것이다. 만일 수공예 작업과 연결시킬 수 없는 것과 마주치게 되어도 조바심을 내며 용기를 잃지 말아야 한다. 그것은 남겨두고 다른 과목을 진행하라. 어쩌면 다른 교사가 방법을 찾아내어 보여줄 것이다. 많은 사람들의 경험이 모였을 때 지침서가 만들어질 것이고, 그래서 뒤따라오는 사람들의 일이 쉬워질 것이다.

이렇게 일부를 배제하는 과정을 얼마나 오래 계속해야 되는지 묻는 사람이 있을 것이다. 내 대답은 '평생 동안'이다. 처음에 배제해둔 것들 다수가 이미 포함되었다는 것을 결국 발견하게 될 것이다. 즉 포함시킬 가치가 있는 것들은 모두 포함이 되고, 끝까지 배제된 채 남아있는 것은 아주 피상적인 것이어서 배제할만한 것일 것이다. 이것이 내 인생의 경험이다. 내가 여러 일들을 할 수 있었던 것은 그만한 수의 다른 일을 하지 않았기 때문이다.

우리의 교육에는 혁명이 일어나야 한다. 두뇌는 손을 통해 교육되어야 한다. 내가 시인이라면 나는 다섯손가락의 가능성에 대한 시를 쓸 수 있을 것이다. 왜 당신들은 정신이 모두이고 손과 발은 아무것도 아니라고 생각하는가? 손을 훈련하지 않고 일반적인 교육을 받은 사람의 삶에는 '음악'이 빠져있을 것이다. 모든 능력을 훈련하지 않은 것이다. 책에 있는 지식만으로는 아이가 완전히 주의를 기울이게 할 만큼 흥미를 일으키지 못한다. 두뇌는 말들에 싫증을 느끼고, 아이의 정신은 다른 곳에 팔리기 시작한다. 손은 하지 말아야 할 것을 하고, 눈은 보지 말아야 할 것을 보고, 귀는 듣지 말아야 할 것을 듣고, 그래서 그 모두는 그들이 해야 할 것을 하지 않는다. 그들은 올바른 선택을 하도록 가르침을 받지 않으므로 그들의 교육은 종종 파멸을 가져온다. 우리에게 옳고 그른 것을 구별하고, 옳은 것을 따르고 그른 것을 피하도록 가르치지 않는 교육은 교육이 아니다.

과거의 생각은 학교에서 하고 있는 보통의 교과과정에 수공 작업을 추가한다는 것이었다. 다시 말해서, 교육과는 완전히 분리해서 기능을 더하게 하는 것이다. 그것은 치명적인 잘못이다. 교사는 기능을 배우고, 자신의 지식과 기능을 연관시켜야 한다. 그래서 자신의 모든 지식을 자신이 선택한 특정 기능을 매개로 하여 학생들에게 전달해야 한다.

실잣기를 예로 들어보자. 내가 산수를 모른다면 물레로 몇야드의 실을 생산했는지, 그것이 표준 바퀴수로 얼마가 될지, 혹은 내가 자은 실의 굵기가 몇번인지 보고할 수가 없다. 나는 그런 것을 하기 위해서 숫자를 알아야 되고, 덧셈과 뺄셈, 곱하기와 나누기를 배워야 한다. 복잡한 수치를 다루면서 나는 기호들을 사용해야 되고, 따라서 대수학을 알게 된다. 이 경우에조차도 나는 로마자 대신 힌두스타니 문자를 쓸 것을 주장한다.

다음에는 기하학이다. 물레판보다 원을 더 잘 예시할 수 있는 것이 무엇인가? 이런 방법으로 유클리드를 들먹이지도 않고 원에 대한 모든 것을 가르칠 수 있다.

이제 실잣기를 통해서 어떻게 역사와 지리를 가르칠 수 있느냐는 질문이 있을 수 있다. 얼마 전에 나는 《목화 — 인류에 대한 이야기》라는 책을 보았다. 감동적이었다. 그것은 로맨스처럼 읽혔다. 고대의 역사로 시작해서 목화를 처음 기른 방법과 시기, 목화 발달의 단계들, 여러 나라 사이의 목화 무역 등을 담고 있었다. 그 여러 나라들을 언급하면서 나는 자연히 그 나라들의 역사와 지리에 대해 얼마간 이야기하게 될 것이다. 누가 통치하고 있을 때 어떤 상업조약들이 체결되었는가? 왜 어떤 나라는 목화를 수입하고 어떤 나라는 면직물을 수입하는가? 어째서 모든 나라가 자신에게 필요한 목화를 기를 수 없는가? 이런 것들이 경제학과 농업의 기초적인 것들로 나아가게 만들 것이다. 나는 아이들에게 목화의 여러 품종들을 알게 하고, 그것이 어떤 토양에서 자라는지, 그것을 어떻게 기르는지, 어디서 그것을 구할 수 있는지 등을 가르칠 것이다. 그렇게 하여 물레로 실잣는 일이 동인도회사의 역사, 무엇이 그들을 인도로 데려왔는지, 그들이 어떻게 우리의 실잣기 산업을 파괴했는지, 그들을 인도로 데려온 경제적 동기가 어떻게 정치적 야심으로 이어졌는지, 그것이 어떻게 모굴과 마라타 왕조의 멸망과 영국인 지배의 원인이 되었고, 그러고는 우리시대 대중의 각성이 어떻게 일어나게 되었는지로 이어질 것이다. 이 새로운 방법의 교육적 가능성에는 끝이 없다. 그리고 아이들은 이 모든 것을 정신과 기억력에 불필요한 부담을 지우는 일 없이 얼마나 더 빠르게 알게 될 것인가.

그 생각을 좀더 자세히 설명하자. 생물학자로서 좋은 생물학자가 되려면 생물학 외의 여러 과학을 배워야 한다. 기초교육은 그것이 과학으로 다루어진다면 수없이 많은 학습의 길로 우리를 데려갈 것이다. 물레의 예를 더 연장하면, 교사는 그가 당연히 숙달해야 되는 실잣기의 기계적 과정에만 주의를 고정시키는 것이 아니다. 그 물건의 영혼에도 주의를 기울여 물레의 여러 면에 관심을 가질 것이다. 그는 물레가 왜 놋쇠로 만들어졌고, 강철 가락이 달려있는지 궁금히 여길 것이다. 최초의 물레의 원판은 아무렇게나 만들어졌다. 아주 원시적인 것은 나무 가락에 슬레이트나 진흙으로 된 원판이 있었다. 물레는 과학적으로 발달했으며, 원판을 놋쇠로 만들고 가락을 강철로 만든 데는 이유가 있다. 그는 그 이유를 찾아내야 한다. 그 다음에 교사는 원판이 왜 꼭 그 치수인지 궁금히 여겨야 한다. 그가 이 의문들을 만족스럽게 해결하고 수학으로 들어가면, 그의 학생들은 훌륭한 기술자들이 된다. 물레는 그의 '풍요의 암소'[16]가 된다. 이런 수단을 통해 전달될 수 있는 지식의 가능성은 무한하다. 오직 그 일을 하는 사람의 에너지와 확신에 의해 제한될 뿐이다. 당신은 3주간 이곳에 있었다. 그 결과로 이 계획을 진지하게 받아들이고, 스스로 "이것을 하지 않으면 죽겠다"라고 말할 수 있게 되었다면, 당신은 그 시간을 유용하게 보낸 것이다.

내가 실잣는 예를 상세히 말한 것은 내가 아는 것이기 때문이다. 만일 내가 목수였다면 목수일을 통해 이 모두를 가르쳤을 것이고, 내가 마분지로 일하는 사람이었다면 마분지 일을 통해 가르쳤을 것이다.

---

16) kamadhenu. 사람의 소망을 들어주는 소.

우리에게 필요한 것은 독창성과 열정을 가진 교육자로서 학생들에게 무엇을 가르칠지를 날마다 생각하는 사람이다. 교사는 곰팡내 나는 책에서 이런 지식을 얻을 수 없다. 그는 자신의 관찰력과 사고력을 사용해야 되고, 아이들에게 자신의 입으로 자신의 지식을 전달해야 되는 것이다. 이것은 가르치는 방식의 혁명이며, 교사의 사고방식의 혁명을 의미한다. 지금까지 당신은 감독관의 보고서를 따라왔다. 당신은 당신 학교가 더 많은 돈을 받도록, 혹은 당신 자신이 더 높은 봉급을 받도록 하기 위해 감독관이 좋아할 일을 하려고 했다. 그러나 새로운 교사는 그런 것들을 좋아하지 않을 것이다. 그는 "내가 내 학생을 보다 나은 사람으로 만들었다면, 그리고 그렇게 하는 데 나의 모든 재주를 동원했다면 나는 내 학생에게 의무를 다한 것이다. 나에게는 그것으로 충분하다"라고 말할 것이다.

3

이 교육은 마을 아이들을 모범적인 마을 주민으로 바꾸어놓으려는 것이다. 그것은 주로 그들을 위해 고안된 것이다. 이것에 대한 영감은 마을에서 나왔다. 스와라지의 구조를 기초에서부터 세우기를 원하는 국민회의파 사람은 아이들을 소홀히 할 수 없다. 외국의 지배는 의식하지 않고 그러나 아주 확실하게 아이들의 교육분야에서 시작했었다. 현재의 초등교육은 인도의 마을은 물론이고 인도 도시의 필요와도 상관없이 고안된, 웃음거리이다. 기초교육은 도시 출신이건 마을 출신이건 아이들을 인도의 변하지 않는 가장 좋은 것과 연결시켜 준다. 그것은 몸과 마음을 모두 발달시키고, 아이들이 멋진 미래를 그리며 이 땅에 뿌리를 내리도록 만든다. 학교 과정의 시작과 함께 아이들은 그 미래를 실현시키는 데 자신의 몫을 하기 시작하는 것이다.

제14장 농업과 가축 돌보기

농부

마을사람들은 농업에 의존하고 소로 밭을 간다. 나는 이 분야에 좀 무지하다. 직접적인 경험이 없기 때문이다. 그러나 농업이나 소가 없는 마을은 단 하나도 없다. 물소도 있지만 콩칸과 다른 곳 두어군데 외에는 물소를 농사에 별로 쓰지 않는다. 우리 일꾼들은 자기 마을의 소 자원에 주의를 기울이고 있어야 할 것이다. 이 자원을 적절히 사용할 수 없으면 인도는 재난을 겪게 되고 멸망할 것이다. 그렇게 되면 이 동물들이 서양에서처럼 우리에게 경제적 짐이 될 것이고, 그것들을 죽이는 수밖에 없을 것이기 때문이다.

나는 처음부터 농업만이 이 나라 사람에게 확실하게 해를 거듭하며 생계를 제공해줄 방법이라고 굳게 믿었다. 우리는 그것을 기초로 삼아 얼마나 멀리 갈 수 있는지 알아보아야 한다. 우리 젊은이들 일부가 카디 대신 농업전문가로 훈련을 받아 나라에 봉사하는 것을 나는 조금도 개의치 않을 것이다. 이제 우리가 농업에 주의를 기울일 때가 왔다. 지금까지 나는 국가 행정을 우리가 맡지 않는 한 농업 개선은 불가능하다고 믿었다. 이 점에 관한 나의 견해는 지금 수정되고 있다. 현재 상태에서도 개선이 가능하고, 그래서 농사짓는 사람이 세금을 낸 다음에 얼마간의 수익을 낼 수 있다고 나는 느낀다. 자와할랄은 농사꾼이 농업을 개선해서 얻어내는 여분의 수익은 어떤 핑계로든 외국 정부가 삼켜버릴 것이라고 말한다. 그러나 나는 그렇다 하더라도 그것이 우리가 농업에 관하여 가능한 한 많은 지식을 얻고 확산시키는 데 방해가 되어서는 안된다고 생각한다. 농업개선을 통해 마을사람들에게 올 수 있는 여분의 수입을 정부가 빼앗아갈지도 모른다. 그렇게 하면 우리는 항의를 하고, 사람들이 저항하고 정부에게 이런 식으로 우리를 약탈할 수 없다는 점을 분명히 하도록 가르칠 수 있다. 그러므로 나는 우리가 앞으로는 농업에 관심을 가질 일꾼들을 찾아야 한다고 주장한다.

나는 그러므로 농업 부흥, 소 기르기, 기타 모든 마을산업을 통해서 사람들의 상태를 개선할 방법과 수단들에 대해 생각하고 있다. 내가 여섯 마을에서만 성공한다 해도 내 문제는 해결될 것이다. 부분에서 일어난 일이 전체에서도 일어날 것이기 때문이다.

비폭력을 지키고 진리를 공경하고 계율을 자연스러운 행동으로 따르는 사람에게 생계를 위한 노동은 축복이다. 이 노동은 오직 농업에만 진정으로 관련될 수 있다. 그러나 적어도 현재에는 모든 사람이 그것을 시작할 수 있는 처지에 있지 않다. 그러므로 사람들은 농업을 이상으로 생각하면서도 땅을 경작하는 대신 실잣기나 베짜기, 목수일이나 대장간 일을 할 수 있다.

여러 해 전에 나는 농부를 세상의 아버지로 묘사한 시를 읽었다. 만일 하느님이 모든 것을 제공하는 분이라면 땅을 가는 사람은 하느님의 손이다. 우리는 그에게 빚진 것을 갚기 위해 무엇을 할 것인가? 지금까지 우리는 그가 흘린 땀으로 살아왔다. 우리는 땅에서부터 시작했어야 하지만 그렇게 하지 못했다. 그 잘못은 어느 정도 내 탓이다.

정치적 힘 없이는 농업의 기초적 해결은 가능하지 않다고 말하는 사람들이 있었다. 그들은 증기와 전기를 대규모로 이용하여 농업을 산업화하는 것을 꿈꾸었다. 빠른 소득을 위해서 토양의 비옥성을 팔아치우는 것은, 재난을 초래하는 근시안적인 정책이다. 그것은 사실상 토양고갈을 초래할 것이다. 대지는 생명의 양식을 주면서 우리의 땀을 요구한다.

사람들은 그런 방법이 느리고 진취적이지 못하다고 비판할지 모른다. 나는 극적인 결과를 약속한다고 내세우지 않았다. 그러나 그것은 토양과 그 위에서 살고 있는 사람들의 번영의 열쇠를 가지고 있다. 건강한, 자양분이 풍부한 음식은 농업경제의 시작이요 끝이다. 농부의 가계의 대부분은 자신과 가족의 식량에 들어간다. 다른 것들은 모두 그 다음에 온다. 땅을 가는 사람이 잘 먹을 수 있게 하라. 신선하고 순수한 우유, 버터와 기름, 생선, 계란, 고기를 — 채식주의자가 아니라면 — 넉넉히 먹도록 하라. 그가 제대로 먹지 못하고 영양 부족이라면 좋은 옷 따위가 무슨 소용이 있겠는가? 그 다음이 식수 공급과 다른 문제들이다. 이런 문제에 대한 고려는 자연히 농업경제에서 트랙터 사용과 동력에 의한 관개에 대비해 농사용 소 사용 등의 문제를 포함할 것이고, 따라서 조금씩 농업경제의 전반적인 모습이 드러날 것이다. 이 속에서는 도시가 오늘날처럼 부자연스러운 인구과밀 지역 혹은 나라의 부스럼 같은 것이 아니라 자연스러운 제자리를 차지할 것이다. 오늘날 우리는 손의 사용법을 잊어버릴 위험에 처해있다. 땅을 파고 흙을 돌보는 것을 잊어버리는 것은 우리 자신을 잊어버리는 것이다. 도시에만 봉사하면 내각에서 자리를 차지하고 있는 것이 정당화된다고 생각하는 것은, 인도가 실제로 70만 마을 단위 속에 있다는 사실을 잊어버리는 일이다. 세상을 얻느라고 영혼을 잃어버린다면 무슨 이익이 있겠는가?

당신이 그들(인도의 농부들)에게 말을 하고 그들이 말을 하기 시작하는 순간 당신은 그들의 입에서 지혜가 방울방울 떨어지는 것을 알게 될 것이다. 거친 외양 뒤에 깊은 영성이 축적되어 있는 것을 발견할 것이다. 나는 이것을 문화라고 부른다. 이러한 것을 서양에서는 발견하지 못할 것이다. 유럽의 농부와 대화를 해보라. 그는 영적인 것에 관심이 없다는 것을 알게 될 것이다.

인도의 마을사람들의 경우 오래된 문화가 거칠고 딱딱한 껍질 밑에 숨겨져 있다. 그 껍질을 벗기고 그의 만성적인 가난과 문맹을 치우고 나면 교양 있는 자유로운 시민의 가장 훌륭한 표본을 보게 된다.

우리는 그들에게 시간과 건강과 돈을 절약하는 방법을 가르쳐야 한다. 라이오넬 커티스는 우리의 마을들을 똥더미라고 표현했다. 우리는 그것들을 모범적인 마을로 바꾸어놓아야 한다. 우리 마을사람들은 신선한 공기에 둘러싸여 있지만 신선한 공기를 마시지 못하고, 가장 신선한 음식에 둘러싸여 있으면서도 신선한 음식을 먹지 못한다. 나는 이 음식에 관한 문제에서 선교사처럼 말하고 있다. 마을을 아름다운 곳으로 만드는 것이 나의 소명이기 때문이다.

우리는 우리의 마을들을 움켜잡고 있는 세가지 병폐와 싸워야 한다. 그것은 공동위생시설 부재, 불충분한 식사, 무기력이다. 사람들은 자신의 복지에 관심이 없다. 그들은 현대의 위생적 방식의 좋은 점을 알아보지 못한다. 그들은 농토를 긁어 파거나 그들이 늘 하던 일을 하는 것 이상 노력하려 하지 않는다. 이런 어려움들은 실재하고, 심각하다. 그러나 우리는 그 때문에 좌절해서는 안 된다. 우리는 우리의 사명에 대해 굳건한 신념을 가져야 한다. 우리는 사람들에 대해 참을성이 있어야 한다. 우리 자신이 마을일에 관해서는 초심자들이다. 우리는 만성적 질병을 다루어야 한다. 참을성과 끈기는 산 같은 어려움도 극복한다. 우리는, 환자가 고칠 수 없는 병을 가졌다고 해도 그 환자를 떠날 수 없는 간호사와도 같다.

마을에서 가장 큰 교육은 마을사람들에게 농사일이든 마을에 관련된 다른 일이든 일년 내내 체계적으로, 그리고 이익이 남도록 일을 하게 가르치는 것이다.

감히 말하는데, 우리가 마을사람들에게서 보는 투박함에도 불구하고, 계층을 고려하고 인간 본성에 들어있는 좋은 점들을 볼 때, 그들은 세계 어느 곳의 마을사람들과 비교해도 더 나은 사람들이다. 이것은 후웬 스님[17]의 시대부터 현재까지 수많은 여행자

---

17) 인도 굽타왕조 때 중국에서 인도를 방문한 스님.

들의 일치된 증언이다. 인도의 마을들이 보여주는 타고난 문화, 가난한 사람들의 가정에서 볼 수 있는 예술, 마을사람들의 처신에서 보이는 절제, 이런 것들은 아득한 옛날부터 그들을 함께 묶어온 종교에 기인한 것이 분명하다.

땅이 없는 사람이든 있는 사람이든 농부가 제일 먼저다. 그는 땅의 소금이며, 땅은 당연히 부재지주가 아니라 그에게 속해야 된다. 그러나 비폭력적인 방법으로 그는 부재지주를 강제로 몰아낼 수가 없다. 그러므로 그는 지주가 그를 착취할 수 없게 하는 방법으로 일을 해야 한다. 농부들 간의 긴밀한 협력이 절대적으로 필요하다. 이런 목적으로 특별한 조직체 혹은 위원회가 결성되어야 하고, 이미 그런 것이 있는 곳에서는 필요하면 개선되어야 한다. 농부들은 대개 문맹이다. 어른과 학교에 다닐 나이의 젊은이들 모두 교육을 받아야 한다. 이것은 남녀 모두에 해당된다. 땅이 없는 노동자들의 경우, 그들의 임금은, 균형잡힌 식사, 거주할 수 있는 집, 옷 등 건강에 필요한 것을 충족시키는 품위있는 생활을 보장하는 수준으로 올려야 한다.

내게 발언권이 있다면, 우리의 총독과 수상은 농부들 중에서 뽑아야 한다고 말하고 싶다. 어린시절에 나는 교과서에서 농부는 땅의 왕국의 후계자라고 배웠다. 이것은 땅에서 일하고, 자신이 생산한 것을 먹는 사람들에게 딱 맞는 말이다. 높은 직책을 맡을만한 농부가 굳건한 상식을 가지고 있고, 커다란 용기와 흠잡을 데 없는 정직성, 의심할 수 없는 애국심을 가지고 있다면 문맹이어도 된다. 부의 진정한 생산자로서 그들은, 우리가 그들을 노예로 만든 동안에도 진실로 주인이다. 높은 비서관직들도 농부로 채워야 한다는 제안이 있었다. 나는 그들이 적당하고, 그 직책에서 해야 할 일에 대한 지식이 있으면 그 제안에 찬성할 것이다. 이런 유형의 농부들이 나온다면, 나는 장관이나 다른 사람들에게 그들에게 자리를 내어주라고 공공연히 요청할 것이다.

제15장 농업과 소의 복지

땅의 소유권

농부는 땅의 소금이며, 땅은 당연히 부재지주가 아니라 농부에게 속해야 한다.

땅과 모든 재산은 거기서 일하는 사람의 것이다. 불행히도 노동자들은 이 단순한 사실을 모르거나, 사람들이 모르도록 해왔다.

나는 당신이 경작하는 땅은 당신에게 속해야 된다고 믿는다. 그러나 그것은 당장에 당신 것이 될 수 없으며, 부재지주에게서 빼앗을 수는 없다. 비폭력이 유일한 방법이고, 당신 자신의 힘을 의식하는 것만이 방법이다.

누구도 위엄있는 생존에 필요한 것보다 많은 땅을 가져서는 안된다. 대중의 혹심한 가난은 그들에게 자신의 것이라고 부를 수 있는 땅이 없는 탓이라는 것을 누가 반박할 수 있는가?

그러나 개혁은 서둘러서는 안된다는 것을 깨달아야 한다. 비폭력적 방법에 의한 개혁은 가진 자나 가지지 못한 자 모두의 교육을 통해서만 가능하다. 전자에게는 그들에게 무력을 사용하지 않을 것이라는 보장을 해주어야 한다. 가지지 않은 이들에게는, 아무도 그들의 의사에 반하여 무엇을 하도록 강요할 수 없다는 것과 비폭력의 기술, 즉 고통을 감내하는 것을 배움으로써 그들이 자유를 확보할 수 있다는 것을 알도록 교육해야 한다.

지주와 소작인

나는 당신 땅의 소유권은 당신 못지않게 그 땅에서 농사짓는 사람에게도 있다고 말하겠다.

나는 자본가나 지주들은 모두 본질적으로 착취자들이라거나 혹은 그들의 이익과 대중의 이익 사이에 근본적인, 회복할 수 없는 적대관계가 있다고 믿지 않는다. … 필요한 것은 지주와 자본가들을 없애는 것이 아니라 그들과 대중 사이의 현존하는 관계를 보다 건강하고 순수한 것으로 변화시키는 것이다.

나의 목적은 당신의 마음에 호소하여 당신이 생각을 바꾸어 모든 사사로운 재산을 당신의 소작인들을 위하여 신탁하고, 그것을 주로 그들의 복지를 위해 쓰도록 하려는 것이다. 나는 국민회의 내에 사회당이라는 새로운 정당이 생겨나고 있다는 사실을 알고 있다. 그리고 나는 그 정당이 국민회의를 주도하게 된다면 무슨 일이 일어날지 말할 수 없다. 그러나 만일 엄격하게 정직하고 확실한 국민투표가 시행된다면 사람들은 유산계급의 재산을 몰수하는 쪽에 투표를 하지는 않을 것이 분명하다. 나는 자본과 노동, 지주와 소작인의 협력과 조정을 위해 일하고 있다.

그러나 나는 경고의 말을 해야겠다. 나는 항상 공장주들에게 공장이 그들만의 소유가 아니고 노동자들도 똑같이 소유권을 가지고 있다고 말해왔다. 그와 마찬가지로 나는, 당신의 땅의 소유권은 당신 못지않게 소작인들에게도 속하므로 당신은 땅에서 나온 소득을 사치스럽거나 낭비적인 생활로 탕진해서는 안되며, 소작인들의 복지를 위해서 써야 한다고 말하고 싶다. 당신의 소작인들이 당신과 친밀감을 경험하고, 당신이 가족의 일원으로서의 그들의 이익을 해치지 않을 것이라고 믿게 만들면 그들과 당신 사이에는 충돌이 없을 것이며, 계급전쟁도 없을 것이라고 확신해도 된다.

나는 부재지주를 제거하기를 원하지 않는다. 그러나 부재지주가 꼭 필요하다고 생각하지도 않는다. 나는 비폭력적 방법으로 지주들과 자본가들의 생각을 바꾸려고 기대하고 있으므로, 나에게는 계급갈등의 불가피성 같은 것은 없다. 저항이 제일 적은 노선으로 나아가는 것이 비폭력의 핵심적인 부분이기 때문이다. 농사짓는 사람들이 자신의 힘을 깨닫는 순간 지주의 해악은 사라질 것이다. 그들이 먹고 입고, 자신과 아이들을 제대로 교육시킬 수 있을 만큼의 대가 없이는 농사를 짓지 않겠다고 하면 지주는 무엇을 할 수 있는가? 실제로 일하는 사람이 그가 생산한 것의 주인이다. 일하는 사람들이 현명하게 뭉치면 그들은 막강한 세력이 될 것이다. 그러므로 나는 계급갈등의 불가피성을 인정하지 않는다. 만일 내가 그것이 불가피하다고 생각했다면 나는 그 불가피성을 설교하고 가르치기를 주저하지 않을 것이다.

모범적인 지주는 지금 소작인이 지고 있는 짐을 크게 줄일 것이다. 그는 소작인들과 긴밀히 접촉하고, 그들의 요구를 알고, 지금 그들의 생명을 죽이고 있는 절망 대신에 희망을 불어넣어줄 것이다. 그는 소작인들이 위생에 대해 무지한 것에 만족하지 않을 것이다. 그는 소작인들이 생활필수품을 가질 수 있도록 스스로 가난해질 것이다. 그는 자신의 소작인들의 경제상태를 알아보고, 학교를 세워 자신의 아이들과 소작인의 아이들을 함께 교육할 것이다. 그는 마을 우물과 저수탱크를 깨끗이 할 것이며, 스스로 길과 변소를 청소하여 소작인들도 그렇게 하도록 가르칠 것이다. 그는 자신의 정원을 활짝 열어 소작인들이 마음대로 쓸 수 있게 할 것이다. 그는 즐기기 위해 가지고 있는, 꼭 필요하지는 않은 건물들을 병원이나 학교 등으로 사용할 것이다. 자본가계급이 시대를 읽고, 자신들이 소유한 모든 것에 대해 천부의 권리를 가지고 있다는 생각을 고치기만 한다면, 믿을 수 없을 만큼 짧은 시간에 오늘날 마을이라는 이름으로 통하는 70만 '똥더미'가 평화와 건강과 안락의 거처로 바뀔 수 있을 것이다. 나는 자본가들이 일본의 사무라이들을 따른다면 사실상 아무것도 잃지 않고 모든 것을 얻게 된다고 확신한다. 선택은, 자본가 측에서 잉여 재산을 자발적으로 내놓고 그 결과로 모두의 진정한 행복을 얻는 것이거나, 아니면 자본가들이 때맞추어 각성하지 않는다면 눈은 뜬, 그러나 무지한 굶주린 수백만의 무리가 인도를 혼란 속으로 몰아넣는 것이다. 그러한 사태는 강력한 정부의 무장한 군대라 해도 막을 수 없을 것이다.

지주들은 기회를 놓치지 않는 것이 좋을 것이다. 그저 소작료만 받는 사람이어서는 안된다. 그들은 재산의 수탁자이며, 소작인들의 신뢰받는 친구여야 한다. 그들은 비밀 지갑을 줄여야 한다. 결혼이나 그 밖의 다른 일이 있을 때 소작인들로부터 강제적인 선물의 형태로 받는 의심스러운 부수입, 소작인을 바꿀 때나, 소작료를 내지 않아 쫓아냈던 소작인을 다시 받아들일 때 받는 사례비 따위를 없애야 한다. 그들은 소작인들의 임대기간을 정해주고, 소작인들의 복지에 대해 활발한 관심을 기울이면서, 아이들에게는 잘 관리된 학교를, 어른들에게는 야간학교, 아픈 사람들을 위한 병원과 진료소를 제공하고, 마을의 위생을 보살펴서 소작인들이 지주를 진정한 친구로 느끼게 만들어야 한다. 간단히 말해서, 지주들은 자신의 지위를 정당하게 만들어야 한다. 그들은 국민회의를 신뢰해야 한다. 그들 자신이 국민회의파가 될 수 있으며, 국민회의가 정부와 국민 사이의 다리라는 것을 이해해야 한다. 국민의 진정한 복지를 마음에 두고 있는 사람은 모두 국민회의의 봉사를 이용할 수 있다. 국민회의파 사람들은 그들대로 소작인들이 지주에 대한 의무를 꼼꼼히 수행하도록 할 것이다. 반드시 법령으로 정한 것이 아니라 소작인들 자신이 정당하다고 인정한 의무 말이다. 소작인들은 자신들이 빌린 땅이 지주와 상관없이 전적으로 자기들의 것이라고 생각해서는 안된다. 지주는 그 우두머리로서 외부의 침해로부터 그들의 권리를 지켜주는 커다란 가족의 일원이어야 한다. 법은 어떠하든 간에, 지주제를 방어할 수 있으려면 공동 가족이라는 조건에 다가가야 한다.

나는 라마와 자나카[18]의 이상을 좋아한다. 그들에게는 백성의 뜻을 거슬러 소유한 것이 아무것도 없었다. 그들 자신을 포함해서 모든 것이 백성에게 속해있었다. 그들은 백성들 사이에서, 백성들보다 높은 삶이 아니라 백성들과 같은 삶을 살았다. 이들은 역사

---

18) 인도 고대 서사시에 나오는 훌륭한 왕자.

상의 실존인물로 생각되지 않을 수도 있으니, 그렇다면 위대한 칼리프 오마르의 예를 들자. 그는 그의 천재적 능력과 놀라운 근면으로 쌓아올린 거대한 왕국의 군주였지만 가난하게 살았고, 그의 발밑에 쌓인 막대한 보물이 자기의 것이라고 생각한 적이 없었다. 백성의 돈을 사치로 낭비하는 관리들에게 그는 공포의 대상이었다.

나는 지주들에게 말하겠다. 그들이 받고 있는 비난의 내용이 사실이라면, 그들에게는 남은 날이 얼마 되지 않는다고 경고한다. 지주들은 이제 주인으로 행세할 수 없을 것이다. 그러나 가난한 농부들의 수탁자가 된다면 그들에게는 밝은 미래가 있다. 나는 이름만이 아닌 실제의 수탁자를 생각하고 있다. 그런 수탁자는 그들 자신의 노동과 관심으로 얻을 자격이 생긴 것 외에는 아무것도 차지하지 않을 것이다. 그러면 어떤 법률도 그들을 건드릴 수 없음을 알게 될 것이다. 농부들은 그들의 친구가 될 것이다.

현재의 귀족들이나 그 밖의 다른 사람들이 가난한 이들의 수탁자가 되리라고 기대할 수 있을까? 그들 스스로 수탁자가 되지 않는다면, 상황 때문에 그들이 완전한 파멸을 원치 않는 한 개혁을 할 수밖에 없을 것이다. 판차야트 라지가 만들어지면, 폭력으로는 할 수 없는 일이 여론에 의해 이루어질 것이다. 현재의 지주와 자본가와 귀족 세력은 일반 사람들이 자신의 힘을 깨닫지 못하고 있는 동안만 제멋대로 행동할 수 있다. 사람들이 지주나 자본주의의 해악에 협조하지 않으면 그들은 영양실조로 죽고 말 것이다. 판차야트 라지에서는 사람들은 판차야트에만 복종하며, 판차야트는 오직 그들이 만든 법을 통해서만 작용할 수 있다.

진정한 사회주의는, "모든 땅은 '고팔'에 속해있다. 그러면 경계선은 어디 있는가? 인간이 경계선을 만들었고, 따라서 그것을 없앨 수도 있다"라고 가르친 우리의 선조들에게서 우리에게 전해져온 것이다. '고꽐'은 목동을 뜻한다. 그것은 또 신을 뜻한다. 현대어에서 그것은 국가, 즉 백성을 뜻한다. 오늘날 땅이 백성에게 속해있지 않다는 것은 명백한 사실이다. 그러나 잘못은 가르침에 있는 것이 아니라, 그에 따라 살지 못한 우리들에게 있다.

나는 우리가 러시아를 포함한 어느 나라 못지않게, 그것도 비폭력적으로 거기에 잘 다가갈 수 있다고 확신한다. 땅과 모든 재산은 그곳에서 일하는 사람의 것이다. 불행히도 노동자들은 이 단순한 사실을 모르거나, 모르도록 만들어져왔다.

미래의 비폭력적 질서 속에서 땅은 국가에 속할 것이다. 그런 제도 아래서는 재능이나 노동의 낭비는 없을 것이다. 이것은 폭력적인 수단으로는 가능하지 않을 것이다. 그러므로 폭력에 의해 지주들이 완전히 멸망한다면 결국 노동자들도 함께 멸망하게 될 것이라는 말은 진실이다. 그러므로 지주들이 현명하게 행동한다면 어느 쪽도 지지 않을 것이다.

제16장 농업과 가축 복지 (1)

협력

고려해야 할 가장 중요한 문제는 … 소 기르기를 개인이 해야 할 것인지 집단적으로 해야 할 것인지 하는 것이다. 나는 주저없이 개인이 맡아서는 결코 소를 구할 수 없다고 말하겠다. 소를 구하는 일과 물소를 구하는 일도, 오직 집단적인 노력으로만 가능하다. 농부 개인이 자기 집에서 적절하고 과학적인 방법으로 소를 돌보는 것은 아주 불가능하다. 다른 이유들도 있지만 집단적 노력의 부재가 소와 그 밖의 가축 일반의 질을 떨어뜨리는 주된 원인이다.

오늘의 세계는 삶의 모든 분야에서 집단적 혹은 협력적 노력이라는 이상을 향해 나아가고 있다. 이런 노선에서 많은 것이 이루어졌고, 이루어지고 있다. 그리고 그것은 우리나라에도 들어왔지만 너무나 왜곡된 형태로 들어와서 우리의 가난한 사람들은 그로부터 이익을 거둘 수 없었다. 평균적인 농부가 소유하는 토지는 인구의 증가에 반비례해서, 나날이 줄어들고 있다. 게다가 개인 소유의 땅은 흔히 조각나 있다. 그런 농부가 집에 소를 두는 것은 자살행위이다. 그런데도 이것이 오늘날의 현실이다. 경제를 최우선에 두고 종교적, 윤리적 혹은 인도주의적 고려에는 거의 주의를 기울이지 않는 사람들은, 소들에게 농부가 잡아먹히고 있다고 주장한다. 사료값이 소들이 생산하는 것과 비교도 되지 않게 높기 때문이다. 그들은 쓸모없는 짐승들을 모두 도살하지 않는 것은 바보짓이라고 말한다.

그러면 인도주의자들은 무엇을 해야 하는지가 문제이다. 대답은 물론 우리가 가축의 목숨도 구하고, 그들이 짐이 되지도 않게 하는 방법을 찾는 것이다. 나는 협동적 노력이 큰 도움이 될 것이라고 확신한다.

다음의 비교가 도움이 될 것이다.

1. 집단체제에서 농부는 소를 현재와 같이 자신의 집에 둘 수 없다. 소들은 공기와 환경을 더럽힌다. 짐승들과 같이 사는 것은 지적인 것도 인도주의적인 것도 아니다. 사람은 그렇게 살도록 되어있지 않다. 집단적 사육 방법을 택하면 현재 소들이 차지하고 있는 공간이 농부와 가족들에게 되돌아갈 것이다.

2. 소의 수가 증가함에 따라 농부는 집에서 살 수가 없게 된다. 그래서 그는 송아지들을 팔고 물소 수컷들을 죽이거나 쫓아내어 굶어죽게 한다. 소들을 협동체제로 보살피면 이런 비인간적인 일을 피할 수 있다.

3. 집단적인 소 사육은 짐승이 병이 났을 때 수의사의 치료를 받을 수 있게 한다. 보통의 농부는 혼자서 그렇게 할 수 없다.

4. 마찬가지로 집단체제에서는 한마리의 선택된 숫소를 여러 암소의 필요를 위해 둘 수 있다. 이것은 다른 경우에는 자선을 받지 않고서는 불가능하다.

5. 협동체제에서는 공동의 초지나, 소들이 운동을 할 수 있는 땅을 쉽게 마련할 수 있다. 반면 현재 개별 농부에게는 일반적으로 그런 장소가 없다.

6. 집단체제에서는 사료비용이 훨씬 낮아질 것이다.

7. 우유를 좋은 값으로 파는 것이 훨씬 용이해질 것이고, 현재 농부들이 하는 것처럼 우유에 다른 것을 섞을 필요나, 그렇게 하려는 유혹이 없어질 것이다.

8. 소들의 적합성을 한마리씩 모두 검사하는 것은 불가능하다. 그러나 집단체제에서는 마을 전체의 소들을 쉽게 검사할 수 있고, 따라서 품종개량이 쉬워질 것이다.

9. 앞의 이점들이 집단적 소 사육을 위한 충분한 논거가 될 것이다. 가장 중요한 점은 소를 개별적으로 사육하는 것은 우리 자신과 소들의 생존 조건을 비참하게 만들어왔다는 사실이다. 이러한, 필수적인 변화에 의해서만 우리 자신과 소들을 모두 구할 수 있다.

나는 또 협동적인 농업을 하지 않는 한 농업의 이익을 제대로 얻지 못할 것이라고 굳게 믿는다. 1마을의 100가구가 함께 농사를 지어 그 수익을 100으로 나누는 것이 땅을 아무렇게나 100조각으로 나누는 것보다 훨씬 낫다는 것이 이치에 닿지 않는가? 땅에 적용되는 셈은 소들에도 똑같이 적용될 수 있다.

사람들의 생각을 바꾸어 당장에 이런 생활방식을 택하게 만드는 것이 어려울지 모른다는 점은 전혀 다른 문제이다. 소 돌보기 계획의 모든 단계에 다루기 어려운 문제들이 있다. 그러나 어려움을 극복함으로써만 갈 길이 쉬워질 것을 우리는 바랄 수 있다. 당분간의 내 목표는 집단적 소 사육이 개별적 노력보다 훨씬 우월하다는 것을 보여주는 일이다. 나는 더 나아가 전자는 옳고, 후자는 그르다고 주장하고 싶다. 실제에 있어 개인이 독립성을 지키는 것도 협동을 통해서만 가능하다. 개별적인 소 사육은 이기심과 비인간적인 행동을 초래했지만, 집단적인 것은 그 두가지를 모두 제거하거나, 적어도 크게 경감시킬 수 있다.

"농부들은 땅을 모두 합치고 농작물은 그들의 땅 크기에 비례해서 나누어야 하는가?"

소유자들이 협동으로 소유하고 협동으로 경작한다는 것이 협동에 대한 내 생각이다. 그렇게 하면 노동과 자본과 연장들을 절약하게 될 것이다. 소유자들은 협동으로 일하고 자본, 연장, 동물, 씨앗 등을 협동으로 소유할 것이다. 내가 생각하는 협동농장은 땅의 모습을 바꾸어놓을 것이고, 사람들 사이에서 가난과 나태함을 없앨 것이다. 이 모든 것은 사람들이 서로 친구가 되고 한 가족과 같이 되어야만 가능하다. 그런 행복한 일이 일어나면 지역사회 내의 보기 흉한 불화는 없어질 것이다.

협동체제는 농사짓는 사람들에게 훨씬 더 필요할 것이다. 땅은 국가에 속한다. 그러므로 협동적으로 농사를 지을 때 가장 소출이 많다.

협동은 엄격한 비폭력에 기초를 두어야 한다는 것을 기억하자. 폭력적인 협동에 의한 성공 같은 것은 존재하지 않는다. 히틀러가 좋은 예이다. 그도 역시 협동을 말했고, 그런데 그것은 사람들에게 강요되었다. 그 결과로 독일이 어디로 갔는지는 모두가 알고 있다.

　인도가 폭력을 통해 협동에 기초한 새로운 사회를 건설하려고 한다면 슬픈 일이다. 힘에 의해 초래된 선(善)은 개별성을 파괴한다. 비폭력적 비협력, 즉 사랑의 설득력에 의해 변화가 일어났을 때에만 개별성의 토대가 보존되고, 진정한 지속적인 진보가 보장된다.

제17장 농업과 가축 복지 (2)

퇴비

이달(1947년 12월)에 뉴델리에서 가능한 한 큰 규모로 퇴비 개발 문제를 생각하기 위하여 '전 인도 퇴비회의'가 열렸다. 그것은 스리마티 미라벤의 생각이었고, 라젠드라프라사드 박사가 주관하였다. 사르다르 다타르 싱, 아카리아 박사 그리고 그 분야의 저명한 인사들이 참석하였다. 도시와 마을들을 위한 계획에 관해 여러가지 중요한 결의안이 통과되었다. 스리마티 미라벤, 스리 시바쿠마르 샤르마, B. N. 랄 박사, K.G. 조시 박사로 이루어진 소위원회가 지방을 위한 계획의 초안을 마련하도록 지명되었다. 그 결의안들은 "도시의 하수, 쇠똥, 침전물을 농업에 활용하는 것과 도살장과 공장의 쓰레기(예컨대 모직물·면직물 쓰레기, 가축 쓰레기 등) 활용 그리고 수초, 사탕수수 찌꺼기, 다져진 진흙, 숲의 나뭇잎을 퇴비화할" 필요를 강조했다.

이런 결의안들은 그것이 종이 위에만 머물러 있지 않는다면 좋은 것이다. 가장 중요한 것은 그것들이 인도 전역에서 실행될 것인가이다. 그렇게 하기 위해서는 미라벤과 같은 사람 여럿이 궁리를 해내야 할 것이다. 인도의 대중이 기꺼이 협력한다고 하면 이 나라는 식량부족을 몰아낼 수 있을 뿐만 아니라 충분한 양 이상의 식량을 공급할 수 있다. 유기비료는 땅을 비옥하게 하고 땅을 고갈시키는 일은 없다. 날마다 나오는 쓰레기를 현명하게 퇴비로 만들면 훌륭한 거름이 되어 땅으로 돌아가서 수백만루피를 절약하게 하고, 곡식과 콩의 수확을 여러 배 늘어나게 해준다. 게다가 쓰레기를 잘 사용하면 환경을 깨끗이 유지할 수 있다. 깨끗함은 신성함에 버금가는 일일 뿐만 아니라 건강을 증진시킨다.

생산을 증가시키는 유력한 한가지 방법은 비료를 적절히 주는 것이다. 인공비료는 토양에 해롭다고 들었다. 퇴비는 나쁜 냄새를 내지 않는다. 그것은 수십만루피를 절약하고 땅의 비옥도를 증가시킨다.

퇴비 구덩이

[간디지는 일반적으로 마을의 퇴비 구덩이의 내용물을 잘게 부숴야 한다는 브레이니 씨의 제안에 동의하지만 구덩이가 6피트 폭에 6피트 깊이가 되어야 한다는 견해에는 동의하지 않으며 다음과 같이 썼다.]

나는 브레이니 씨가 제안한 것 같은 구덩이가 일반적으로 권장되고 있다는 것을 알고 있다. 그러나 내 생각에는 푸어가 추천한 얕게 묻는 방식이 더 과학적이고 더 수지가 맞는 것 같다. 땅을 파는 비용이 줄어들고, 옮기는 비용을 아예 피하거나 확실하게 줄일 수 있다. 거기에, 배설물은 지표에서 6~9인치 깊이에서 사는 박테리아로 인해 거의 1주일이면 퇴비로 변한다는 사실과, 공기와 햇빛이 배설물에 작용해서 그것을 깊이 묻었을 때보다 훨씬 빨리 향긋한 퇴비로 변화시킨다는 사실을 더해보라.

그러나 기억해야 할 가장 중요한 점은 쓰레기를 처리하는 여러 가지 방법이 아니라, 마을사람들의 건강과 퇴비로 인한 소출 증가로 물질적 조건을 개선한다는 두가지 목적을 위해 모든 쓰레기를 묻어야 한다는 점이다. 배설물 이외의 유기물 쓰레기는 따로 묻어야 한다.

분뇨를 거름으로

파울러는 자신의 책《부와 낭비》에서 인분을 제대로 처리하면 1년에 1인당 2루피의 수익을 실현시킬 수 있다고 말한다. 대부분의 경우에 이 귀중한 거름은 버려지고 질병을 초래한다. 그는 브룰티니 교수의《쓰레기의 용도》라는 책에서 "델리의 28만 2,000명 인구에게서 나오는 질소는 최소 1만에이커에서 최대로는 9만 5,000에이커를 비옥하게 만들 수 있다"라는 말을 인용하고 있다. 예로부터 명성 높았던 델리가 부끄럽게도 질병이 우글거리는 곳이 된 것은 우리가 청소부들을 어떻게 다룰지 몰라서이다. 우리 모두가 청소부가 된다면 스스로를 어떻게 다룰지 알 것이고, 오늘은 독(毒)인 것도 식물을 위한 귀중한 양식으로 변하게 하는 방법을 알 것이다. 파울러 박사에 따르면, 인분을 현명하게 사용한다면 인도의 3억 인구는, 해마다 6억루피의 수익을 뜻한다.

퇴비 만들기

[인도레에 식물산업연구소가 있다. 거기에서 때때로 사람들에게 도움을 주기 위해 인쇄물을 발간한다. 그중 처음 것은 농업 폐기물로 퇴비를 만드는 방법과 그 유익성을 묘사하고 있다. 이것은 소똥과 인분을 처리하는 하리잔과 마을일꾼들에게 중요한 내용이므로 나는 아래에 그 인쇄물 거의 전부를 옮기고 주를 덧붙였다. - 간디]

인도의 토양에 체계적으로 적절하게 유기물질을 회복시키는 것이 집중적 농업에 성공하기 위해 꼭 필요하다는 사실은 오래전부터 인정되어왔다. 보통의 퇴비는 만드는 과정에서 질소의 많은 부분이 소실되고 최후의 생산품도 가장 효율적인 물리적 상태가 되려면 아주 긴 시간이 걸린다는 사실 외에도, 쓸 수 있는 자원이 충분하지 못하다는 점도 잘 알려져 있다. 아마도 녹비가 가능한 대안이 되겠지만, 몬순 조건하에서는 인도 대부분의 지역에서 그것은 불확실하다. 땅속에서 진행되는 녹비의 분해는 또 한동안 자연적인 식물 자양분의 회복 과정을 방해한다. 열대지방에서는 토양 비옥도 유지에 이것이 아주 실질적인 역할을 한다. 땅에 부식토를 제조하는 짐을 덜어주고, 오직 회복 작용과 농작물 키우기에 집중할 수 있게 하는 것이 분명히 최선의 길이다. 그렇게 하는 가장 간단한 방법은 일상적인 농사일을 하는 동안에 연료나 사료로 필요한 것 외의 모든 농업 폐기물을 활용하여 그 부산물로 부식토를 만드는 것이다.

이 단계에서, 보통 퇴비의 대체물은 그 성분이 부식토와 아주 비슷해야 한다는 점을 강조해야 한다. 인도레의 방법은 그것을 목표로 했고, 목표를 성취했다. 인도레 방법의 목표는 따라서 질소가 풍부한 활성비료를 만드는 것과는 근본적으로 다르다. 그런 비료의 특별한 유용성은 인공비료와 유사하다.

인도레 식물산업연구소가 수행한 작업은 앨버트 하워드 씨의 20년 노력의 최종 결과물이었는데, 이 원칙들은 아주 쉽게 실용화할 수 있다는 것을 확실하게 증명했다. 인도레식 퇴비 만들기는 실제적 기술을 공급하고 새로운 발전의 통로를 열고 있다. 농장과 도시에서 나오는 무한한 자연물 쓰레기는 그렇게 하여 농업에 사용할 수 있다. 소똥을 연료로 사용할 수 없게 하거나 깻묵 수출을 방해하는 것 같은 부자연스러운 방법에 의지하지 않고, 유기물질로 강화되었을 때 가장 좋은 결과를 내는 인조비료 사용을 절약하면서 비료의 넉넉한 공급이 가능해진다.

보통 퇴비의 가치는 인도의 관개작물의 경우에 높이 평가되지만, 밭작물에도 정기적으로 퇴비를 적정량 주는 것은 똑같이 필수적이다. 인도레식 퇴비 방법은 더 많은 양의 더 기름진 비료를 빠르게 생산한다. 더욱이 그것은 뿌리자마자 당장에 농작물에게 쓸모가 있지만, 보통 퇴비는 늘 그렇지는 않다. 인도레 퇴비는 제대로 만들면 석달이면 사용할 수 있게 되는데, 어두운 갈색 혹은 커피색의 형태가 없는 물질로, 손에서 쉽게 부서지는 반쯤 분해된 물질이 20퍼센트 정도이고 나머지는 입자가 아주 가늘어서 젖었을 때(그래서 콜로이드상의 입자가 부풀었을 때) 1/6인치 눈의 그물로 된 체를 빠져나갈 수 있다. 질소 함량은 사용된 쓰레기의 성질에 따라 8~10퍼센트나 그 이상으로 다양하다. 숫소 두마리당, 신선한 똥 1/4과 온갖 종류의 농업 폐기물 100~125수레분 그리고 외양간에서 나오는 오줌에 젖은 흙 절반의 양을 사용해서 해마다 약

50수레분의 퇴비를 쉽게 만들 수 있다. 나머지 외양간 흙 역시 좋은 비료이므로 바로 밭에 넣을 수 있다. 농업 폐기물이 더 있다면 똥 모두와 오줌흙을 활용하여 약 150수레분의 퇴비를 만들 수 있다. 생산비용은 인도레 임금(8시간 노동에 남자는 7안나 여자는 5안나) 기준으로 한수레당 8.5안나이다.

인도레 방법의 개요

과정의 주요 부분은 쓸모없는 농업 폐기물을 신선한 똥과 나무재와 오줌에 젖은 흙과 섞어서 구덩이 안에서 빠르게 분해시키는 것이다. 구덩이는 깊이가 2피트를 넘어서는 안되고 폭은 14피트는 되어야 한다. 길이는 30피트가 편리하다. 이것은 대규모 일이나 소규모 일에 모두 적합하다. 예컨대 길이 3피트 부분을 6일간 숫소 두마리 밑에서 나온 깔짚으로 채운다. 그 다음 부분을 다음에 채우고 하면서 각 부분을 분리된 단위로 다룬다. 재료를 똥과 나무재 오줌흙이 섞인 현탁액으로 고르게 적시고 활성화된 구덩이에서 가져온 균류의 배양균을 함께 넣는다. 활발하게 분해되는 퇴비는 곧 균류가 자라나 흰색이 된다. 이 물질은 다시 새 재료의 분해 배양균으로 사용된다. 처음에 배양균이 없을 때에만 작은 양의 푸른 잎을 깔짚에 섞어서 균류의 성장을 촉진한다. 배양균은 3~4세대가 지나야 완전한 활동성이 생긴다. 그 활동성은 표면에 물을 뿌려 습기로 조절하고 이번에는 30일 된 구덩이에서 가져온 배양균을 새로이 넣어주고, 뒤적거려서 공기를 공급하여 유지한다. 곧 상당한 열이 나고 이것은 오랫동안 유지된다. 체계적으로 손질을 하여 잘 섞어서(고른 외양으로 나타나게) 매 단계에서 공기가 충분히 공급되게 한다. 수분을 적절히 공급하면 분해가 금방 시작되는데, 그것은 중단 없이 끝까지 계속되어 아주 균질한 최종 생산물을 만들어낸다.

구덩이 만들기

외양간 가까이 그리고 가능하면 물 공급원 근처에 배수가 잘된 장소를 선택한다. 1피트 깊이로 땅을 파고 사방으로 키워서 길이 30피트, 폭 14피트, 깊이 2피트의 구덩이를 만든다. 그런 구덩이를 쌍으로 만들고 긴 쪽이 동서로 놓이게 한다. 두 구덩이 사이의 거리는 6피트, 한쌍과 다른 쌍의 거리는 12피트는 되어야 한다. 마지막 비료 더미와 몬순 때의 더미를 이 넓은 공간에서 만들어야 하고, 또 이 공간은 수레로 거름을 옮길 때에도 유용하다.

흙과 오줌

소의 오줌은 거름 성분을 많이 가지고 있다. 그런데 보통의 일반 퇴비 만드는 방법에서 이것은 대부분 버려진다. 보통 외양간에 까는 파카 바닥재는 아주 비싸고, 숫소에게는 적당하지 않다. 부드러운 흙으로 소들이 그 위에서 쉬고 잠잘 수 있는 따뜻하고 건조한 바닥을 값싸게 만들 수 있다. 타작마당 쓸어낸 것, 막힌 배수구 긁어낸 것, 저장 구덩이에서 나온 흙 등을 편리하게 사용할 수 있다. 평평하게 6인치 두께로 깔아주면 모든 오줌을 불편 없이 흡수할 수 있고, 젖은 부분이 생기면 매일 긁어내고 약간의 새 흙과 구유에 남은 꼴로 덮는다. 이 오줌흙은 4개월마다 완전히 새로 바꾼다. 미세한 부분은 퇴비 만들기를 위하여 남겨두고 큰 덩어리들은 바로 밭에 넣어준다. 그것은 특히 관개작물의 추비(秋肥)로 적당한, 작용이 빠른 거름이다.

소똥과 재

날마다 생기는 소똥의 1/4만이 필요하다. 이것은 물에 섞어서 현탁액으로 쓴다. 나머지는 필요하면 땔감으로 만들 수 있다. 부엌 등에서 나오는 나무재는 잘 모아서 뚜껑을 덮어 보관한다.

농업 폐기물

농장에서 달리 쓰이지 않는 모든 식물 쓰레기, 즉 잡초, 목화 줄기, 비둘기콩, 잇꽃, 아마씨, 평지, 검고 푸른 이집트콩, 사탕수수 찌꺼기, 수수와 사탕수수 뿌리, 낙엽, 먹지 않고 남긴 풀, 짚, 수수꼴 등을 퇴비로 만들 수 있다. 단단한 것은 부수어야 되는데, 그것은 그저 마차길에 깔아놓는 것으로 해결된다. 때때로 부서진 것들을 쓸어 모으고, 부서지지 않은 것들은 다시 깔아두면 된다. 그루터기나 뿌리처럼 아주 단단한 것은 적어도 이틀 정도 물에 담가두거나 축축한 땅에 두세달 묻어둘 필요가 있다. 후자는 몬순 기간에 쉽게 할 수 있다. 푸른 재료들은 약간 말려서 쌓아두어야 된다. 양이 많지 않은 여러가지 재료는 함께 쌓아두고 한가지 종류로 양이 많은 것은 따로 쌓아야 된다. 퇴비 구덩이로 옮겨 갈 때 한종류가 전체의 1/3을 넘지 않도록 하며, 모든 것들이 고루 섞이도록 주의를 기울여야 한다. 아주 단단한 것으로, 물에 담그거나 흙에 묻어 부드럽게 만든 것들은 한번에 아주 작은 양만을 사용해야 한다. 정상적으로 생겨나는 다른 재료들을 저장해서 일년내 꾸준히 공급되도록 하면 이런 비율은 실제로는 자동적으로 이루어진다. 간작 작물이나 푸른 채 추수하는 콩류의 잎과 줄기가 시든 뒤 쌓아서 사용하면 퇴비의 질은 더욱 좋아질 수 있다.

물

집에서 쓴 하수를 퇴비장 근처의 작은 웅덩이나 침전조로 흘러가게 만들어 날마다 쓰면 노력도 덜고 이점도 있다. 오랫동안 고여있던 물은 어떤 종류이건 해롭다. 필요한 여분의 물은 다른 방법으로 확보해야 한다. 계절에 따라 수레 하나분의 퇴비를 만드는데 4갤런짜리 석유통 50~60통의 물이 필요하다.

자세한 과정

구덩이에 깔짚 채우기

3×4피트 마대의 긴 쪽 변을 7피트 6인치 길이의 대나무 두개에 고정시켜 들것을 만든다. 숫송아지 한마리에 들것 하나 분량, 물소 한마리에 하나 반 분량의 농업 폐기물을 매일 외양간 바닥에 깔아준다. 그것은 소 오줌에 젖고 부서지고 뒤섞이게 된다. 우기의 깔짚은 그 목적으로 특별히 보존해둔 마른 쓰레기층 사이에 시든 푸른 식물을 넣어 만든다. 현탁액을 만들고 남은 신선한 소똥은 덩어리로 만들어 말리거나, 깔짚 위에 작은 오렌지보다 크지 않은 덩어리로 뿌려둔다. 현탁액을 만들고 남은 오줌흙과 균류 배양균을 다음날 아침에 깔짚 위에 고루 뿌린 다음 삽과 들것을 사용해 바로 구덩이에 넣고 갈퀴로 고르게 편다. 그렇게 펴놓은 것에 매번 재, 소똥, 흙과 균류 배양균이 들어있는 현탁액을 조금씩

고루 뿌려 축인다. 깔짚을 들어낸 다음에는 바닥을 깨끗이 쓸어가는 부스러기들을 구덩이에 덮는다. 물을 뿌려 위에 덮인 부분을 축이고, 저녁과 다음날 아침에 물을 더 뿌리면 적시기가 완료된다. 구덩이는, 혹은 나오는 쓰레기의 양에 따라 구덩이의 일부는 6일 만에 다 채워야 된다. 그러고 나면 다른 부분을 다시 시작한다. 재료를 채우면서 밟으면 공기가 빠져나오므로 해롭다.

우기 동안에 구덩이는 빗물로 가득 찬다. 비가 시작되면 내용물은 꺼내어 땅 위에 쌓아놓고 일상적으로 뒤적이기를 한다. 우기 동안에는 땅 위에서 8×8피트에 높이 2피트의 새로운 퇴비더미를 만드는데, 찬바람으로부터 보호할 수 있도록 넓은 공간에 서로 가깝게 만든다.

퇴비 뒤적이기와 물 주기

분해 중인 퇴비의 표면은 매주 물을 뿌려 습하게 유지한다. 내부의 습기와 공기를 회복시켜줄 필요가 있으므로 물도 뿌리고 세 번 뒤적여주어야 한다. 습한 계절에는 물을 줄이거나 아예 주지 않아도 되지만, 처음 것에는 어떤 계절에든 물을 주어야 한다.

15일쯤 후에 처음 뒤적이기

구덩이 전체에서 분해되지 않은 표면의 층을 걷어내어 새로운 구덩이에 채울 내용물의 일부로 사용한다. 30일쯤 된 퇴비를 노출된 표면에 흩어놓고 6인치 정도가 젖을 만큼 위에 물을 뿌린다. 이 첫번째 뒤적이기 동안에 구덩이는 세로로 나뉘어져 안쪽의 절반은 그대로 남아있게 된다. 나머지 절반을 그 위에 긁어 올린다.(이 일을 하는 데는 나무갈퀴가 편리하다.) 한층씩 벗겨내는 것이 아니라 가능한 한 위에서 바닥까지 수직으로 혹은 비스듬히 퍼올린다. 약 6인치 두께의 뒤집어진 층 모두를 물을 뿌려 적신다. 우기에는 너무 높아지는 것을 피하기 위해 무더기 전체를 뒤집을 수도 있다.

한달 뒤 두번째 뒤집기

구덩이 절반의 물질은 구덩이의 비어있는 다른 쪽으로 긁어 옮기고 적절히 물을 뿌리고 나머지를 같은 방법으로 위에서 아래까지 섞는다.

세번째 뒤집기는 두달 후에

퇴비는 같은 방법으로 넓은 공간의 표면으로 삽으로 옮기고 물을 뿌린다. 두 구덩이의 재료를 구덩이 사이의 공간에 퍼올려 10피트 폭에 3.5피트 높이의 하나의 무더기로 만들 수 있다. 길이는 중요하지 않고 여러 구덩이나 무더기의 것을 그렇게 함께 저장할 수 있다. 습기를 충분히 보충한 거름은 구덩이에서 바로 수레에 담아 밭으로 가져가도 된다. 무더기는 그것이 사용될 곳에 만들어야 한다. 그렇게 하면 파종기에 소중한 시간을 절약할 수 있다. 모든 무더기는 윗면과 옆면이 지나치게 마르지 않게 보살펴야 한다. 마르면 분해가 중지되기 때문이다.

좋은 퇴비는 어떤 단계에서도 냄새가 나지 않고, 모양은 전체가 균일하다. 냄새나 파리가 나타나면 공기가 더 필요하다는 표시이고, 따라서 구덩이 속의 것을 뒤집고 약간의 재와 소똥을 추가해야 한다.

매 경우마다 필요한 양은 다음의 자료를 참고로 하여 간단한 계산으로 알아낼 수 있다.

짐승 40마리에 필요한 양

6일 동안 날마다 구덩이에 채우는 양

• 하루에 구덩이로 옮기는 깔짚과 쓸어낸 것 : 40~50개 들것 분량에 균류배양물 4대야, 오줌흙과 여분의 똥 15대야 뿌린 것.(대야는 직경 18인치 깊이 6인치이다.)

• 현탁액 : 외양간에서 하루에 나온 분량에 물 석유통으로 20개(4갤론), 똥 5대야, 재 1대야, 오줌흙 1대아, 균류배양물 2대야.

• 물 : 외양간에서 하루에 나온 분량에 당장에 6통, 저녁에 10통, 다음날 아침에 6통.

• 위에 뿌리는 물 : 날마다 25통.

• 뒤적일 때 주는 물 : 계절에 따라서 첫번 뒤적일 때 60~100통, 두번째에 40~60통, 세번째에 40~80통.

• 첫번 뒤적일 때 균류배양물 : 12대야.

대야 내용물의 부피와 무게

물질	부피(두손 가득)	무게(파운드)
신선한 소똥	6~7	40
오줌흙	20~21	22
나무재	15	20
균류배양물	5	20
첫번 뒤적일 때 균류배양물	6	20

작업 시간표

날짜	일	날짜	일
1	구덩이 채우기 시작	30	두번째 뒤적이기
6	구덩이 채우기 마침	32	
10	균류가 생겨남	38	세번째 물주기
12	처음 물주기	45	네번째 물주기
15	처음 뒤적이고	60	세번째 뒤적이기
16	한달 된 퇴비 더하기	67	다섯번째 물주기
24	두번째 물주기	75	여섯번째 물주기
		90	퇴비 완성

상황에 따라 인도레 퇴비 만들기 과정을 그대로 할 수 없는 경우, 다음의 방법으로 그 이점을 부분적으로 확보할 수 있다.

뒤섞인 유기물 쓰레기를 소의 깔짚으로 사용하고 다음날 그것을 걷어내기 전에 앞에서 설명한 대로 필요한 양의 소똥, 오줌흙, 나무재를 그 위에 뿌린다. 이것을 거름을 사용할 밭의 가장자리나 배수가 잘되어 있는 다른 적당한 장소로 옮겨 높이 3인치 폭 8인치를 넘지 않게, 길이는 편리한 대로 쌓아 저장한다. 비가 온 뒤에 한달쯤이면 균류가 자라난다. 그러면 흐리거나 비가 조금 오는 날을 택하여 한번 완전히 뒤집어준다. 한달 간격을 두고 한두번 더 뒤집으면 계절이 끝날 즈음 재료가 부식하게 된다.

물론 퇴비가 완성되려면 1년을 기다려야 되고, 심하게 가물면 더 기다려야 될 수도 있다.

이렇게 만들어진 퇴비는 표준적인 방법으로 만든 것만은 못하지만 보통의 퇴비보다는 의심할 바 없이 낫다. 이런 간소화된 방법으로도 단단한 목질 쓰레기가 쉽게 부패할 수 있고 그래서 마을에서 하는 기존의 방법보다 훨씬 많은 양을 생산할 수 있기 때문이다.

마을 작물

모든 마을이 첫째로 할 일은 자체의 식용작물과 의복을 위한 목화 기르기일 것이다. 또 소를 위한 예비지, 어른과 아이들을 위한 오락과 놀이를 위한 터가 있어야 할 것이다. 그리고 나서 땅이 더 있으면 '유용한' 환금작물을 길러서 마리화나, 담배, 아편 등을 배제할 일이다.

제18장 농업과 가축 복지 (3)

식량부족

인도에는 굶주림과, 자연적인 것이든 인간이 초래한 것이든 기근에 의한 수만명의 죽음 등이 드문 일이 아니다. 나는 질서가 잡힌 사회에서는 항상 물과 농산물 부족에 대비한 대처방법이 있어야 한다고 생각한다. 그러나 지금은 질서가 잡힌 사회가 어떠한지, 그런 사회는 그 문제를 어떻게 다룰 것인지를 설명하는 자리가 아니다. 지금 우리의 관심사는 성공하리라는 희망을 갖고 현재의 식량위기를 다룰 수 있는가 하는 것이다.

나는 우리가 할 수 있다고 생각한다. 우리가 배워야 할 첫째 교훈은 자조와 자립이다. 우리가 이 교훈을 받아들이면 우리는 당장에 손해가 큰 외국에 대한 의존과 궁극적인 파산으로부터 자유로워질 것이다. 이것은 자만심으로 하는 말이 아니라 사실을 말한 것이다. 우리는 식량공급을 외부의 도움에 의지하는 작은 나라가 아니다. 인도는 아대륙이고 거의 4억 인구의 나라이다. 우리는 거대한 강과 비옥한, 다양한 농지와 무한히 많은 소가 있는 나라이다. 우리의 소들이 우리에게 필요한 것보다 우유를 훨씬 적게 생산하는 것은 전적으로 우리 잘못이다. 우리의 소들은 언제라도 우리에게 필요한 우유 전부를 줄 수 있다. 우리가 지난 200~300년 간 소홀히 하지 않았다면 오늘날 우리 자신에게 필요한 충분한 식량뿐만 아니라, 바깥세상에 매우 필요한 식량을 공급하는 데 우리나라는 유용한 역할을 하고 있었을 것이다. 지난번의 전쟁이 사실상 전세계를 식량부족 상태로 만들었다. 인도도 마찬가지이다. 그 불행은 줄어들 기미를 보이기는커녕 더 커지고 있다. 나의 제안에는 어느 나라라도 우리에게 무료로 제공하고자 하는 식량을 거절하는 것이 들어있지 않다. 내가 말하는 것은, 우리가 구걸하러 다녀서는 안된다는 것이다. 그것은 타락을 초래한다. 더구나 국내에서 식량을 운반하는 데에 어려움이 있다. 우리는 곡식이나 다른 식량을 한 장소에서 다른 장소로 빠르게 옮기는 데 필요한 설비를 가지고 있지 않다. 또 먹을 수 없는 것을 운반하게 될 가능성도 적지 않게 있다. 모두, 사람이 하는 일이라는 사실을 간과해서는 안된다. 세계 어느 곳에서도 사람들은 완전하지도, 완전에 가깝지도 않다.

다음에는 우리가 얻을 수 있는 외국의 원조가 무엇인지를 보자. 내가 듣기로 그것은 현재 우리에게 필요한 것의 3퍼센트를 넘지 않는다고 한다. 이 정보가 정확하다면(나는 여러 전문가에게 확인을 했고 그들은 수긍했는데), 외국의 원조에 의존한다는 가능성은 없어지는 것이다. 외부의 도움에 조금이라도 의지하면 우리가 우리 내부의 거대한 가능성을 최대한 이용하지 못하게 될 가능성이 있다.

우리는 경작 가능한 땅을 한뼘도 남김없이 환금작물이 아닌 식용작물을 기르는 데 활용해야 한다. 우리는 당장에 경작을 할 수 있는 황무지를 되찾아야 한다.

식량의 중앙집중은 파멸이 될 것이라고 나는 생각한다. 분산화하면 암거래를 쉽게 타파할 수 있고, 운송에 드는 시간과 비용을 절약할 수 있다. 게다가 인도의 곡물과 콩류를 기르는 마을사람들은 쥐들로부터 농작물을 보호하는 방법을 안다. 곡식을 역에서 역으로 이동하면 쥐들의 피해를 입게 된다. 이 때문에 수백만의 비용이 들어가고, 한톨도 아쉬운 곡식을 몇톤이나 잃게 된다. 모든 인도인들이 작물이 자랄 수 있는 곳이면 어디에서나 농작물을 길러야 한다는 점을 깨닫는다면, 우리는 이 땅에 식량부족이 있었다는 사실조차 잊어버리게 될 것이다. 나는 더 많은 식량을 기르는 매혹적이고 재미있는 주제에 대해 충분히 얘기하지 않았는데, 그러나 개인들이 모두 그 훌륭한 일을 도울 수 있다는 생각에 관심을 불러일으키고, 정보가 될 만큼은 말을 했다고 생각한다.

이제 우리가 외부로부터 얻을 수 있을지 모르는 그 3퍼센트에 대해 얘기해보자. 힌두교도들은 2주일마다 열한번째날 금식이나 반(半) 금식을 한다. 무슬림들은, 특히 굶주리는 수백만의 사람들을 위해서, 금식하는 것이 금지되어 있지는 않다. 만일 인도의 전 국민이 이 부분적인 금욕의 아름다움을 깨닫는다면 그 외국의 도움을 거부하는 데서 생기는 부족분을 보충하고도 남을 것이다.

할당제는 쓸모가 있다 해도 그것은 아주 제한된 것일 뿐이라고 나는 생각한다. 생산자들을 그냥 내버려두면 그들은 그들의 소출을 시장으로 가져올 것이고, 그러면 모두가 현재는 쉽게 구할 수 없는 좋은 곡식을 얻게 될 것이다.

나는 식량위기에 관한 이 간략한 논평을 트루먼 대통령이 미국 사람들에게 했다는 말을 환기시키는 것으로 끝맺으려 한다. 그는 굶주리는 유럽인들에게 매우 필요한 곡식을 비축하기 위해 미국 사람들이 빵을 덜 먹어야 된다고 말했다. 그는 그렇게 함으로써 미국인들이 건강을 잃지는 않으리라고 덧붙였다. 나는 트루먼 대통령의 이 박애적인 행동에 축하를 보낸다. 나는 이 박애적인 행동 뒤에 미국의 금전적인 이득을 끌어내려는 더러운 동기가 있다는 말에 찬성하지 않는다. 사람은 행동에 의해 판단되어야 하며 그것을 촉발시키는 동기로 판단되어서는 안된다. 하느님만이 사람들의 마음속을 알 수 있다. 미국이 굶주리는 유럽을 위해서 금욕할 수 있는데, 우리가 우리 자신을 위해서 금욕하지 못하겠는가? 많은 사람이 굶주림으로 죽어야만 한다면, 적어도 할 수 있는 일은 최선을 다해 했다는 확신이라도 얻도록 하자. 그것이 한 나라를 품위있게 만든다.

궁핍의 시대에

절약을 하는 사람은 그만큼 얻는다. 다시 말해, 그만큼을 생산하는 것이다. 그러므로 가난한 이들을 동정하는 사람들, 가난한 이들과 하나가 되고자 하는 사람들은 자신의 욕구를 줄여야 한다. 방법은 많다. 여기에 몇가지만 언급하겠다.

부자들은 너무나 많은 음식을 먹고 낭비한다. 한번에 한가지 곡식만 사용하라. 채소와 과일 외에 차파티, 쌀, 콩, 우유, 버터기름, 돌설탕, 기름이 보통의 집에서 사용되는 것들이다. 나는 이것이 불건강한 조합이라고 본다. 우유, 치즈, 계란, 고기로 동물성 단백질을 섭취하는 사람은 콩을 쓸 필요는 전혀 없다. 가난한 사람들은 식물성 단백질만을 섭취한다. 부자들이 콩과 기름을 양보한다면, 그들은 동물성 단백질도 동물성 지방도 취하지 못하는 가난한 사람들에게 이 두가지 필수품을 내줄 수 있다. 곡류는 국물에 담가 먹지 말아야 한다. 고기국물에 적시지 않고 마르게 먹으면 절반의 양이면 충분하다. 양파, 당근, 래디시, 샐러드 잎, 토마토 등 생야채와 함께 먹는 것이 좋다. 생채소 1~2온스는 익힌 채소 8온스의 효과가 있다. 차파티 혹은 빵은 우유와 함께 먹지 않아야 한다. 처음부터, 한끼는 생채소와 차파티 혹은 빵, 또 한끼는 익힌 채소와 우유 또는 응유로 해야 한다.

단 음식은 아예 배제해야 한다. 그 대신 돌설탕이나 설탕을 우유나 빵에 조금 넣어 먹거나 따로 먹을 수 있다.

신선한 과일은 먹기엔 좋지만 몸에는 조금만 필요하다. 그것은 값비싼 물건이고, 부자들이 너무 많이 먹어서 그것이 훨씬 더 필요한 가난한 사람과 병든 사람들이 못 먹게 된다.

식사의 과학을 연구한 사람이라면 누구나 내가 제안한 것이 몸에 해를 끼칠 수는 없고 오히려 건강을 증진할 것이 틀림없다고 보증할 것이다.

이것은 식량을 절약하는 한가지 방법일 뿐이다. 명백한 방법이지만 이것만으로는 눈에 띄는 효과를 가져올 수는 없다.

곡식 상인들은 욕심과, 가능한 한 많은 이익을 남기고자 하는 습관을 버려야 한다. 그들은 가능한 한 적은 것으로 만족해야 한다. 그들은 가난한 이들을 위해 곡식을 지키는 사람이라는 신용을 얻지 못하면 약탈의 위험을 감수하게 된다. 그들은 이웃에 있는 사람들과 화합해야 한다.

이 일의 가장 중요한 부분은 마을사람들에게 그들이 가진 것을 지키고 물이 있는 곳이면 어디든 신선한 작물을 경작하도록 교육하는 일이다. 여기에는 광범위한 그리고 현명한 선전이 필요하다. 바나나, 감자, 비트, 얌, 호박도 어느 정도는 쉽게 기를 수 있는 식량작물이라는 것이 널리 알려져 있지 않다. 그런 것들은 필요하면 빵을 대신할 수 있다.

돈도 역시 부족하다. 곡식은 있는데 그것을 살 돈이 없을 수 있다. 돈이 없는 것은 일자리가 없기 때문이다. 이것은 찾아야 된다. 실짓기가 가장 손쉬운 방법이다. 그러나 지역의 필요에 따라 다른 일거리가 있을 수 있다. 가능한 모든 일거리를 개척해야 한다. 게으른 사람만이 굶주릴 것이다. 참을성 있게 다루어 이런 계층도 게으름을 버리게 할 수 있다.

이 상황(식량위기)에서 다음의 것들은 당장에 해야 되는 일이다.

1. 모든 사람은 건강상태에 따라 매일 필요한 음식을 최소한으로 줄여야 한다. 그리고 도시에서, 우유, 채소, 기름과 과일이 있는 곳에서는 곡식과 콩류를 쉽게 줄일 수 있는 만큼 줄여야 한다. 전분은 당근, 방풍, 감자, 얌, 바나나 등에서 얻을 수 있다. 현재의 식사에서 저장할 수 있는 곡식과 콩을 배제하자는 것이다. 채소도 맛이나 즐거움을 위해 먹어서는 안된다. 수백만이 채소를 전혀 맛볼 수 없고 곡류와 콩의 부족으로 기아의 위험을 받고 있다.

2. 어떤 물이라도 이용할 수 있는 사람은 자신을 위해서든 일반적인 용도로든 식용작물을 기르도록 해야 한다. 가장 쉬운 방

법은 깨끗한 흙을 가져다 가능하면 유기비료와 섞어서 — 약간의 마른 소똥도 좋은 유기비료이다 — 아무 질그릇이나 양철통에 담고 겨자나 다닥냉이 같은 채소 씨를 뿌려두고 날마다 물을 주는 것이다. 놀랄 만큼 빨리 싹이 나고, 요리할 필요도 없이 생야채로 먹을 수 있는 잎이 자라날 것이다.

3. 모든 꽃밭은 식용작물을 기르는 데 사용되어야 한다. 이와 관련해서 나는 총독과 높은 관리가 앞장설 것을 제안한다. 나는 중앙과 지방의 농업부서의 우두머리에게 그 지방 언어로 보통사람들에게 무엇을 어떻게 쉽게 기를 수 있는지를 알려주는 전단을 널리 뿌리도록 요청할 것이다.

4. 절감은 민간인들뿐만 아니라 군대에서, 현저하게가 아니라면 똑같이 시행되어야 한다. 현저하게라는 말을 쓴 것은 군대가 엄격한 규율하에 있으므로 절약을 실행하기가 쉽기 때문이다.

5. 씨앗, 특히 기름 짜는 씨앗, 기름, 깻묵, 견과류 등의 수출을 중단해야 한다. 깻묵은 흙과 불순물을 제거하면 단백질 함량이 풍부한 훌륭한 식량이다.

6. 관개를 위해서든 식수를 위해서든 가능하고 필요한 곳이면 어디든 정부가 깊은 우물을 파야 한다.

7. 공무원들과 일반인들이 성심껏 협력한다면 이 나라가 이 어려움을 건너갈 수 있다는 것을 나는 조금도 의심하지 않는다. 겁먹으면 확실히 지게 마련인 것처럼 광범위한 재난이 임박해 있는데 즉각적인 행동을 취하지 않으면 불행을 피할 수 없다. 불행의 원인에 대해서 생각하지 말자. 원인이 무엇이든, 정부와 대중이 이 위기에 참을성 있게 용감하게 대처하지 않으면 재난을 피할 수 없다.

8. 무엇보다도 암거래와 부정직이 완전히 사라져야 하고, 이 위기에 관련해서는 모든 단체들 간의 적극적인 협력이 당연한 일

이 되어야 한다.

식량부족과 인구과잉

인구과잉 때문에 산아제한이 필요하다는 주장이 있다면 나는 그 제안에 반대한다. 그것은 증명된 일이 없다. 내 의견으로는, 적절한 토지제도, 더 나은 농업과 보조적인 산업으로 이 나라는 현재의 두배의 인구라도 부양할 수 있다.

이 지구는 방금 만들어진 장난감이 아니다. 지구는 수백만년의 세월 동안 인구과잉의 무게로 고통을 겪은 일이 없다. 그런데 어째서 피임제를 통해 출산율을 억제하지 않으면 식량부족으로 멸망할 위험에 처한다고 말하는가?

제19장 카디와 실잣기

 카디는 경제적 자유와, 국내 모든 사람들의 평등의 시작을 의미한다. 그것은 그 모든 함축된 의미와 함께 받아들여야 한다. 그것은 전체적인 스와데시 정신상태, 즉 생활필수품 모두를 인도 안에서, 그것도 마을사람들의 노동과 지력(智力)을 통해서 찾겠다는 결심을 의미한다. 마을사람들은 대체로 자립적일 것이고, 그들은 이익을 줄 수 있는 한 기꺼이 인도의 도시들과 바깥세상에까지 도움을 줄 것이다.

 이것은 많은 사람들의 정신상태와 기호(嗜好)에 혁명적인 변화를 요구한다. 비폭력적인 길은 여러 면에서 쉬운 것이지만 또 여러 면에서는 아주 어렵다. 그것은 인도사람 하나하나의 삶에 극히 중대하게 영향을 미치고, 자신 속에 숨겨져 있던 힘으로 빛나는 느낌을 갖게 만든다. 그것은 그가 인도인이라는 대양의 한 물방울로서 자신의 정체성에 대해 자부심을 느끼게 만든다.

 나에게 카디는 인도인의 통일의 상징이고, 경제적 자유와 평등의 상징이며, 따라서 궁극적으로 자와할랄 네루의 시적 표현을 쓰자면 '인도의 자유의 제복'이다.

더욱이 카디 정신은 생활필수품의 생산과 분배의 탈중심화를 뜻한다. 그러므로 지금까지 진화해온 공식에 의하면, 모든 마을이 자신에게 필요한 모든 것과 도시의 필요를 위해 정해진 분량을 더 생산한다는 것이다.

카디의 의미를 설명했으니까 나는 국민회의파가 그것을 촉진하기 위하여 무엇을 할 수 있고 무엇을 해야 되는지 말해야겠다. 카디의 생산은 목화 재배, 따기, 씨 빼기, 씻기, 털 보풀리기, 가늘게 찢기, 실잣기, 치수 재기, 염색, 날줄 씨줄 만들기, 베짜기, 빨기를 포함한다. 염색을 제외하면 이것들은 기본적인 과정들이다. 그리고 그 모든 것은 마을에서 효과적으로 이루어질 수 있다.

국민회의파 사람들은 카디와 관련해서 수행할 역할이 있다. 몇 가지 대체적인 규칙만을 여기에 제시할 수 있다.

1. 땅을 가지고 있는 가족은 모두 적어도 자신의 가족이 사용할 목화를 기를 수 있다. 목화재배는 쉬운 과정이다. 비하르 지방에서는 경작을 하는 사람은 경작지의 3/20에 쪽을 기르도록 법으로 정해져 있다. 이것은 외국의 쪽 재배자의 이익을 위한 것이다. 왜 우리 땅의 일정 부분에 나라를 위해 자발적으로 목화를 기를 수 없는가? 독자는 탈중심화가 카디 과정과 함께 시작된다는 것을 알아차릴 것이다. 오늘날에는 목화 수확물을 모아서 인도의 먼 곳으로 보내고 있다. 전쟁 전에는 주로 영국과 일본으로 보냈다. 목화는 과거에도 지금도 환금작물이고, 따라서 시장의 사정에 따라 변동한다. 카디 계획하에서는 목화재배가 이런 불확실성

과 도박으로부터 자유롭게 된다. 경작자는 자기가 필요한 것을 기른다. 농부는 첫째로 자신의 필요를 위해 농사지어야 한다는 것을 알 필요가 있다. 그렇게 하면 시장가격이 낮아져서 망할 가능성이 줄어들 것이다.

2. 실잣는 사람은 모두 — 자신의 목화를 갖고 있지 않다면 — 씨 빼기를 위한 충분한 목화를 살 것이다. 씨 빼기는 손으로 돌리는 씨아 없이도 쉽게 할 수 있다. 굵은 쇠 굴림막대로 씨를 뺄 수 있다. 이것이 실제적이지 않다고 생각되는 곳에서는 손으로 씨를 뺀 목화를 사서 털을 보풀려야 한다. 자신의 필요를 위한 보풀리기는 별로 힘들이지 않고 할 수 있다. 노동의 탈중심화가 클수록 연장은 더 단순하고 값싸다. 소면(梳綿)이 만들어지면 실잣기가 시작된다.

전 국민이 동시에 실잣기까지의 과정에 참여하는 것의 통일적인, 교육적 효과를 상상해보라! 부자와 가난한 이들 간의 공동의 노동이라는 결속이 갖는 평준화 효과를 생각해보라!

국민회의파가 그 일에 마음을 쏟는다면 연장을 개선하고, 많은 발견을 해낼 것이다. 이 나라에는 노동과 지력(智力) 사이에 괴리가 있고, 그 결과는 정체이다. 그 두가지가 긴밀히 결합되어 있다면, 그것도 여기서 제시된 것 같은 방식으로 결합되어 있다면, 그에 따라 생기는 이익은 측량할 수도 없을 것이다.

희생으로 하는 이 전 국민의 실잣기에서, 나는 평균적인 남녀가 하루에 한시간 이상 할 것을 기대하지 않는다.

물레바퀴의 메시지는 바퀴의 크기보다 훨씬 크다. 그것은 단순함, 인류에 대한 봉사, 남을 해치지 않는 삶, 부자와 가난한 이, 자본과 노동, 왕자와 농부 사이의 긴밀한 결속의 메시지이다.

나는 '이 마지막 사람에게도(unto this last)'라는 구절이 암시하는 것을 지지한다. 우리는 세상이 나에게 해주기를 바라는 것을 이 마지막 사람에게까지 해주어야 한다. 모든 사람이 평등한 기회를 가져야 한다. 기회가 주어진다면 모든 인간은 똑같은 영적 성장의 가능성을 가지고 있다. 그것이 실잣는 물레가 상징하는 것이다.

나는 실잣기만을 가장 적절하고 받아들일 수 있는 희생적 육체노동으로 생각할 수 있다. 나는 그보다 더 숭고하고 전 국민이 할 수 있는 일을 상상할 수 없다. 왜냐하면 날마다 한시간씩 우리는 가난한 이들이 해야 하는 일을 하고, 그렇게 하여 우리 자신과 그들 그리고 그들을 통해 모든 인류를 동일시해야 하기 때문이다. 나는 하느님의 이름으로 가난한 이들을 위해 일하는 것보다 하느님을 섬기는 더 나은 방법을 상상할 수 없다. 실잣는 물레는 지상의 부를 더 고르게 분배하는 것을 의미한다.

나는 손으로 실을 잣고 베를 짜는 일을 되살리는 것이 인도의 경제적·도덕적 쇄신에 가장 큰 기여를 할 것이라고 생각한다. 수백만의 사람들에게 농업을 보완할 단순한 형태의 산업이 있어야 한다. 실잣기는 여러 해 전에는 가내공업이었다. 수백만의 사람이 굶주림에서 벗어나려면 그들은 실잣기를 다시 가정에 도입할 수 있어야 하고, 모든 마을에는 다시 베짜는 사람이 있어야 한다.

인도의 전 인구의 80퍼센트가 자신의 땅에서 일하고 있지만, 그들은 적어도 1년에 4개월은 아무런 일거리가 없으며, 따라서 반(半) 굶주림 상태에 있다. 끊임없이 반복되는 기근은 이 강요된 게으름을 더욱 증가시킨다. 이 사람들이 자기 집에서 쉽게 할 수 있고, 그들의 빈약한 재원에 보탬이 될 수 있는 일이 무엇인가? 그것이 바로 실잣는 일이라는 것을 아직도 의심하는 사람이 있는가?

오두막에서 생산된 실과 천은 비쌀 수가 없다. 가정에서 만든 요리가 비쌀 수 없고, 그것을 호텔의 요리로 대신할 수 없는 것과 마찬가지이다. 인구 2억5,000만 이상이 스스로 실잣기를 하고, 그렇게 만들어진 실로 인접한 곳에서는 베를 짜게 하면 될 것이다. 이 사람들은 땅에 뿌리를 두고 있고 적어도 1년에 4개월 동안 한가한 시간이 있는 사람들이다.

그들이 그 시간에 실을 잣고, 그 실로 베를 짜게 하여 옷을 해 입는다면, 공장에서 만든 옷이 그들의 카디와 경쟁할 수 없다. 그렇게 생산된 옷이 가장 값싼 옷일 것이다.

실잣기의 장점을 말하면,

1. 여가가 있고 약간의 돈이 필요한 사람에게 손쉬운 일거리를 제공한다.
2. 수천명이 알고 있는 일이다.
3. 배우기 쉽다.
4. 실제로 아무 자본이 들어가지 않는다.
5. 물레는 쉽게 값싸게 만들 수 있다. 우리 대부분은 실잣기를 타일 조각 하나와 갈라진 나뭇조각으로도 할 수 있다는 것을 아직 모른다.
6. 이 일에 대해 사람들은 혐오감을 갖고 있지 않다.
7. 기근과 결핍의 시기에 당장의 구제 수단을 제공한다.
8. 이것만이 외국의 천을 사느라고 인도의 부가 밖으로 흘러나가는 것을 막을 수 있다.

9. 그렇게 절약된 수백만루피의 돈을 자동적으로 그것을 받을 자격이 있는 가난한 이들에게 분배할 수 있게 한다.

10. 아주 작은 성공이라도 그만큼의 당장의 수익을 가져온다.

11. 이것은 사람들 사이에 협동을 확보하는 가장 강력한 수단이다.

대중의 병은 돈의 부족이라기보다는 일의 부족이다. 노동은 돈이다. 자신의 오두막에서 수백만을 위해서 위엄있는 노동을 하는 사람은 음식과 옷을 제공하는 것이며, 혹은 같은 것인 돈을 제공하는 것이다. 물레는 그런 노동을 제공한다. 더 나은 대체물이 발견될 때까지, 그러므로 그것이 우위를 차지해야 한다.

게으름은 모든 악의 커다란 원인이며 뿌리이다. 그 뿌리를 파괴할 수 있다면 대부분의 악은 더 많은 노력 없이 치유될 수 있다. 굶주리는 국가에는 희망이나 진취적 기상이 남아있지 않다. 사람들은 더러움과 질병에 무관심해진다. 모든 개혁에 대해서 "무슨 소용인가" 하고 의심한다. 그 절망의 겨울은 오직 생명을 주는 물레를 통해서만 희망의 햇빛으로 바뀔 수 있다.

실잣는 물레는 무에서 유를 만들어내려는 시도이다. 만일 우리가 실잣기를 통해 나라에 6억루피를 절약하게 만든다면 — 확실히 그렇게 할 수 있다 — 우리는 그 거대한 금액을 나라의 수익에 더하는 것이다. 그 과정에서 우리는 자동적으로 마을을 조직하게 된다. 그리고 그 돈의 거의 전부가 가장 가난한 사람들에게 분배되어야 할 것이므로, 그것은 그렇게 많은 부를 정당하고 거의 균등하게 분배하는 방법도 된다. 그런 분배의 거대한 도덕적 가치까지 더하면 물레의 당위성에는 반박의 여지가 없다.

사실 어떤 곳에서는 불가촉천민으로 분류되는 베짜는 사람을 찾아내야 된다. 그들은 주로 아무 무늬가 없는 가장 거친 카디를 짜는 사람들이다. 카디가 주목되어 그들의 기술에 대한 요구가 생겼을 때 이 계층은 이미 빠르게 사라지고 있는 중이었다. 그때 많은 하리잔 가족들이 실잣기로 생계를 꾸리고 있다는 사실이 발견되었다. 그래서 카디는 이중으로 가난한 사람들의 생계수단이 된다. 그것은 가난한 사람들 중에서도 가장 힘없는 하리잔들을 포함해서 가장 가난한 사람들을 돕는다. 다른 사람들이 할 수 있는 많은 일을 하리잔들은 할 수 없기 때문이다.

'계율'을 지키고자 하는 사람에게 나는 실잣는 물레를 제시하겠다. 그것은 경멸할 물건이 아니다. 경험이 중요하기 때문이다. 자신의 열정을 가라앉히고자 하는 사람은 고요히 있을 필요가 있다. 그의 내부에 있는 모든 동요가 그쳐야 한다. 실잣는 물레의 움직임은 조용하고 부드럽기 때문에 성심으로 물레를 돌려본 사람은 그것이 열정을 가라앉힌다는 것을 안다. … 인간의 열정은 바람보다도 빠른 것이어서 그것을 완전히 억누르는 데는 끝없는 참을성이 필요하다. 내가 주장하는 것은 실잣는 물레에서 꾸준함을 키우는 강력한 수단을 발견하게 되리라는 것이다.

실잣기는 수천만의 사람을 협동적인 노력에 함께 참여시킬 수 있고, 수백만의 에너지를 보존하고 활용하며 또 수천만명의 삶을 조국에 대한 봉사에 바치게 할 것이다. 그런 거대한 일을 수행하는 것은 더 나아가 우리에게 우리 자신의 힘을 깨닫게 해줄 것이다. 그것은 우리가 그것이 제시하는 수없이 많은 어려운 문제들과 세부사항들(예를 들어, 잔돈을 모두 셈할 줄 알기, 마을에서 위생적이고 건강한 조건으로 살 줄 알기, 길을 막는 어려움들을 제거하기 등)을 철저히 습득한다는 것을 의미할 것이다. 이 모든 것을 배우지 않는 한 우리는 이 일을 성취할 수 없을 것이기 때문이다. 그렇다면 실잣는 물레는 우리에게 우리 안에 이 능력을 발생시키는 수단을 제공하는 것이다.

수백만을 위한 유일한 보편적 산업은 실잣기이고 다른 아무것도 아니다. 다른 산업이 문제가 되지 않는다거나 쓸모가 없다는 뜻이 아니다. 사실 개별적으로 볼 때 다른 어떤 산업이라도 실잣기보다 더 수익성이 높다. 시계 만들기는 분명히 가장 수익성이 높고 멋진 일이다. 그러나 얼마나 많은 사람이 그 일을 할 수 있는가? 그것이 수백만 마을사람들에게 쓸모가 있는가? 그러나 마을사람들이 그들의 가정을 재건하고, 다시 선조들이 살았던 대로 살기 시작할 수 있다면, 만일 그들이 일 없는 시간들을 잘 이용하기 시작한다면 다른 모든 산업들도 차츰 되살아날 것이다.

물레를 되살리는 일은 애국적인, 똑똑하고 헌신적인 인도인들 한무리가 일심으로 마을에서 물레의 메시지를 확산시키고, 사람들의 빛을 잃은 눈에 희망의 빛을 되살리는 일을 하지 않는 한, 일어날 수 없다. 이것은 협동과 올바른 종류의 성인교육을 향한 거대한 노력이다. 그것은 조용하지만 확실하고 생명을 주는 물레의 혁명처럼 조용하고 확실한 혁명을 가져온다.

20년 동안 물레일을 해온 경험으로 나는 여기서 내가 내세우는 주장이 옳다는 것을 확신한다. 실잣기는 가난한 무슬림이나 힌두교도들에게 거의 똑같은 정도로 도움이 되었다. 거의 5,000만루피가 이 몇십만의 장인들에게 야단스러운 소동 없이 돌아갔다.

그러므로 나는 물레가 어떤 신앙을 가진 사람이든지 우리 모두를 스와라지로 이끌어주리라고 주저없이 말한다. 물레는 마을을 정당한 자리로 되돌려놓고, 높은 사람과 낮은 사람의 구분을 폐지한다.

실잣는 물레는 상업적 전쟁의 상징이 아니라 상업적 평화의 상징이다. 그것은 지구상의 나라들을 향해 나쁜 감정이 아니라 선의와 자조(自助)의 메시지를 담고 있다. 그것은 세계의 평화를 위협하고 세계의 자원을 착취하는 해군의 보호가 필요한 것이 아니라, 수백만명이 지금 집에서 자신들의 음식을 만들듯이 집에서 자신들의 실을 잣겠다는 종교적인 결심이 필요한 일이다. 소극적이거나 적극적인 많은 잘못으로 나는 후손들에게 저주를 받게 될지 모르지만, 물레를 되살리자는 제안을 한 데 대해서는 축복을 받을만하다고 확신한다. 나는 그것에 내 모든 것을 건다. 물레바퀴가 한 바퀴 돌 때마다 평화와 선의와 사랑이 풀려나오기 때문이다.

우리가 (카디와 다른 마을산업을 되살림으로써) 충분히 진화하면, 우리는 대중의 가슴속에 새겨진 단순성과 가정에 대한 애착이라는 이상에 따라 국가적 삶을 재형성할 것이라고 나는 생각한다. 그러면 우리는 지구상의 보다 약한 민족에 대한 착취 위에 건설되는 제국주의와, 평화로운 삶을 거의 불가능하게 만드는 해군력과 공군력의 보호를 받는 현기증 나는 물질주의 문명을 어쩔 수 없이 받아들여야 되는 일은 없을 것이다. 반대로 우리는 그 제국주의를 다듬어서, 자신의 최선의 것을 세계에 주고, 무자비한 힘이 아니라 자기희생으로 지구상의 약한 나라나 인종을 보호하려는 목적으로 뭉쳐진, 국가들의 연방을 만들 수 있을 것이다. 그러한 변화는 오직 실잣는 물레의 완전한 성공 이후에만 올 수 있다. 인도가 두가지의 주된 필요, 즉 식량과 의복에서 자립할 수 있게 됨으로써 유혹에 넘어가지 않고, 따라서 외부로부터의 공격에 맞설 수 있게 되면, 그런 메시지를 전하기에 적절한 나라가 될 수 있다.

한가지 산업(카디)을 되살리고 나면 다른 모든 산업도 따라서 되살아날 것이다. 나는 실잣는 물레를 건전한 마을생활을 일으켜 세우는 기초로 만들 것이다. 나는 물레바퀴를 모든 활동의 중심으로 만들 것이다.

이상은 항상, 특히, 마을의 소생을 위한 수단으로서였고, 그것을 통해 대중들에게 진정한 힘 — 그 자체로서 스와라지를 가져올 힘이 생겨나게 하려는 것이었다.

내 경험에 의하면, 카디가 도시와 마을에 보편적인 것이 되도록 카디는 오직 실과 교환으로만 구할 수 있게 되어야 한다. 시간이 지남에 따라 나는 사람들이 스스로 실을 주고 카디를 사겠다고 고집할 것을 희망한다. 그러나 만일 이런 일이 일어나지 않고, 사람들이 실을 많이 생산하지 않으면, 비폭력을 통한 스와라지는 불가능하지 않을까 걱정된다.

공장과 도시의 증가가 인도의 수많은 민중의 번영에 기여하지 않을 것임은 확실하다. 오히려 그것은 실업자에게 더 심한 가난과, 굶주림에 따라오는 모든 질병들을 가져다줄 것이다. 만일 도시 거주자들이 그런 광경을 편한 마음으로 바라볼 수 있다면 더 말할 것이 없다. 그때 인도에는 진실과 아힘사가 아니라 폭력이 지배하게 될 것이다. 그리고 우리는 자연히 카디를 위한 자리는 없다고 인정할 수밖에 없을 것이다. 그때는 모든 사람에게 군사훈련이 의무로 되고 있을 것이다. 그러나 우리는 굶주리고 있는 수천만명에 관해서 생각해야 한다. 그들을 회복시키려면, 그들이 살게 하려면 실잣기가 중심 활동이어야 하고, 사람들은 자발적으로 실을 자아야 한다.

우리의 일은 아주 소박하게 시작되었다. 내가 카디를 시작했을 때, 마간랄브하이와, 나와 생사를 함께 하기로 한 사람들 외에는 비탈다습하이와 두어명의 자매들만이 나와 함께 있었다. 그 후로 우리는 먼 길을 왔고, 오늘날 약 2,000만명이 물레의 영향하에 들어왔다. 그 물레의 도움으로 우리는 마을사람들에게 많은 돈을 제공할 수 있었다. 그러나 우리는 아직도, 항상 그래왔던 것처럼, 물레 없이 스와라지는 불가능하다고 주장할 수 있는가? 이 주장을 입증하지 않는 한, 물레는 우리가 달리 할 수 있는 것이 없어서 거기에 의지하는 구제 수단에 불과하게 된다. 그렇게 되면 그것은 우리의 구원의 도구가 아닐 것이다.

둘째로, 우리는 수천만의 인도사람에게 우리의 메시지를 전하는 데 실패했다. 그들은 물레가 그들을 위해 무엇을 할 수 있는지도 모르고, 그것에 대한 호기심조차 없다.

국민회의파는 물레를 수용했다. 그러나 기꺼이 그렇게 한 것인가? 아니다. 순전히 나 때문에 그것을 용인한 것이다. 사회주의자들은 대놓고 그것을 조롱했다. 그들은 그것에 반대하는 말을 하고, 글도 많이 썼다. 우리는 그들에게 줄 분명하고 설득력 있는 대답을 갖고 있지 않다. 그들에게 물레가 스와라지로 가는 열쇠라는 것을 확신시킬 수 있기를 내가 얼마나 바라는지! 나는 이 긴 세월 동안 그 주장을 정당화할 수가 없었다.

이제 내가 말하려는 세번째 것은 비폭력이 다른 세상의 것이 아니라는 것이다. 만일 그렇다면 그것은 내게 아무 소용이 없다. 나는 땅에 속해있고 비폭력이 정말로 가치있는 것이라면, 나는 그것을 이 땅 위에서 내가 아직 살아있는 동안에 실현시키고 싶다. 동정심이 있고, 그 밖의 다른 유사한 미덕들이 있는 사회에서가 아니라면 그것이 어떻게 실현될 수 있겠는가?

폭력을 사용하는 사람의 집 응접실은 호랑이 가죽, 사슴뿔, 칼, 총 등으로 장식되어 있을 것이다. 나는 총독의 저택에 가보았고, 무솔리니도 만나보았다. 그 두 집에서 나는 벽에 걸린 무기들을 보았다. 나는 폭력의 상징인 무기로 하는 인사를 받았다.

무기가 폭력을 상징하는 것과 꼭 마찬가지로 물레는 그것을 통해서 가장 직접적으로 비폭력을 실현할 수 있다는 의미에서 비폭력을 상징한다. 그러나 우리가 그 정신에 따라서 일하지 않는 한 그것은 비폭력을 상징할 수 없다. 무솔리니의 홀에 있는 칼은 "나를 건드리면 당신을 베겠다"라고 말하는 것 같았다. 그것은 생생한 폭력의 모습을 보여주었다. 그것은 칼을 만져보고 그 힘을 깨달으라고 청하는 것 같았다. 그와 같이, 물레를 바라보기만 해도 비폭력을 인식할 수 있도록 우리는 물레의 힘을 설명해야 한다. 그러나 오늘 우리는 파산했다. 우리는 사회주의자들에게 뭐라고 대답할 것인가? 그들은 우리가 몇년 동안 물레 이야기를 되풀이 해왔지만 아무것도 이루지 못했다고 말한다.

물레는 무슬림 통치하에서도 있었다. 다카는 그곳에서 생산된 모슬린 천으로 유명했다. 그때 물레는 비폭력이 아니라 가난의 상징이었다. 왕이 여자와 최하층민들에게 강제노동을 시켰다. 나중에 똑같은 일이 동인도회사에 의해 반복되었다. 오랜 세월 동안 물레는 그렇게 폭력과 무력 사용과 강제의 상징이었다. 실잣는 사람들은 곡식 한줌이나 잔돈 두푼밖에 받지 못하는 반면, 궁궐의 귀부인들은 착취된 노동의 산물인 최고급 모슬린을 사치스럽게 휘감고 다녔다.

이것에 대한 반대로서 나는 물레를 비폭력의 상징으로 제시했다. 만일 아직도 이것을 분명히 하지 못했다면, 그것은 내 잘못이다. 알다시피 나는 몸이 자유롭지 못하고 느리게밖에 움직이지 못한다. 그러나 지금까지 해온 일이 쓸모없는 것이 아니었다고 나는 믿는다.

이제 네번째의 요점으로 넘어가겠다. 우리는 아직 물레 없이는 스와라지가 있을 수 없다는 점을 증명하지 않았는데, 국민회의파가 납득하지 않고는 그것이 증명될 수 없다. 물레와 국민회의파가 동의어가 되어야 한다.

비폭력의 우월성을 증명하는 것은 어려운 일이다. 그 진실을 깨달으려면 그 깊이를 헤아려보아야 한다. 세상이 나를 시험할 것이다. 세상은 물레에 대해 황당한 이야기를 하는 나를 바보라고 말할 것이다. 여러 세기 동안 가난과 무기력, 불의, 강제노동의 상징이었던 물레를 이제 새로운 사회질서, 새로운 경제의 강력한 비폭력적 힘의 상징으로 만드는 일은 우리의 어깨에 지워진 짐이다. 우리는 역사를 바꾸어야 한다. 그리고 나는 당신들을 통해서 그 일을 하고자 한다.

나는 당신들이 내가 말하는 것을 따르기를 희망한다. 그러나 그

럼에도 물레가 스와라지를 성취할 힘을 가지고 있다는 것을 당신들은 믿지 않는다면 나를 떠나라고 요청할 것이다. 당신은 지금 갈림길에 서있다. 만일 당신들이 신념 없이 계속해서 나와 함께 있다면 당신들은 나를 속이는 것이고, 이 나라에 큰 잘못을 저지르는 것이다. 인생의 말년에 있는 나를 속이지 말라고 부탁하고 싶다.

지금까지의 우리 일의 결함에 대한 책임은 나에게 있다. 내가 그 결함을 의식했을 때도 내가 우두머리인 채로 있었으므로 잘못은 나의 것이다. 그러나 지난 것은 잊어버리자. 지금 우리는 정직하게 물레가 비폭력의 상징이라고 믿고 있는가? 우리 중 얼마나 많은 수가 진심으로 그렇게 믿는가?

지금 우리는 3색 국기를 가지고 있다. 그것이 특정한 길이와 폭을 가진 카디 조각이 아니고 무엇인가? 당신은 그 자리에 다른 조각을 갖다 둘 수도 있다. 그러나 그 카디 천 뒤에는 당신의 느낌이 들어있다. 그것은 스와라지의 상징이요, 나라의 해방의 상징이다. 우리는 그것을 잊을 수 없다. 우리는 그것을 제거하지 않을 것이다. 우리는 그것을 위해 죽을 준비가 되어있다. 그처럼 물레도 비폭력의 상징이 되어야 한다.

비폭력의 상징으로서 물레는 경제영역에서는 무엇을 의미하는가? 그것을 자급자족으로 불러도 좋고, 다르게 불러도 좋다. 나라의 재건과 자급자족의 이름으로 서구에서는 수백만이 피를 흘렸고, 다른 나라들에서도 마찬가지였다. 우리 것은 그런 형태의 자급자족이 아니다. 물레는 착취와 지배를 제거하는 길이다. 나는 말보다는 사물 자체에 관심이 있다.

우리는 신(神)이 형상이 있느냐 없느냐 하는 우리 종교의 논쟁에 대해 잘 알고 있다. 형상이 있다고 믿는 사람들은 상징을 통해 신을 숭배하는 쪽을 더 좋아한다. 그러니까 비폭력을 이상으로서 추구하려면 물레를 그 진정한 형상이며 상징으로 인정하고 늘 보이는 곳에 두어야 한다. 나는 비폭력을 생각할 때마다 물레의 모습이 떠오른다. 우리는 비폭력을 추상적으로 가시화할 수 없다. 그래서 우리는 형태가 없는 것을 상징할 수 있는 대상을 선택한다. 내게는 물레가 그것이며, 그래서 나는 그것을 섬긴다. 나의 물레 숭배의 뒤에 있는 이 정신을 이해하고 받아들이지 않는 한, 당신은 백년이 걸려도 비폭력에 대한 이해를 얻지 못할 것이다. 내가 물레에서 발견하는 그 비폭력의 능력은 나와 같은 마음을 가지고 접근할 때에만 알아볼 수 있다. 그래서 나는, 나를 따르든지 아니면 나를 떠나라고 말하는 것이다. 당신이 나와 함께 가고자 한다면, 나는 계획을 제시하고, 가능한 모든 일을 할 것이다. 만일 당신이 내가 뜻한 바를 이해하지 못했다면, 나는 하루 종일이라도 앉아서 당신과 그것에 대해 얘기를 할 준비가 되어있다. 그러나 당신이 내가 의미하는 바를 이해하지 못했으면서 이해했다고 말한다면, 당신은 나와 당신 자신을 속이는 것이다. 우리는 이익을 내기 위한 기구가 아니다. 우리는 빵과 물고기를 추구하지 않는다. 우리가 나라에 봉사할 수 있는 분야는 수없이 많다. 그렇다면 왜 이 일에 남아서 거짓된 깃발 아래 항해를 하는가? 제발 환상을 가지고 나와 함께 머물지 말라. 나 혼자 내 길을 가게 하라. 그러나 나 자신이 환상에 빠져있고, 물레에 대한 나의 믿음이 우상숭배에 불과하다는 것이 발견된다면, 물레와 함께 나를 불태워버려도 좋고 아니면 내가 내 손으로 물레를 태워버리겠다.

만일 물레를 위한 우리의 모임이 없어져야 한다면 우리 손으로 그것을 없애버리자. 그렇게 하면 우리의 모든 투쟁도 끝날 것이다. 그러면 한동안 우리를 난관의 미로 속에 있게 했던 물레는 그것을 믿는 소수의 사람 손에 남을 것이고, 그들의 손에서 막강한 무기로 밝혀질지도 모른다. 만일 당신들이 그것을 순전히 어리석은 짓이라고 본다면, 나는 바보들의 모임을 운영하면서 이 나라의 격을 떨어뜨리려는 야망은 없다. 그러나 다른 한편으로 당신들이 물레를 통해서 비폭력을 증명할 수 있다면, 그것은 그저 앞으로 나아가는 것이 아니라 돌진해 나아갈 것이다. 그러면 당신들은 그것의 명맥을 유지하는 것에 대하여 걱정할 필요가 없을 것이다.

다시 말하건대, 당신들은 나를 두고 떠나거나 내가 한 말을 이해하고 나를 따르라. 나는 2년간의 참회·사색 후에 이 새로운 생각을 가지고 당신들에게 왔다. 나는 내 생각을 전달하는 데 성공했는지 모른다. 만일 내가 확신을 줄 수 있었다면 한가지 일을 해주길 바란다. 당신들 중에 나와 함께 남고자 하는 사람은 오늘부터 물레를 비폭력의 상징으로 본다고 글로 써서 나에게 주길 바란다. 당신은 오늘 결정을 해야 한다. 만일 당신이 물레를 비폭력의 상징으로 보지 않거나 볼 수 없으면서 나와 함께 남는다면, 당신은 그렇게 함으로써 스스로 난처한 지경에 있게 되고, 또 당신과 함께 나를 끌어내리는 셈이다.

카디의 한시대는 끝났다. 카디는 가난한 이들의 이익을 위해 무언가를 성취했다. 이제 우리는 가난한 이들이 어떻게 자활할 수 있는지 보여주어야 한다.

나는 우리가 물레의 메시지를 모든 가정에 전달하지 않는 한 우리의 일은 불완전할 것임을 알았다.

물레는 비폭력적인 경제적 자급자족의 상징이다. 우리와 사람들이 물레의 이런 의미를 이해한다면, 물레를 위한 선전에 동전 하나도 쓸 필요가 없다. 또 부자들이 보시를 하지 않나 하고 쳐다볼 필요도 없다. 우리는 노력하지 않고도 희망의 중심이 될 것이며, 사람들은 스스로 우리에게 올 것이다. 그들은 일거리를 찾아 다른 곳에 가지 않을 것이다.

각 마을은 독립된 인도의 신경센터가 될 것이다. 그러면 인도는 봄베이나 캘커타 같은 도시에 의해 알려지는 것이 아니라 70만 마을에 살고 있는 4억 인구에 의해 알려질 것이다. 힌두와 무슬림의 차이, 불가촉천민, 갈등, 오해, 경쟁 등의 문제는 모두 녹아 없어질 것이다. 이것이 물레를 중심으로 한 우리 모임의 진정한 기능이다. 우리는 그것을 위해 살고 죽어야 한다.

물레의 추구가 마을산업, '나이탈림' 등 많은 다른 활동의 주된 원천이 되어야 한다. 우리가 물레를 현명하게 채택할 수 있으면 다시 한번 우리 마을들의 경제생활 전체를 되살릴 수 있다.

지금 나는 카디만으로는 마을을 되살릴 수 없다고 느낀다. 마을의 향상은 마을생활 전체가 원기를 회복하게 만들고, 마을산업들을 모두 되살리고, 마을 전체가 부지런해져야만 가능하다.

카디는 단지 생계를 벌기 위한 직업이나 기술이 아니다. 우리들 중 누구도 그런 생각을 가져서는 안된다.

우리가 카디를 내세우는 이유는 그것이 사람들을 무기력과 무관심이라는 질병으로부터 회복시키는 유일한 방법, 사람들 속에 자유를 위한 힘을 발생시키는 유일한 방법이기 때문이다. 다른 기술들도 그렇게 되살아나면 우리의 마을들은 자급자족하고 자신감을 갖게 될 수 있을 것이다.

그러나 무엇보다도 우리가 증명해야 할 것은 튼튼한 비폭력적인 마을경제를 일으켜 세우기 위해 카디가 필요하다는 점이다.

그러나 진정한 축하를 할 때는 독립과 비폭력의 상징인 물레 돌아가는 소리가 모든 집에서 들려나올 때이다. 소수의 사람만이, 혹은 많은 수라 하더라도 가난한 여자들만이 푼돈을 벌기 위해 실을 잣는다면 그들에게 축하가 무슨 의미가 있으며, 그것이 무슨 성취가 될 수 있는가? 그것은 독재적 지배하에서도 일어날 수 있는 일이고, 오늘날 자본이 지배하는 곳에서도 볼 수 있다. 백만장자들은 자선으로 유지된다. 그들은 가난한 이들에게 조금씩 나누어준다. 임금의 형태로 줄 수도 있다.

부자와 가난한 이들이 함께, 하느님의 눈으로 보면 모두가 평등하며, 각자는 자기 자리에서 노동으로 양식을 벌어야 하며, 모두의 독립은 총과 화약이 아닌 손으로 자은 실을 감은 방추형의 총알에 의해, 즉 폭력이 아니라 비폭력에 의해 보호되리라는 것을 이해할 때에만 진실로 축하를 할만한 것이다.

만일 30억루피 상당의 천이 마을들에서 마을사람들 자신의 손으로 생산된다면, 이것이 인도에 어떤 부를 가져다줄지 생각해보라. 이것은 마을사람들에게 정말로 막대한 부가 될 것이며, 만일 카디가 보편적으로 된다면 마을들은 무한히 높아질 것이다. 오늘날 우리의 대중은 가난에 찌들어 있고, 눈에는 희망이나 지성의 빛도 없다. 실잣는 사람의 손만이 그들에게 이 기적을 만들어줄 수 있고, 누구든 도울 수 있다. 카다르 천이 비록 거칠지만 그 아름다움을 알아보고, 진정한 의미에서의 헐벗음을 결코 감출 수 없는 공장에서 나온 고운 천에 홀리지 않으려면, 사물을 제대로 이해할 수 있는 마음과 눈을 가져야 한다. 헐벗음을 가리고 배고픔을 몰아내는 유일한 방법은 사람들 스스로 양식을 기르고 옷을 만드는 것이다. 이 행복한 일이 성취된다면 전세계가 인도를 주목할 것이다.

활발하게 활동하는 실잣는 사람들 앞에서 다른 모든 것은 나에게 생기 없고 지루하게 느껴진다. 당기는 실 한올마다에서 나는 나의 라마신(神)이 춤추는 것을 보기 때문이다. 나는 그 속에서 스와라지를 본다. 4억의 손이 당기는 실의 힘을 생각할 때 내 마음은 환희로 가득 찬다. "아, 하지만 인도사람 2억은 실잣기를 하지 않을 겁니다"라고 당신은 말한다. 그 가능성을 믿으려 하지 않는 것이 우리의 무지와 신념 부족의 표시가 아닐까? 인구의 절반이 하루에 한시간씩 실잣기를 할 것을 기대하는 것이 불가능한 일인가? 만일 고국을 위해서 그만큼의 희생을 할 능력도 없다면, 우리의 나라 사랑은 무슨 값어치가 있겠는가?

제20장 그 외 마을산업

왜 마을산업인가

나는 1920년, 스와데시운동을 시작하기 전날 저녁 파잘브하이와 했던 대화를 회상한다. 과연 그답게 그는 이렇게 말했다. "만일 당신네 국민회의파가 우리의 광고 대행자가 된다면 우리 물건에 웃돈을 붙이고 우리 제품의 가격을 올리는 것 외엔 이 나라에 아무런 도움을 주지 않을 것입니다." 그의 주장은 건전한 것이었다. 그러나 그에게 내가 나는 손으로 실을 자아 손으로 짠 카디를 권장할 것이라고 알려주자 그는 당황했다. 카디는 애석하게도 무시되어왔는데, 일자리가 없고 굶주리고 있는 수많은 사람들이 도움을 받으려면 카디를 되살리는 것이 필요하다.

그러나 힘겹게 애쓰고 있는 산업은 카디만이 아니다. 그러므로 나는 당신들이 오늘날 대중의 지원이 필요한 모든 소규모의, 덜 중요한, 조직되어 있지 않은 산업들에 주의와 노력을 기울일 것을 제안한다. 그들을 위해 아무런 노력도 하지 않는다면 그들은 사라져버릴 수도 있다. 그들 중 일부는 시장에 생산품을 쏟아붓는 대규모 산업체들에게 밀리고 있다. 당신들의 도움을 애타게 구하는 것은 이들이다.

나는 우리가 소규모 산업들을 도우면 나라의 부를 보태게 된다는 데 대해 조금의 의심도 없다. 나는 또 진정한 스와데시는 이들 가내공업들을 북돋우고 되살리는 것임을 조금도 의심하지 않는다. 그것만이 말없는 다수를 도울 수 있다. 그것은 또 사람들에게 창의력과 재주를 발휘할 기회를 제공한다. 그것은 또 일자리가 필요한 이 나라의 수많은 젊은이들을 유용하게 고용할 수 있다. 그것은 현재 그냥 낭비되고 있는 모든 에너지를 이용할 수 있다. 나는 그보다 수입이 좋은 일자리에 있는 사람들이 일을 그만두고 이런 일을 하기를 바라지는 않는다. 나는 일자리 없이 가난으로 고통을 받는 사람들에게 이런 일들을 택해서 약간의 수입이라도 보태라고 말할 것이다.

그러므로 내가 제시한 행동의 변화는 주요 산업들의 이익과 전혀 갈등을 일으키지 않을 것이다. 나는 오직 공무원인 당신들에게 당신들의 활동을 군소 산업들에 제한하고, 주요 산업들은 현재 하고 있는 대로 해나가도록 두라는 것만 말하고자 한다. 내가 생각하는 군소 산업들은 주요 산업들을 대신하지 않고, 그들을 보완할 것이다.

우리는 쓸데없이 섬유, 설탕, 쌀 도정공장 등을 돕는다고 나서서, 마을의 실잣는 물레와 베틀 그리고 그것들이 생산하는 카디, 마을의 사탕수수 착즙기, 그 산물인 비타민과 영양이 풍부한 당밀 또 손으로 찧은, 그래서 비타민이 많은 과피가 남아있는 현미 등을 죽여버릴 수가 있다. 그러므로 우리의 분명한 의무는, 마을의 물레와 마을의 사탕수수 착즙기, 마을의 정미소 들을 유지할 수 있는 가능성을 알아보고, 그 상품들을 광고하고, 그들의 질을 발견하고, 일하는 사람들의 환경과, 동력에 의한 기계로 대체되는 노동자의 수를 확인하고, 그것들을 마을다운 특성을 유지하면서 개선할 수 있는 방법을 발견함으로써 그들이 공장과의 경쟁에서 버틸 수 있게 하는 일이다. 우리는 범죄라고 할 만큼 얼마나 끔찍하게 그들을 소홀히 했는가! 여기에 직물이나 설탕, 쌀 도정공장에 대한 반감은 전혀 없다. 같은 종류의 외국 산품보다 국산품을 써야 한다. 만일 그것들이 외국으로부터 온 것과의 경쟁으로 사멸할 위험에 처한다면 그들을 지원해야 한다. 그러나 그럴 필요가 없다. 그들은 외국의 경쟁이 있어도 번성하고 있다. 필요한 것은 마을산업과 그 일을 하는 사람들을, 동력을 사용하는 기계들에 의한 궤멸적인 경쟁으로부터 보호하는 일이다. 카디, 당밀, 손으로 도정한 쌀은 고유의 가치가 있는 것이 아니어서 없어져야 하는 것일 수도 있다. 그러나 카디를 제외하고는 내가 아는 한, 사탕수수 압착과 쌀 찧기로 생계를 벌고 있는 수만명의 사람들의 운명에 대해 알리고 하는 노력은 조금도 이루어지지 않았다.

내가 조직된 산업들을 배제한 것은 그것들이 스와데시가 아니어서가 아니라, 그들에게는 특별한 지원이 필요하지 않기 때문이다. 그들은 스스로 일어설 수 있고, 현재 우리의 각성 상태에서도 쉽게 시장을 확보할 수 있다.

간단히 말하면, 우리가 사용하는 물건들은 마을에서 생산된 것에 국한해야 한다. 그 제품들은 조잡할지 모른다. 우리는 그 물건들의 품질이 개선되도록 유도해야 하며, 외국산 물건이나 도시의 큰 공장에서 생산된 물건보다 못하다고 해서 그것들을 배척해서는 안된다. 다시 말해서, 우리는 마을사람들의 예술적 재능을 일깨워야 한다. 이런 방법으로 우리는 우리가 그들에게 지고 있는 빚을 어느 정도 갚아야 한다. 그런 노력에서 성공할 수 있을까 하는 생각으로 겁먹을 필요는 없다. 나라의 발전에 꼭 필요한 일인 줄 알기에 우리가 맡은 일의 어려움으로 좌절하지 않았던 여러 사례들을 우리는 회상할 수 있다. 그러므로 만일 우리가 개인으로서 인도의 마을들을 되살리는 것이 우리 생존에 꼭 필요한 일이라고 믿는다면, 그리고 오직 그것에 의해서만 우리가 불가촉천민이라는 계급을 없애고, 소속 종교나 공동체에 상관없이 모두가 하나라고 느낄 수 있다고 믿는다면, 우리는 마을이 도시를 흉내 내게 할 것이 아니라 마을이 우리 삶의 기본 틀이 되게 해야 한다.

만일 이것이 올바른 태도라면, 우리는 저절로 자신으로부터 시작하여, 예컨대 공장에서 생산된 종이 대신 손으로 만든 종이를 쓰고, 가능하다면 만년필이나 펜 대신 마을의 갈대를, 큰 공장이 아니라 마을에서 만든 잉크를 쓰기 시작할 것이다. 이런 예는 얼마든지 댈 수 있다. 우리가 일상생활에서 쓰는 것 중에 마을에서, 과거에는 물론 지금도, 만들지 못하는 것은 거의 없다. 잘 생각하여 그런 것에 주의한다면 우리는 당장에 수백만루피를 마을사람들 손에 쥐어줄 수 있지만, 현재는 마을사람들을 착취하기만 하면서 거의 아무것도 돌려주지 않고 있다. 이 비극의 진행을 멈출 때가 되었다.

조금씩 조금씩 마을사람들은 땅을 긁적여 그날 벌어 그날 먹는 생활에 갇혀 지내고 있다. 인도에서 소규모의 고르지 않은 땅에서 하는 농사가 수지가 맞지 않는다는 사실을 아는 사람들은 별로 없다. 마을사람들은 활력이 없는 삶을 살고 있다. 그들의 삶은 느린 기아의 과정이다. 그들은 빚에 눌려 지내고 있다.

마을산업을 없애버리면 인도의 70만 마을을 완전히 멸망시킬 것이다.

해야 할 일에 비해 일손이 너무 부족할 때 기계화는 좋은 것이다. 하지만 인도의 경우처럼 일에 필요한 것보다 더 많은 일손이 있을 때는 그것은 악이다.

공장에서 만들어진 천이 마을사람들의 일거리를 뺏는다면, 도정공장과 제분공상은 수천명의 가난한 여자들의 일을 빼앗을 뿐만 아니라 전체 인구의 건강을 해치기도 한다. 사람들이 고기를 먹는 데 반대하지 않고 고기를 먹을 여유가 있는 곳에서는, 흰 밀가루와 흰쌀이 해를 끼치지 않을지 모른다. 그러나 고기를 먹는 데 대해 반대하지 않더라도 고기를 먹을 수가 없는 경우가 허다한 인도에서는, 전곡 밀가루와 현미에 들어있는 주요 영양성분을 사람들에게서 빼앗는 것은 죄악이다. 의사와 그 밖의 다른 사람들이 힘을 합해 흰 밀가루와 백미를 먹는 데 따르는 위험을 사람들에게 알려야 할 때다.

마을사람들에게 일거리를 주는 것은 기계화를 통해서가 아니라 그들이 지금까지 해왔던 산업들을 되살리는 일을 통해서 해야 한다.

그러므로 '전 인도 마을산업 연맹'의 과업은 현존하는 산업을 장려하고, 그것이 가능하고 바람직한 경우에, 죽어가는 혹은 이미 죽어버린 마을산업을 마을의 방식으로, 즉 마을사람들이 아득한 옛날부터 해온 것처럼 집에서 일을 하는 방식으로 되살리는 것이다. 이런 단순한 방법들은, 손으로 하는 목화씨 빼기, 보풀 일으키기, 실잣기, 베짜기가 개선된 것처럼 상당히 개선될 수 있다.

카디는 마을이라는 태양계 내의 태양이다. 행성들은 카디로부터 열과 자양분을 얻는 대신 카디를 지원할 수 있는 여러 산업들이다. 카디 없이는 다른 산업들이 자랄 수 없다. 그러나 지난번의 여행 동안에 나는 다른 산업들이 되살아나지 않으면 카디는 더 진보할 수가 없다는 사실을 발견했다. 마을사람들이 그들의 여유시간을 유익하게 쓸 수 있으려면, 마을의 모든 분야에 개선의 손길이 닿아야 한다.

마을사람들은 게으름으로 영원히 국내외 착취자들의 먹이가 된다. 착취자들이 누구건 간에 마을사람들의 상태는 똑같아지고, 그들은 스와라지를 가질 수 없다. 그래서 나는 나 자신에게 "이 사람들에게 무언가 다른 일을 하도록 말해보자. 만일 그들이 카디에 관심이 없다면 그들의 조상들이 하던 일로서 근래에 와서 사라진 다른 일을 하게 하자"고 말했다. 일상적으로 사용하는 것으로 불과 얼마 전까지도 스스로 만들었지만, 이제는 외부세계에 의존하고 있는 물건들이 많이 있다. 소도시에서 사람들이 늘 쓰는 것들 중에 전에는 마을에서 생산했지만 이제는 도시에서 생산하는 것들이 많이 있다. 마을사람들이 여유시간을 쓸모있는 일에 바치기로 결정하고 소도시 사람들이 마을의 생산품을 사용하기로 하는 순간, 마을사람들과 소도시 거주자들 사이의 끊어진 연결이 복원될 것이다.

나는 도시 거주자들에게 마을로 가서 살라고 요구하는 것은 아니다. 그러나 나는 그들에게 마을사람들의 당연한 몫을 돌려주라고 부탁하고 싶다. 마을사람한테서가 아니면 도시 거주자는 원재료 한가지라도 얻을 수 있는가? 그렇다면 마을사람 스스로 그 원재료를 가지고 일을 하도록 가르쳐야 하지 않겠는가? 과거에 그들은 그렇게 했고, 지금도 외부로부터의 착취적 침탈만 없으면 그렇게 할 것이다.

우리는 마을사람들이 우선 자립해야 하고, 그 다음에 도시 거주자들의 필요에 응할 수 있다는 점을 알아야 할 것이다.

다른 마을산업들은 카디의 시녀와도 같다. 그들은 카디 없이는 존재할 수 없고, 그들이 없으면 카디는 위엄을 유지할 수 없다. 마을경제는 손으로 하는 제분, 곡식 찧기, 비누 만들기, 종이 만들기, 성냥 만들기, 무두질, 기름짜기 등 필수적인 마을산업 없이는 완전할 수 없다. 국민회의파는 이런 것들에 관심을 가질 수 있고, 만일 그들이 마을사람이거나 마을에 정착할 것이라면 이런 산업에 새 생명과 새로운 모습을 줄 것이다. 모두가 가능하다면 언제나 마을 물건만을 사용해야 한다. 요구가 있으면 우리에게 필요한 것 대부분을 우리 마을들이 공급할 수 있다는 것은 의심의 여지가 없다. 우리가 마을 중심의 사고방식을 갖게 되면, 우리는 서양 흉내 내기나 기계제품들을 원하지 않고, 빈곤과 굶주림, 게으름을 알지 못하는 새로운 인도의 비젼에 걸맞는, 진정으로 국민적인 취향을 발전시키게 될 것이다.

마을산업 되살리기는 카디를 위한 노력의 확장에 불과하다. 서양에도 수직물, 수제품 종이, 손으로 찧은 쌀, 집에서 만든 빵과 잼 등이 있다. 다만 그곳에서의 그 중요성은 인도에서의 중요성의

1/100도 되지 않는다. 그것들을 되살리느냐 못하느냐가 우리에게는 마을사람들의 삶과 죽음을 의미하기 때문이다. 기계의 시대가 온갖 일을 할 수 있어도 무차별적인 기계 도입으로 쓸모없게 된 수많은 사람들에게 일자리를 주지는 못할 것이다.

우리 모두는 물레가 비폭력적인 경제적 자급자족의 상징이라는 것을 확신해야 한다.

물레는 마을산업들이나 '나이탈림' 등 여러 다양한 활동의 근원이 되어야 한다. 만일 우리가 현명하게 물레를 채택할 수가 있다면 우리는 다시 한번 우리의 마을 전체 경제생활을 되살릴 수 있다.

나는 물레를 마을 일으켜 세우기의 중심으로 본다. 덧붙여서, 일꾼은 자신의 마을에서 기타 어떤 마을산업이 잘될 수 있을지 살펴야 한다. 그중에서 첫째는 숫송아지를 사용한 기름짜기이다. 마간와디에서 지금 과학적으로 개량된 그 기술을 우리의 일꾼은 알아야 할 것이다. 새로 도입될 수 있는 또다른 산업은 수제 종이이다. 전국에 종이를 공급하는 것이 아니라 마을이 자급자족하고 약간의 수익을 벌 수 있게 하기 위해 이것을 배워야 한다.

기름과 수제 종이 다음에는 모든 마을에 꼭 필요한 맷돌을 되살려야 한다. 그러지 않으면 몇년 동안 내게 불안을 주었던 제분공장이 우리의 운명이 될 것이다. 쌀에 관해서도 마찬가지이다. 우리는 마을사람들이 손으로 쌀 찧기가 습관이 되게 해야 한다. 공장에서 나오는 백미는 건강에 해롭다는 것이 잘 알려진 사실이기 때문이다.

마을일꾼은 마을 전체를 건설하는 데 대한 전반적인 지식을 습득해야 한다. 마을에는 얼마간의 바느질 일, 대장간 일, 목수일, 가죽 일, 농사 등이 있을 텐데, 마을일꾼은 이 다양한 일을 하는 사람들이 협동하여 전체의 조화로운 부분으로서 봉사하도록 만들어야 한다.

이제 우리는 전반적인 마을 일으켜 세우기라는 목표를 가지고 그 일을 새롭게 해야 한다. 우리가 얼마나 멀리 갈 수 있는지 보자. 이 변화 때문에 우리의 현재의 활동이 지체되거나 한동안 아주 불가능하더라도 상관없다. 우리는 사람들 사이에 카디에 대한 어떤 정서를 만들어내었다. 그러나 혹시 우리가 카디의 중요성에 대해 사람들에게 말한 것 속에 어떤 잘못이 있다면 우리는 잠시 중단해야 한다. 만일 우리가 잘못된 주장을 했다면, 우리는 공개적으로 우리의 잘못을 말하고, 우리의 주장을 취소해야 한다.

나는 도시 거주자들에게 그들 나름의 카디를 생산하라고 요구할 것이다. 나는 그들에게 바로 카디를 제공하고자 하는 유혹을 떨쳐버릴 것이다. 우리는 마을에 가서 정착할 것이다. 일꾼들이 이 변화 때문에 우리를 떠나고 싶어 하면 그들을 보낼 것이다. 우리의 머리와 마음이 이 정도로 전환되지 않는다면 우리는 바라는 결과를 얻을 수 없다. 우리의 일을 가능한 한 분산화함으로써 우리는 나날의 카디일로부터 자유롭게 될 것이다. 그런 후에 우리의 에너지와 주의를 다른 활동이나 우리가 정착한 마을 이웃에서 진행되고 있는 산업에 집중할 것이다. 오직 그때에만 우리 일의 진정한 실체가 실현될 것이다. … 오늘 우리의 주된 관심사는 이 일을 위한 기초를 가능한 한 깊이 놓는 일이 되어야 한다.

나는 농업, 소 기르기, 그 외 모든 마을산업들을 부흥시키는 것을 통해 사람들의 상태를 개선시킬 방법과 수단을 생각하고 있다. 내가 여섯 마을에서만 성공한다 해도 내 문제는 해결된 것이다. 부분에서 이루어진 일이 전체에서도 일어날 것이기 때문이다.

자신에게서부터 시작하라

통신원들은 편지로, 혹은 직접 친구들을 찾아와서 마을산업 일을 어떻게 시작할지, 무엇을 처음에 할지 묻는다.

명백한 대답은 "당신 자신에서부터 시작하고 당신이 제일 하기 쉬운 일을 처음에 하라"는 것이다.

그러나 사람들은 이 대답에 만족하지 않았다. 그래서 좀더 설명을 하고자 한다.

각자는 음식, 옷 등 자신이 날마다 쓰는 물건들을 검토하여 외국산이나 도시에서 만든 물건을 마을사람들이 집이나 밭에서 쉽게 다루고 고칠 수 있는 값싸고 단순한 연장으로 생산한 것들로 바꿀 수 있다. 이렇게 하는 것만도 그 자체가 크게 가치 있는 교육이요, 확실한 첫걸음이 된다. 그 다음 단계는 저절로 열릴 것이다. 예를 들어, 이 일을 시작하는 사람이 지금까지 봄베이의 공장에서 만든 칫솔을 사용하고 있었다고 하자. 그는 그것을 마을의 칫솔로 바꾸고 싶다. 그는 고무나무 가지를 사용하라는 권고를 듣는다. 그의 이가 약하거나 이가 없다면 나뭇가지의 한쪽 끝을 단단한 표면에 놓고 둥근 돌이나 망치로 으깬다. 다른 쪽은 칼로 갈라서 쪼개진 부분을 혀 긁는 것으로 쓴다. 그는 이 칫솔이 값싸고 공장에서 만든 비위생적인 칫솔보다 훨씬 깨끗하다는 것을 알게 될 것이다. 도시에서 만든 치분(齒粉) 대신 그는 깨끗한 곱게 간 목탄과 깨끗한 소금을 같은 양으로 섞어 사용할 것이다. 그는 공장에서 나온 천을 손으로 짠 카디로 바꿀 것이고, 도정공장의 쌀 대신 손으로 찧은 현미를, 백설탕 대신 마을에서 만든 돌설탕을 쓸 것이다. 이것을 나는 단지 예로 든 것뿐이다. … 이 문제를 나와 의논한 사람들이 언급한 어려움들을 덜어주기 위해서.

낙농

우리 소들의 비참한 상태의 유일한 원인은 범죄라고 할 정도의 무관심이다. 소 보호소는 우리의 자비심에서 나온 대책이지만, 자비를 제대로 실천하지 못하고 있다. 그것들은 모범적인 낙농상으로서 이익이 나오는 국가기관이기는커녕 노쇠한 소들을 수용하는 곳일 뿐이다. 소를 보호한다는 종교를 내세우면서 우리는 소들을 노예로 만들고, 우리 자신도 노예가 되었다.

이상적인 '고샬라'[19])는 거기서 키우는 소에서 나온 값싸고 건강에 좋은 우유와, 도살한 소가 아니라 죽은 소의 가죽으로 만든 값싸고 오래가는 신발을 공급할 것이다. 그런 고샬라는 도심이나 도시에 인접한 곳의 1~2에이커의 땅에 있는 것이 아니라, 조금 떨어져 있지만 다니기 쉬운 곳에 50~100에이커의 땅에 있고, 거기서 현대적인 낙농과 현대적 무두일을 엄격히 사무적으로 그러나 국가 관리하에 이루어질 것이다. 그렇게 하여, 지불할 이익금도 배당금도 없고, 또한 손해가 생기지도 않을 것이다. 앞으로 인도 전역에 흩어져 있는 그런 곳이 힌두교의 승리가 될 것이고, 소에 관

---

19) 공공 외양간.

한 힌두인들의 진지함, 즉 소 보호의 증거가 될 것이며, 교육받은 사람들을 포함하여 수천명에게 품위있는 일자리를 제공할 것이다. 낙농일과 가죽 가공은 전문적인 과학지식을 요구하기 때문이다. 덴마크가 아닌 인도가 최상의 낙농 실험을 위한 전범 국가가 되어야 하며, 인도는 부끄럽게도 해마다 죽은 소 가죽을 9,000만 루피어치나 수출하고 자신은 도살된 소의 가죽을 사용하는 일이 없어야 한다. 이런 상태가 인도에 수치스러운 일이라면, 힌두들에게는 더욱 큰 수치이다.

모든 소 보호소는 필요에 맞는 무두질 공장을 가지고 있어야 한다. 다시 말해서, 그런 기구를 맡고 있는 관리자는 죽은 소를 활용하는 데 필요한 당장의 조처에 대한 철저한 지식을 가지고 있어야 한다. 그렇게 된다면 특정 고샬라에 소 몇마리를 수용해야 되는가 하는 의문은 일어나지 않을 것이다.

나는 고샬라의 소 사망률이 어떤지 그것이 내 제안과 상관이 있는지 알지 못한다. 고샬라에 소가 한마리라도 있는 한 관리인은, 그것이 살아있을 때 어떻게 보살필지 알아야 하는 것처럼 그것이 죽었을 때 어떻게 처리할지를 알아야 한다.

내가 묘사한 것과 같은, 소를 보호하기 위한 그런 인도주의적 기구들은 마을에서 정상적으로 죽은 소들도 맡아 처리해야 한다. 그렇게 하는 데에 소와 하층민들, 일반 대중 모두의 이익이 있다. 고샬라나 그에 딸린 무두질 공장이 없는 마을에서는 소를 보호하는 것이 옳다고 믿는 누군가가 스스로 소의 시신을 가장 가까운 무두질 공장으로 운반해가거나 필요한 조처를 취한 후, 유용한 부분을 그곳으로 보내거나 해야 한다.

내가 묘사한 것과 같은 무두질 공장을 세우는 데는 많은 자본이 필요하지 않다. 이 일을 할 사람을 훈련시키는 데 필요한 초기 비용이면 된다.

쌀 찧기와 옥수수 가루내기

철저한 스와데시에 대한 내 글에서 나는 그중 어떤 부분은 당장에 굶주리는 수백만에게 경제적·위생적으로 이익이 될 수 있음을 보여주었다. 이 땅에서 가장 부자인 사람들도 그 이익을 함께 할 수 있다. 그러므로 만일 쌀을 마을에서 옛 방식대로 찧는다면 쌀 찧는 여자들은 임금을 받고, 쌀을 먹는 수백만의 사람들은 흰쌀이 제공하는 순수한 전분 대신에 현미의 영양분을 얻게 될 것이다. 자신에게 짓밟히고 있는 사람들의 건강도 부도 상관하지 않는 인간의 탐욕에, 모든 쌀 생산지에 있는 흉물스러운 도정공장에 대한 책임이 있다. 그리고 여론이 강하다면 단순히 현미를 고집하고 도정공장주들에게 전 국민의 건강을 해치고 가난한 사람들에게서 정직한 생계수단을 빼앗는 일을 그만두라고 호소함으로써 쌀 도정공장이 유지될 수 없게 만들 것이다.

나는 수천개 마을에 있는 동력에 의한 옥수수 가루공장의 존재가 우리의 무력함의 한계라고 본다. 나는 그 모든 엔진과 분쇄기를 인도가 생산하지 않는다고 생각한다. … 그런 기계들을 마을에 대규모로 설치하는 것 역시 탐욕의 표시이다. 이런 식으로 가난한 이들을 희생시켜 주머니를 채우는 일이 타당한 것인가? 그런 기계 하나하나가 수천개의 일거리를 빼앗고, 수천명의 주부들과 맷돌을 만드는 장인들의 일자리를 없앤다. 게다가, 그 과정은 전염성이 있어서 모든 마을산업에 퍼질 것이다. 마을산업들이 쇠퇴하면 기술도 쇠퇴한다. 그것이 옛 기술을 새 기술로 대체하는 것을 의미한다면, 거기에 대해서는 반대할 말이 별로 없을 것이다. 그러나 지금 일어나고 있는 일은 그런 것이 아니다. 동력에 의한 기계들이 있는 수천개 마을에서, 우리는 이른 아침에 가루 빻는 사람들이 들려주던 아름다운 음악을 그리워한다.

기계 기름과 '가니' 기름

스리 자베르바이도 마을 '가니'[20]가 쇠퇴한 원인을 조사했다. 가장 큰 이유는 기름 짜는 사람이 씨앗을 규칙적으로 공급받을 수가 없다는 것이다. 마을들은 계절이 지나면 사실상 씨앗들을 빼앗기다시피 된다. 기름 짜는 사람은 씨앗을 비축해둘 돈이 없고, 도시에서 씨앗을 살 수는 더더욱 없다. 그래서 그들은 사라졌거나 빠르게 사라지고 있다. 수십만의 가니가 오늘날 내버려져 있어서 시골 자원의 막대한 낭비를 일으키고 있다. 씨앗을 그것이 나온 장소에 보관하고, 그것을 마을의 기름 짜는 사람들이 타당한 가격으로 살 수 있게 하여, 현존하는 가니를 되살리는 것은 확실히 국가가 할 일이다. 정부는 이런 도움을 줌으로써 잃어버릴 게 없다. 그것은 협동단체들이나 판차야트를 통해서 줄 수 있다고 스리 자베르바이는 주장한다. 그렇게 된다면 가니 기름은 기계로 생산된 기름과 경쟁할 수 있고, 마을사람들은 현재와 같이 불순물이 섞인 기름을 쓰지 않아도 된다. 마을사람들은 지방질을 오직 기름에서

---

20) 전통적인 기름 짜는 도구.

밖에 섭취할 수 없다는 점을 명심해야 한다. 그들은 대개 버터는 구경조차 못한다.

스리 자베르바이는 이 기계로 짠 기름이 왜 가니 기름보다 값이 싼지 알아내었다. 세가지 이유가 있는데, 그중 두가지는 피할 수 없는 것이다. 하나는 자본이고 또하나는 가니보다 짧은 시간에 기름을 마지막 한방울까지 짜낼 수 있는 기계의 능력이다. 여기서 생긴 이익은 그러나 기름공장 주인이 중개상에게 주어야 하는 수수료로 상쇄된다. 그러나 세번째 이유, 즉 기름에 불순물 섞기에 대해서는 같은 짓을 하는 것말고는 대처할 수가 없다. 물론 그렇게 하지 않을 것이다. 그래서 그는 불순물 섞는 것에 대해서는 법이 처리해야 한다고 말한다. 이것은 법을 만들어 강제하거나 기름공장에 면허를 주는 방법으로 법제화할 수 있다.

돌설탕

설탕산업을 보자. 직조업 다음으로 가장 큰 주요 산업이 설탕제조업이다. 그것은 우리의 도움이 필요하지 않다. 설탕공장은 빠르게 늘어나고 있다. 이 산업의 성장에 사람들이 기여한 것은 별로 없었다. 그것은 유리한 법령 덕분에 성장할 수 있었다. 그리고 오늘날 이 산업은 너무나 번성하고 확장하고 있어서 정제하지 않은 설탕 생산은 과거의 일이 되고 있다. 정제되지 않은 설탕은 정제된 설탕보다 영양가치가 우월하다고 알려져 있다. 이 아주 소중한 가내공업이 당신의 도움을 요청하고 있다. 이것 하나만도, 연구를 하고 실질적인 기여를 할 수 있는 커다란 가능성이 있는 분야이다. 우리는 그것을 계속해서 살릴 수 있는 방법과 수단들을 조사해야 한다. 이것은 내가 뜻하는 바의 한 예일 뿐이다.

'타디'[21]의 좋은 점들은 다른 식품들에서도 모두 얻을 수 있다. 타디는 카쥬리즙으로 만든다. 신선한 카쥬리즙은 취하게 만들지 않는다. 힌두어로는 '니라'로 알려져 있고, 많은 사람들이 니라를 마시고 변비를 치료했다. 나도 그것을 마셨는데, 내게는 변비약으로 역할을 하지 않았다. 나는 그것이 사탕수수즙과 같은 영양가를 가지고 있는 것을 알았다. 만일 아침에 차 같은 것을 마시는 대신 니라 한잔을 마시면 다른 것을 먹을 필요가 없다. 사탕수수즙과 마찬가지로 야자즙도 끓여서 야자 '재거리'[22]를 만들 수 있다. 카쥬리는 야자수의 한 종류이다. 여러 종류의 야자수가 우리나라에 자생하고 있다. 그것들은 모두 마실 수 있는 주스를 제공한다. 니라는 아주 빨리 발효하기 때문에 당장에 사용해야 하고, 따라서 바로 그 자리에서 사용해야 하는데, 제한된 범위 외에는 이런 조건을 충족시키기 어렵기 때문에 니라를 야자 재거리로 만드는 것이 가장 좋은 방법이다. 야자 재거리는 사탕수수 재거리를 충분히 대신할 수 있다. 사실 어떤 이들은 그것을 더 선호한다. 야자 재거리가 사탕수수 재거리보다 좋은 점 한가지는 그것이 덜 달기 때문에 더 많이 먹을 수 있다는 점이다. '전 인도 마을산업 연맹'은 야자 재거리를 보급하는 데 많은 역할을 했지만, 아직 할 일이 많이 남아있다. 만일 '타디'를 만드는 데 사용되는 야자들이 재거리를 만드는 데 쓰인다면 인도에는 설탕이 부족하지 않을 것이고, 가난한 사람들은 아주 적은 돈으로 좋은 재거리를 얻을 수 있을 것이

---

21) 야자 등의 즙으로 만든 음료.
22) 정제하지 않은 설탕.

다. 야자 재거리로 당밀과 정제설탕을 만들 수 있다. 그러나 재거리가 정제된 설탕보다 훨씬 더 유용하다. 정제 과정에서 그 속에 들어있는 염분이 없어진다. 흰밀가루나 백미가 정제 과정에서 영양가의 일부를 잃어버리듯이, 정제설탕도 재거리의 영양가 일부를 잃어버린다. 일반적으로 모든 식품은 가능한 한 자연상태로 먹는 것이 영양분이 많다고 말할 수 있다.

벌 치기

양봉은 막대한 가능성을 갖고 있는 것으로 보인다. 마을에서의 가치와는 별도로 그것은 돈 있는 젊은 남녀들의 취미로 개발할 수도 있다. 그것은 나라의 부를 더하고, 그들 자신에게는 건강에 좋은 꿀을 생산해줄 것이다. 그리고 그들이 박애적인 경향이 있다면 건강에 좋은 그 식품을 병약한 하리잔 아이들에게 나누어 줄 수 있을 것이다. 그것이 부자들의 사치품이나 의사와 치료사들의 손에서 값비싼 약용식품이 되어야 할 이유는 없다. 물론 나의 희망은 빈약한 자료에서 도출한 추론에 근거한 것이다. 마을과 도시에서 젊은 남녀들이 실험을 해서, 꿀이 일상적인 식품이 될 수 있을지 아니면 오늘날 그런 것처럼 특별한 품목으로 남아있을지를 보여주어야 할 것이다.

무두질

9,000만루피에 상당하는 생가죽이 해마다 인도에서 수출되고, 그중 상당 부분은 가공품의 형태로 되돌아온다고 추정되고 있다. 이것은 물질적으로만이 아니라 지적으로도 낭비이다. 우리는 무

두질과 일상생활에서 필요한 수많은 가죽제품을 만드는 일의 훈련을 놓치고 있다.

무두질은 커다란 기술을 요구한다. 수많은 화학자들이 이 거대한 산업에서 그들의 재능을 발휘할 영역을 찾을 수 있다. 두가지 발전 방향이 있다. 하나는 마을에서도 고립된 빈민 지역에서 더러움과 멸시 속에서 간신히 연명하며 살고 있는 하리잔들을 위한 것이다. 이 방식은 마을을 부분적으로 재조직하고 그들에게 기술, 교육, 청결, 번영, 위엄을 가져다주는 것을 의미한다. 그것은 또 화학적 재능을 마을을 일으켜 세우는 데 사용한다는 것을 의미한다. 무두질 화학자들은 개선된 무두질 방법을 발견해야 한다. 마을의 화학자들은 목적을 이루기 위해 몸을 굽혀야 한다. 그는 조잡한 마을의 무두질을 배우고 이해해야 한다. 그것은 지원이 없는 것은 말할 것도 없고, 관심의 부족으로 빠르게 사라지고 있다. 그러나 그 조잡한 방법을 동정적인 검토를 해보기도 전에 즉각 폐기해버려서는 안된다. 그것은 몇백년간 잘 사용되어온 방법이다. 무언가 장점이 없다면 그럴 수 없었을 것이다. 이 분야에서 내가 아는 유일한 연구는 산티니케탄에서 진행되고 있는데 그것은 이제는 없어진 사바르마티의 아쉬람에서 시작되었다. 나는 산티니케탄의 실험에 대해 직접 알 수 없었다. 사바르마티 아쉬람이 변해서 된 하리잔 아쉬람에서 그것을 되살릴 가능성이 아주 크다. 이런 실험들은 가능한 수많은 연구 중의 아주 작은 부분에 불과하다.

소를 보존하는 것은 힌두교의 신앙의 문제이다. 제 몫을 하는 하리잔이라면 먹기 위해 소를 죽이지는 않을 것이다. 그러나 불가촉천민이 되었으므로 그는 죽은 짐승의 고기를 먹는 나쁜 습관을 가지고 있다. 그는 소를 죽이지는 않겠지만 죽은 소의 고기를 맛있게 먹을 것이다. 그것은 생리학적으로는 해롭지 않을지 모른다. 그러나 심리적으로 사체를 먹는 것처럼 혐오스러운 것은 아마 없을 것이다. 그러나 죽은 소가 하리잔의 무두질 하는 사람 집에 운반되어 오면 그날은 온 집안의 잔칫날이다. 아이들은 사체 주위에서 춤을 추고 가죽이 벗겨지면 뼈나 살 조각을 집어 서로에게 던진다. 하리잔 아쉬람에서 살고 있는 한 무두장이가 과거 자신의 생활에 대해 내게 얘기해준 바로는, 온 가족이 죽은 짐승을 보고 기쁨에 취한다는 것이다. 나는 하리잔들과 같이 일하면서 죽은 짐승을 먹는, 영혼을 파괴하는 습관을 버리게 하는 것이 얼마나 어려운지 깨달았다. 개선된 무두질은 사체를 먹는 일이 자동적으로 사라지는 것을 뜻한다.

아무튼 여기에는 높은 지능과 해부술이 쓰인다. 또 여기에 소를 보존하는 방향으로 큰 걸음을 내딛게 된다. 우리는 소의 우유생산 능력을 높이고, 혈통을 개선하여 태어나는 숫소들이 일소로서 더 유용하게 되게 하고, 배설물은 퇴비로 과학적으로 사용해야 한다. 그리고 소들이 죽었을 때 가죽과 뼈와 살과 내장 등을 가장 현명하게 사용할 준비가 되어있지 않은 한, 소들은 도살자의 손에서 죽어야 한다.

지금 나는 죽은 짐승에만 관심을 갖는다. 여기서 마을의 무두장이가 다행히도 도살된 짐승이 아니라, 죽은 짐승만을 다루어야 한다는 점을 기억하는 것이 좋다. 그는 죽은 짐승을 품위있게 운반해 올 수단이 없다. 그는 그것을 들어올려 끌어오는데, 이것이 가죽을 상하게 하여 가죽의 가치를 떨어뜨린다. 만일 마을사람들과 대중이 무두장이의 소중하고 숭고한 봉사를 안다면, 그들은 가죽을 상하지 않도록 쉽고 단순한 운반 방법을 제공할 것이다.

다음 과정은 가죽 벗기기이다. 이것은 큰 기술을 요구한다. 내가 듣기로 아무도, 외과의사조차도 이 일을 마을의 무두장이가 마을의 칼로 하는 것보다 더 잘 혹은 더 빠르게 하지 못한다. 나는 알만한 사람에게 물어보았다. 그들은 마을의 무두장이가 하는 것보다 더 나은 방법을 보여주지 못했다. 더 나은 사람이 절대로 없다는 말은 아니다. 나는 오직 나 자신의 제한된 경험을 말하는 것이다. 마을의 무두장이에게 뼈는 쓸 데가 없다. 그는 그것을 버린다. 가죽을 벗기는 동안 개들이 주위를 서성이다가 뼈들을 가지고 간다. 이것은 큰 손실이다. 뼈는 다른 용도도 있지만, 곱게 가루로 만들면 소중한 비료가 된다. 개들이 가져가고 남은 것은 외국으로 운반되어 손잡이며 단추 등의 형태로 우리에게 되돌아온다.

두번째 방법은 이 커다란 산업을 도시화하는 것이다. 인도에는 이런 일을 하는 무두질 공장이 여럿 있다. 그들을 검토하는 것은 이 글의 범위 밖의 일이다. 이렇게 도시화하는 것은 하리잔들에게도 도움이 되지 않고, 마을들에는 더욱 도움이 되지 않는다. 그것은 마을들을 이중으로 고갈시키는 일이다. 인도에서 도시화는 느리지만 확실하게 마을과 마을사람들을 죽인다. 도시화로는 70만 마을에서 살고 있는 인도 인구의 90퍼센트를 결코 부양할 수 없다. 이 마을들에서 무두질과 그 외 마을산업들을 빼앗는 것은 아직 그곳에 남아있는, 손과 머리를 솜씨있게 사용할 얼마 안되는 기회를 빼앗는 것이다. 그리고 마을의 수공업이 사라지면, 소와 함께 농사일만 하는 마을사람들은 일년에 넉달 내지 여섯달을 할 일 없이 지내면서, 마두수단 다스의 말을 빌리자면, 짐승의 수준으로 타락해 몸에도 정신에도 적절한 양분을 얻지 못하고, 따라서 기쁨도 희망도 없이 살 것이다.

여기에 철저한 스와데시 애호가의 일과 기술을 사용하여 커다란 문제를 해결할 수 있는 분야가 있다. 이것은 1석3조의 일이다. 하리잔들에게 도움을 주고, 마을사람들에게 도움을 주고, 중산층의 일자리를 찾는 지식인들에게 명예로운 일자리를 준다. 게다가 그 지식인이 마을사람들과 직접 접촉하게 되는 적절한 기회가 생긴다는 이점도 있다.

비누

마을들은 일종의 진흙으로 자신들이 쓸 비누를 만들 것이다. 그것은 공장에서 나온 비누처럼 매력적인 향기는 없을 것이다. 포장도 그리 매력적이지 않을 것이다. 그러나 그것은 카디와 마찬가지로 자급자족이라는 특징을 가질 것이다.

수제품 종이

내가 들은 바로는 주문량이 충분하면 수제품 종이는 공장제 종이와 같은 값으로 공급될 수 있다고 한다. 나는 수제품 종이가 날마다 증가하는 종이 수요를 결코 충당할 수 없다는 것을 안다. 그러나 70만 마을과 그들의 수공업을 사랑하는 사람들은 쉽게 살 수만 있으면 항상 수제품 종이를 살 것이다. 수제품 종이를 쓰는 사람들은 그 독특한 매력을 안다. 유명한 아메다바드 종이를 모르는 사람이 있는가? 윤기와 질긴 점에서 이를 능가할 공장제 종이가 어디 있는가?

 구식의 장부는 지금도 그 종이로 만든다. 그러나 그것도 다른 많은 것들처럼 사라져가는 산업이다. 약간의 장려가 있으면 그것은 사라지지 않을 수 있을 것이다. 잘 관리하면 제조과정을 개선할 수 있을 것이고, 수제품 종이 일부에서 발견되는 결함들은 쉽게 제거될 것이다. 이 잘 알려지지 않은 일에 종사하고 있는 수많은 사람들의 경제상태를 조사해볼 가치가 있다. 그들은 틀림없이 지도와 충고를 수용할 것이고, 자신들에게 관심을 갖는 사람들에게 감사할 것이다.

잉크

 내가 지금 쓰고 있는 잉크는 테날리에서 온 것이다. 그것은 약 열두명의 노동자를 부양한다. 그것은 어려움을 무릅쓰고 나아가고 있다. 다른 잉크 제작자들이 보낸 것이 세가지 더 있다. 그들도 모두 테날리 사람들처럼 분투하고 있을 것이 분명하다. 나는 그들에게 관심을 갖게 되었다. 나는 그들과 서신을 주고받았다. 그러나 나는 그들을 위해 더는 할 수 없다. 스와데시 기구가 이 잉크 견본들을 과학적인 방법으로 검사하고 그들을 지도하고 가장 전망이 좋은 것들을 장려할 것이다. 이것은 전문적인 화학적 지식이 필요한 훌륭한 성장 산업이다.

마을 전시회

 우리가 마을이 살아남을 뿐만 아니라 강해지고 번성할 것이라고 믿고, 그것을 원한다면 유일하게 올바른 관점은 마을의 관점이다. 이것이 사실이라면 우리의 전시회에는 도시의 화려함과 허세는 없을 것이다. 도시에 속하는 게임과 오락거리는 필요하지 않을 것이다. 전시회는 마술이 되어서도 안되고, 수입원이 되어서도 안된다. 그것은 결코 장사들을 위한 광고 수단이 되지 말아야 한다. 그곳에서는 어떤 판매도 허용되지 말아야 한다. 카디와 마을산업의 제품들조차도 팔아서는 안된다. 전시회는 교육의 수단이 되어야 하고, 매력적인 것이 되어야 한다. 그것은 현재의 마을생활의 두드러진 결함을 드러내 보여주고, 그것을 바로잡는 방법을 보여주어야 한다. 그것은 또 마을 되살리기라는 생각 밑에서 이루어진 성과를 보여줄 수 있어야 한다. 그것은 마을생활을 어떻게 예술적으로 만들지도 가르쳐야 한다.

이제 위의 조건들에 맞는 전시회가 어떠할지를 보자.

1. 두가지의 마을 모형이 있어야 한다. 하나는 현재의 마을이고 하나는 개선된 마을이다. 개선된 마을은 집이고 길이고 주변이고 밭이고 간에 모두 깨끗해야 된다. 소들의 조건도 개선되어야 한다. 어떤 산업이 어떻게 수입을 증가시켰는지 보여주기 위하여 책과 도표, 그림들을 사용해야 한다.

2. 여러가지 마을산업을 어떻게 수행하는지, 필요한 도구는 어디서 구하는지, 어떻게 만드는지 보여주어야 한다. 각 산업의 실제의 작업을 보여주어야 한다. 그와 함께 다음의 것들도 제시되어야 한다.

　a) 이상적인 마을의 식사
　b) 마을산업과 기계산업의 비교
　c) 동물 키우기의 모범적 수업
　d) 예술 부문

e) 마을 변소의 모델
　　f) 퇴비와 화학비료
　　g) 짐승들의 가죽, 뼈 등의 활용
　　h) 마을의 음악, 악기, 마을연극
　　i) 마을의 놀이, 운동 형태들
　　j) '나이탈림'
　　k) 마을 의료
　　l) 마을 산원(産院)

　서두에 밝힌 정책에 따라 이 목록은 더 확장될 수 있다. 내가 제시한 것은 오직 예일 뿐이며, 이것이 전부라고 생각해서는 안된다. 물레와 그 밖의 다른 마을산업에 대해서는 그것이 당연한 것으로 인정되므로 언급하지 않았다. 그들 없이는 전시회가 아예 쓸모없게 될 것이다.

제21장 마을 교통

마을 수레를 위한 호소

바로다의 스리 이시바르브하이 S. 아민이 동물의 힘과 기계의 힘을 비교하는 긴 글을 나에게 보내왔다. 그중에서 일부 대목을 여기에 옮긴다.

> 동물의 힘은 들에서나 짧은 거리의 일에서, 기계의 힘보다 비싸지 않고, 따라서 대부분의 경우에 후자와 경쟁할만하다. 오늘의 경향은 기계의 힘을 선호하여 동물의 힘을 버리는 쪽이다.
> 예를 들어 200루피짜리 숫송아지가 100루피짜리 수레를 끄는 경우를 생각해보자. 그 수레는 하루에 16벵갈몬드의 짐을 싣고 적어도 15마일을 거칠고 모래가 많은 마을길로 운반할 수 있다. 이 일은 숫소 두마리에 Re 0-12-0, 수레 끄는 사람에 Re 0-6-0, 수레의 감가상각비 Re 0-4-0 해서 전부 하루에 Re 1-6-0이다. 1톤짜리 트럭은 15마일 가는 데 적어도 석유 1갤런, 윤활유 약간, 막대한 수리비와 유지비용 그리고 값비싼 운전수의 비용이 든다.

15마일 가는 데 트럭은 석유와 윤활유에 Re 1-12-0, 하루 8시간에 6루피 비율로 유지비에 Re 0-12-0, 운전수, 세차하는 사람, 짐 싣고 내리는 사람 해서 Re 0-8-0, 그래서 합계가 Re 2-12-0, 즉 16벵갈몬드의 수레짐에 Re 1-6-0이다. 숫소 수레 하나는 마을에서 반마일 떨어진 밭까지 하루에 7~8번 거름을 운반할 수 있고, 비용은 Re 1-6-0에 수레에 짐 싣고 내리는 것을 도와줄 사람 몫으로 Re 0-6-0만 더하면 된다. 한편 트럭으로 이 일을 해도 같은 비용이 든다. 자갈 깔린 먼 길을 한번에 짐을 운반할 때는 트럭이 경쟁력이 있다. 그런 경우 소 수레는 너무 느리고 비경제적인 것 같다. 또 짐승을 한번에 장거리에 데려가는 것은 바람직하지 않다. 너무 힘이 들기 때문이다 그러나 소 수레는 기차역에서 먼 내지까지 하루 밤낮을 트럭과 경쟁하여 짐을 운반하는 경우가 있다. 이런 경우 수레 주인은 낮은 수입에 비례해서 소에게 먹이를 덜 주기 때문에 짐 끄는 소의 상태는 비참하다. 물건이나 사람의 빠른 수송이 중요하게 생각될 때 소 수레의 약점은 느리다는 것뿐이다. 그러나 여가시간이 돈을 가져오지도 않고, 트럭으로 절약한 시간이 중요하지도 않은 마을사람들은 짧은 거리는 걷고 먼 길은 수레를 사용하도록 해야 한다. 만일 농부가 자기 수레를 가지고 있고 그것으로 여행을 한다면, 그는 돈은 쓸 필요가 없고, 자신이 생산한 농작물을 소에게 먹여 동력을 얻을 수 있다. 풀과 곡식은 그에게 석유와 같고, 수레는 트럭, 숫소는 풀을 동력으로 전환시키는 엔진과 같다. 기계는 풀을 소비하지도 않고, 아주 중요한 물품인 거름을 내놓지도 않는다. 마을사람은 아무래도 숫소를 가지고 있어야 한다. 풀은 언제나 있다. 그리고 수레를 가지고 있으면 그는 마을 목수와 대장장이를 부양하게 되고, 또 그에게 암소가 있으면 그는 식물성 기름을 단단한 버터나 버터기름으로 전환하는 공장이면서 동시에 숫소를 만들어내는 기계를 가지고 있는 셈이 된다.

트럭은 성공할 수도 있고, 그렇지 않을 수도 있다. 현명한 일꾼이 그것의 좋은 점과 나쁜 점을 연구하여 마을사람들을 확실하게 지도할 수 있다면 좋을 것이다. 모든 마을일꾼들은 스리 이시바르 브하이의 글에서 지적한 방향으로 생각해야 한다.

자동차와 수레

8월(1939년)의 《그람 우디욕 파트리카》[23]는 마을들을 위한 홍보용으로 밴 자동차와 수레의 이점을 검토했다. 논의 내용 전부를 읽고자 하는 이는 집지사에 요청할 일이다. 아래에 논의의 가장 중요한 부분을 인용한다.

우리는 마을일을 위해서 일정 금액을 떼어놓으려 하는 지역위원회나 그 밖의 다른 지역조직이 마을에서의 여러가지 선전활동을 위해서 밴 자동차에 투자하는 것이 좋을 것인가를 묻는 질문을 받았다. 그런 기구들이 마을에 대한 자신들의 의무를 깨닫기 시작하고, 현존하는 마을과 도시 사이의 괴리, 문해자와 문맹자 사이의 간격을 좁히려고 한다는 것은 반가운 신호이다. 문제는 하룻밤에 둘 이상의 마을을 방문할 수 있는 밴 자동차를 사용하여 일을 빠르게 추진하는 것이 목적에 적합한가이다.

우리의 모든 지출에서, 특히 분명히 마을사람들의 이익을 위한 것일 때, 지출된 돈이 마을사람에게로 돌아가는지를 보는 것이 필요하다. 지역위원회들의 돈은 사람들에게서 나오는 것이므로

---
23) 잡지 이름.

그들이 구매하는 물건은 사람들 사이에서 돈이 순환하도록 돕는 것이어야 한다. 그러나 만일 세금 등으로 마을사람에게서 받은 돈을 지역 밖으로 보낸다면 결과적으로 사람들을 가난하게 만들고, 그것은 당연히 지역의 금고에 돈이 점점 줄어든다는 뜻이다.

지역위원회는 1,000~2,000루피 이상은 마을일에 책정하지 않는다. 만일 밴 자동차를 하나라도 산다면 그것은 밴 값으로 약 5,000루피를 지역 밖으로 보낸다는 뜻이며, 게다가 매일 쓰는 석유 외에도 타이어, 그 외 다른 부품 등 모두 수입된 것들을 위한 계속적인 지출로 지역의 돈을 고갈시킬 것이다. 이런 지출이 내세우는 목적은 농촌의 복지인데, 가족이 한달에 2루피로 살아가는 마을사람들이 농사일, 건강, 금지령, 아이 돌보기 등에 대한 강의나 축음기와 라디오를 이따금 듣기 위해서, 이 큰 지출을 감당해야 하는 것이다. 마을사람에게 가장 필요한 것은 수익이 생기는 일거리이다. 우리는 수입된 물품을 구매함으로써 꾸준히 그들의 일자리를 빼앗고, 그에 대한 보상으로, 모두 그들이 낸 돈으로 강의를 하고 환등기 쇼를 보여주고 축음기 음악을 들려준다. 그러고는 그들의 복지를 위해서 일한다고 자부한다. 이보다 더 불합리한 일이 있겠는가?

밴 자동차 대신 크게 경멸받는 소 수레가 사용되면 무슨 일이 일어나는지 비교해보자. 온 세상에 마을들을 위해서 멋진 일을 한다고 아주 효과적으로 과시할 수도, 선풍을 일으키지도 않을 것이다. 그러나 구경거리나 떠들어대기가 아니라 조용히 정말로 건설적인 일을 하는 것이 목표라면, 소 수레가 훨씬 더 잘할 수 있다는 것이 우리의 의견이다. 그것은 자동차가 갈 수 없는 오지에도 갈 수 있다. 밴 값에 비하면 아주 싸기 때문에 지역의 여러 마을들에 도움을 줄 수 있도록, 필요하면 여럿을 살 수 있다. 수레 사는 데 들어가는 비용은 마을의 목수, 대장장이, 수레 모는 사람에게 간다. 한푼도 지역 밖으로 나갈 필요가 없다. 수레 자체도 과학적으로 잘 고안해서 만들면 볼만한 물건이 될 수 있다. 장비에 대한 지출은 따라서 지역의 부를 밖으로 빼가는 것이 아니라 내부를 향하게 될 것이다. 해야 될 일의 핵심이 속도일 때 자동차는 필요하다. 그러나 농촌의 복지를 위한 선전사업에서 그런 것은 요구되지 않는다. 도리어 느리고 꾸준한 방법이 더욱 도움이 될 것이다. 이 마을 저 마을로 빠르게 다닐 수 있는 것보다 각 장소에서 얼마간의 시간을 보내는 것이 유리할 것이다. 그렇게 해서만 사람들의 생활과 문제들을 제대로 이해할 수 있고, 그런 문제들을 해결하는 일이 효과적으로 될 것이다.

그러므로 농촌의 일과 밴 자동차는 잘 맞지 않는 것으로 보인다. 필요한 것은 꾸준한 건설직인 노력이지 빠른 속도와 공허한 구경거리가 아니다. 우리는, 마을의 복지에 진정으로 관심을 가지고 있는 지역위원회와 공공기관들에게 오직 마을에서 만들어진 물건만을 쓰는 것으로 시작하여, 마을에서 가난을 꾸준히 만들어내는 조건을 연구하고, 그것들을 하나씩 제거하는 데 집중하라고 권고한다. 마을생활의 모든 면에 집중적인 주의깊은 노력이 필요한 때에 마을을 하룻밤 사이에 들어올리려고 하는 데에 공공의 돈을 쓰는 것은 돈의 낭비로 보인다.

마을의 복지에 관심이 있는 사람들은 수레 쪽을 선호하는 명백한 주장을 마음에 새기기 바란다. 마을의 복지를 위해 만들어진 기관을 통해 마을의 경제를 파괴하는 것은 잔인한 일이다.

수송 수단으로서의 숫소

숫소는 우리 마을 어디에서나 수송 수단이며, '심라' 같은 곳에서도 여전히 그렇다. 그곳에는 기차도 가고 자동차도 간다. 그러나 산길 어디에서나 숫소들이 무거운 수레를 끌고 오르내리는 것을 볼 수 있다. 이 수송 수단은 우리 생활과 우리 문명의 일부인 것처럼 보인다. 그리고 우리의 수공업 문명이 유지되려면 숫소들도 유지되어야 한다.

당신들은 누구의 소들이 제일 좋은지 알아보고, 그가 어떻게 하여 소들을 그렇게 잘 관리하는지 알아내어야 한다. 누구의 암소가 우유를 제일 많이 내는지 파악하여 그가 암소를 어떻게 돌보고 어떻게 먹이는지 알아내야 한다. 마을에서 제일 좋은 숫소와 암소에게 상을 줄 수도 있을 것이다. 모범적인 소들이 없으면 모범적인 마을도 없다.

제22장 통화, 교환, 세금

 나의 체제 아래서 유통되는 통화는 금속화폐가 아니라 노동이다. 자신의 노동을 사용할 수 있는 사람이면 누구나 그 돈을 가지고 있는 것이다. 그는 자신의 노동을 천으로, 곡식으로 전환시킨다. 만일 자신이 만들 수 없는 파라핀 기름이 필요하면 여분의 곡식을 사용해 기름을 얻을 수 있다. 그것은 자유롭고 공평한 대등한 교환이다. 그러므로 도둑질이 아니다. 당신은 이것이 원시적인 교환체제로 돌아가는 것이라고 반대할 수도 있다. 그러나 모든 국제적 무역이 교환체제에 기초한 것이 아닌가?

 그러면 인도의 모든 마을은 거의 자급자족하는 자립적인 단위가 되고, 자기 지역에서 생산할 수 없는 일상용품만을 다른 마을과 교환하여 구할 것이다.

 카디를 도시와 마을 모두에 보편적인 것이 되게 하려면 그것을 오직 실과 바꾸어서만 구할 수 있게 해야 한다고 내 경험은 말해준다. 시간이 지남에 따라 나는 사람들이 스스로 카디를 실과 바꾸어 사겠다고 고집하게 되기를 바란다.

노동은 사실 금속화폐 못지않게 통화의 역할을 한다. 어떤 사람들은 관심있는 일에 돈을 투자하지만, 당신은 노동을 제공한다. 돈 없이는 당신의 노동이 쓸모없는 것과 꼭 마찬가지로 세상의 돈도 노동이 없으면 완전히 쓸모없는 것이 될 것이다.

자급자족은 편협함을 의미하지 않는다. 자급자족한다는 것은 외부와 전혀 교통 없이 지내는 것이 아니다. 어떤 상황에서도 우리는 우리에게 필요한 모든 것을 생산할 수는 없다. 그러므로 우리의 목표가 완전한 자급자족이기는 하지만 우리가 마을에서 생산할 수 없는 것은 밖에서 구해야 한다. 그리고 우리가 생산할 수 없는 것과 바꾸기 위해서 우리가 생산할 수 있는 것을 좀더 생산해야 한다.

금돈과 은돈이 조폐국에서 나오는 것처럼 실 은행에서는 카디만 나와야 한다.

인도의 내가 사는 지역에서는 조개껍데기와 씨 없는 말린 아몬드가 사람들과 정부가 받는 돈으로 사용된다. 그것들은 자체의 가치는 없다. 그것들은 사람들의 심각한 가난을 알려주는 척도이다. 그들은 가장 낮은 단위의 동전도 쓸 여유가 없다. 조개껍데기 다섯개로 약간의 채소나 바늘 한개를 살 수 있다. 나는 단지 징표이기만 한 것이 아니라 자체의 가치가 있고, 그것이 시장가치가 되는 척도를 제안했다. 그런 의미에서 그것은 이상적인 척도가 될 것이다. 당장은, 실험으로서 날실 하나 길이의 실을 가장 낮은 척도로, 주로 실잣는 사람들과 카디를 애호하는 사람들에게 제안했다. 실잣는 사람은 정해진 실의 양으로 일상에 필요한 모든 것을 구할 수 있다. 내가 생각한 대로 이 체제는 중앙집중화되지 않아야 잘되어갈 수 있다. 그리고 그것은 약점이 아니라 강점이다.

(세금을) 노동으로 지불하는 것은 나라에 활기를 준다. 사람들이 자진해서 사회에 대한 봉사를 노동으로 수행하면 돈의 교환은 불필요하다. 세금을 걷고 장부를 정리하고 하는 일이 절약되고, 결과는 똑같이 좋다.

제23장 마을 위생시설

지성과 노동이 분리된 결과 마을에 대한 한심스러운 무관심이 초래되었다. 그 결과 우리는 아름다운 작은 마을들이 점점이 흩어져 있는 풍경 대신에 똥더미들을 갖게 되었다. 마을에 다가가는 것은 상쾌한 경험이 아니다. 주위가 더럽고 냄새가 역해서 자주 눈을 감고 코를 막고 싶어진다. 국민회의파 대다수가 우리 마을들에서 나온 사람들이라면 — 당연히 그러할 텐데 — 그들은 우리의 마을들을 여러 의미에서 깨끗함의 표본으로 만들 수 있어야 한다. 그러나 그들은 일상생활에서 자신과 마을사람들을 동일시하는 것을 의무로 생각하는 일이 없다. 국가적인 혹은 사회적인 위생관념은 우리에게 미덕이 아니다. 우리는 목욕을 하면서 그 옆에 있는 우물이나 저수조 혹은 강을 더럽히는 것을 상관하지 않는다. 나는 이 결함이 커다란 악이라고 생각하며, 우리 마을과 성스러운 강과 강둑의 수치스러운 상태, 비위생에서 생기는 질병들에 대한 책임은 거기에 있다고 생각한다.

마을에서 보살펴야 할 일은 물탱크와 우물의 청소와 그것들을 깨끗이 유지하고 똥무더기를 치우는 일이다. 만일 일꾼들 자신이 그 일을 시작하여 날마다 일을 하고, 마을사람들에게 그것이 결국은 그들 자신이 스스로 할 일이라는 것을 알려주면, 마을사람들은 조만간 협력을 할 것이라고 확신해도 된다.

오솔길과 큰길의 쓰레기들을 치우고 그것을 분류해야 한다. 그 중에는 비료로 만들 수 있는 것, 그냥 파묻어야 될 것 그리고 당장에 돈으로 바꿀 수 있는 것들이 있다. 뼈는 유용한 물건을 만들 수 있는 재료가 되거나 부수어 좋은 거름이 되게 할 수 있다. 넝마나 종이 쓰레기는 종이로 만들 수 있고, 소똥은 밭에 넣을 수 있는 훌륭한 거름이다.

마을의 저수조는 목욕, 빨래, 식수, 조리용으로 모두 쓰인다. 소들이 함께 쓰는 경우도 많이 있다. 흔히 물소가 들어가 있는 것도 볼 수 있다. 저수조를 이렇게 잘못 사용하고 있는데도 마을이 전염병으로 사라져버리지 않은 게 놀랍다. 마을사람들이 고통받고 있는 질병의 다수가 깨끗한 물 공급이 확보되지 않은 데 기인한다는 것은 보편적으로 밝혀졌다.

이것은 인도의 고통받는 대중들에게 셀 수 없는 이익을 주는, 정말로 흥미롭고 교육적인 봉사이다. 그 문제를 어떻게 다룰지 내가 설명하였듯이, 의욕적인 일꾼들이 펜과 연필을 사용할 때와 같은 자부심과 편안함을 가지고 비와 삽을 사용한다면 비용문제는 거의 완전히 사라질 것으로 기대한다. 필요한 지출은 비, 바구니, 삽, 괭이 그리고 얼마간의 소독약을 위한 것뿐이다. 마른 재가 아마도 어떤 화학물질 못지않게 효과적인 소독약이 될 것이다. 여기서 박애정신이 있는 화학자들이 마을사람들이 마을에서 만들 수 있는 값싸고 가장 효과적인 소독약이 무엇인지 말해줄 것으로 기대하자.

제24장 마을 건강과 위생

 질서가 잘 잡힌 사회에서 시민들은 건강과 위생의 규칙을 알고 지킨다. 의심할 것도 없이, 인간의 질병의 대부분은 건강과 위생 규칙에 대한 무지나 소홀 탓이라는 것이 잘 알려져 있다. 우리들의 높은 사망률은 확실히 주로 고통스런 가난 때문이지만 만일 사람들이 건강과 위생에 대해 제대로 교육을 받는다면 완화될 수 있다.

 '건강한 육체에 건강한 정신'이라는 말은 아마도 인류를 위한 제1법칙이다. 그것은 자명한 진리이다. 몸과 정신 사이에는 피할 수 없는 연결이 있다. 우리가 건강한 정신을 가지고 있으면, 우리는 모든 폭력을 버릴 것이고, 자연스레 건강의 법칙에 복종하여 애쓰지 않고도 건강한 몸을 갖게 될 것이다.

 건강이라는 말의 의미를 이해할 필요가 있다. 건강이란 몸의 편안함이다. 몸에 아무런 불편이 없는 사람은 건강한 사람이다. 그는 피로함 없이 정상적인 활동을 한다. 그런 사람은 하루에 10~12마일을 쉽게 걷고 보통의 육체노동을 지치지 않고 해낸다. 그는 보통의 소박한 음식을 소화시킬 수 있다. 그의 정신과 감각은 조화와 균형의 상태에 있다.

건강과 위생의 기본법칙은 단순하고, 쉽게 배울 수 있다. 어려운 것은 그것을 지키는 일이다. 여기에 몇가지 법칙이 있다.

가장 순수한 생각을 하고, 게으르고 불순한 생각을 금하라.

밤낮으로 가장 신선한 공기를 마셔라.

육체의 일과 정신의 일에 균형을 유지하라.

곧게 서고 바른 자세로 앉고 모든 행동을 단정하고 깨끗하게 하고, 이것이 당신의 내면 상태의 표현이 되게 하라.

다른 사람을 위한 봉사의 삶을 살기 위해 먹으라. 쾌락을 위해 살지 말라. 그러므로 음식은 몸과 정신을 좋은 상태로 유지할 만큼만 먹어야 한다. 사람은 그가 먹는 것으로 결정된다.

당신이 섭취하는 물과 음식과 공기는 깨끗해야 한다. 그리고 당신은 자신의 깨끗함만으로 만족하지 않고, 주위에 당신 자신이 원하는 것과 같은 세가지의 깨끗함을 퍼뜨릴 것이다.

질병에 대한 자연치료

자연치료는 높은 학문적 자격이나 크게 박식함을 요구하지 않는다. 단순함은 보편성의 핵심이다. 수백만의 이익을 위한 것은 모두 많은 학식을 요구하지 않는다. 학식은 오직 소수만이 갖출 수 있고, 따라서 부자들에게만 이익을 줄 수 있다. 그러나 인도에는 70만 마을이 있고, 작고 외진 곳에 있는 이 마을들에는 200~300명 가까운 사람들이 있는 곳도 있지만 대개는 겨우 몇십명이 살고 있다. 나는 그런 마을에 가서 정착해 살고 싶다. 그것이 진정한 인도,

나의 인도이며, 나는 그것을 위해 산다. 이 소박한 사람들에게 높은 자격을 갖춘 의사들의 도구와 병원 장비들을 가져갈 수는 없다. 단순한 자연치료법과 '라마나마'에 그들의 유일한 희망이 있다.

개인과 가정, 공공의 위생 규칙이 엄격히 지켜지고, 식사와 운동에 적절한 주의를 기울이는 곳에는 질병이 생기지 않는다고 나는 말하고 싶다. 내면적으로나 외면적으로나 절대적인 순수성이 있는 곳에서 병은 발생할 수 없다. 마을사람들이 이것을 이해하기만 한다면 의사도, 학자나 치료사도 필요하지 않다.

자연치료는 이상적인 생활양식을 의미하고, 그것은 소도시나 마을의 이상적인 생활조건을 전제로 한다. 물론 신의 이름이 자연치료체계의 중심이다.

자연치료는 치료법이 가능한 한 값싸고 단순해야 한다는 것을 암시한다. 이상적으로는 그런 처치가 마을에서 행해져야 한다. 마을사람들이 필요한 수단과 장비를 제공할 수 있어야 한다. 마을에서 구할 수 없는 것은 사야 된다. 자연치료는 삶 자체에 대한 관점이 더 좋아지는 것을 의미하기도 한다. 그것은 건강의 법칙에 따라 자신의 삶을 규제하는 것을 뜻한다. 그것은 병원에서 무료로 약을 받느냐 돈을 내고 받느냐의 문제가 아니다. 병원으로부터 무료로 치료를 받는 사람은 자선을 받는 것이다. 자연치료를 받는 사람은 구걸을 하지 않는다. 자조(自助)는 자존심을 높인다. 그는 자신의 신체에서 독을 제거함으로써 치료로 나아가고, 앞으로 병에 걸리지 않도록 주의를 한다.

올바른 식사와 균형잡힌 식사가 필요하다. 오늘날 우리의 마을들은 우리 자신과 마찬가지로 파산 지경이다. 마을에서 채소와 과일과 우유를 충분히 생산하는 것이 자연치료 계획의 필수적 부분이다. 여기에 소비되는 시간은 낭비로 생각해서는 안된다. 그것이 모든 마을사람에게 이익을 주고, 궁극적으로 인도 전체에 이익을 주게 마련이다.

내가 생각하는 마을사람들을 위한 자연치료는 마을에서 구할 수 있는 것을 통한 도움에 한정되어 있다. 예를 들면, 이러한 치료에서는 전기나 얼음이 필요하지 않을 것이다. 자연치료는 오직 마을에 뿌리를 둔 사고방식을 가진 사람들에게만 가능하다.

나의 자연치료는 오직 마을사람들과 마을들을 위해 고안된 것이다. 그러므로 거기에는 현미경이니, 엑스선 같은 것의 자리는 없다. 또 자연치료에는 키니네, 에메틴, 페니실린 같은 약도 없다. 개인 위생과 건강한 생활이 가장 중요하다. 그리고 그것으로 충분해야 한다. 모든 사람이 이 점에서 완전에 도달할 수 있으면 질병은 있을 수 없다. 그리고 병을 치료하기 위해 모든 자연법칙을 따르는 동안 만일 '라마나마'가 온다면 최고의 치료법은 거기에 있다. 그러나 이 라마나마를 통한 치료는 잠깐 사이에 보편적으로 될 수 없다. 환자에게 신념을 갖게 하기 위해서 의사는 라마나마의 힘의 살아있는 구현이 되어야 한다. 그 동안에 자연의 다섯 요소로부터 얻을 수 있는 것을 모두 취하여 사용해야 한다. 그것은 흙, 물, 에테르, 불, 바람이다. 내 생각에 자연치료는 여기까지이다. 따라서 우룰리 칸찬에서의 나의 실험은 마을사람들에게 깨끗하고 건강한 삶을 사는 방법을 가르치고, 병든 사람을 그 다섯 요소를 사용해 고치려는 것으로 이루어져 있다. 필요하면 그 지역에서 자라는 약초를 쓸 수 있다. 건강하고 균형잡힌 식사가 물론 자연치료에 필수불가결한 부분이다.

자연치료법의 과학은 질병의 치료에서 인체를 구성하는 다섯가지 요소와 똑같은 것을 사용하는 데 기초를 두고 있다.

흙

저스트는 흙의 사용을 몹시 강조한다. 나는 시험을 해보아야겠다고 느꼈다. 저스트는 변비에 대해서 하복부에 차가운 진흙 찜질을 권한다. 나는 깨끗한 마른 흙을 물에 섞어 얇은 천에 발라서 밤동안 배에 붙이고 있었다. 결과는 아주 만족스러웠다.

진흙 찜질은 폭 3인치, 길이 6인치, 두께는 1/2인치라야 한다.

내 경험으로 진흙 찜질을 머리에 하면 대부분의 경우 두통이 가벼워진다. 나는 그것을 수백번 해보았다. 두통은 여러가지 원인에서 오지만 원인이 무엇이든 일반적으로 진흙 찜질을 하면 한동안 두통은 해소된다.

진흙 찜질은 보통의 종기도 치료한다. 나는 고름이 나는 종기에도 진흙을 붙였다. 그런 경우에 나는 진흙을 과망간산칼륨 용액에 적신 깨끗한 천에 붙여서 종기를 과망간산용액으로 씻은 뒤에 붙였다. 많은 경우에 그렇게 하면 완전히 낫는다. 나는 한번도 실패한 기억이 없다. 말벌에 쏘였을 때도 진흙을 붙이면 통증이 사라진다. 전갈에 물렸을 때도 여러번 진흙을 붙였는데 효과는 훨씬 적었다.

열이 높을 때 진흙 찜질을 머리와 배에 하면 아주 효과가 있다. 항상 열을 내리지는 않지만 예외 없이 환자를 편하게 만들어주므로 환자들이 그것을 요청한다.

나는 티프스 환자에게 여러번 써보았는데, 열은 그대로 지속되지만 진흙 찜질이 환자의 불안과 고통을 덜어주는 것 같았다.

세바그람에서 우리는 소염제 대신으로 뜨거운 진흙 찜질을 많이 사용했다. 진흙에 약간의 기름과 소금을 넣고 살균이 되도록 충분히 오래 가열했다.

굵은 모래가 섞이거나 끈적이거나 하지 않는 부드러운 충적토 진흙을 사용하는 것이 안전하다. 거름을 준 땅의 흙은 절대로 쓰면 안된다. 흙은 말려 부수고, 고운 체로 쳐서 써야 한다. 깨끗함에 대해 약간의 의심이라도 있으면 충분히 가열해서 멸균해야 한다.

저스트는 변비를 극복하기 위하여 깨끗한 흙을 먹어도 된다고 쓰고 있다. 5~10그램이 상한선이다. 그 이유는 이렇게 설명되어 있다. 흙은 소화되지 않고 섬유소처럼 작용한다. 그렇게 장이 자극을 받아 연동운동을 하여 배설물을 함께 배출한다. 나는 직접 시도해보지는 않았다. 그러므로 이것을 해보려는 사람은 자신의 책임하에 해보아야 한다. 나는 한두번 해보는 것이 누구에게도 해롭지는 않을 거라고 생각한다.

물

하반신욕은 수 치료법에서 쿠네가 행한 가장 중요한 공헌이다. 그는 특별한 욕조를 고안했지만, 그것은 없어도 된다. 환자의 키에 따라 30~36인치 길이의 욕조라면 어떤 것이라도 쓸 수 있다. 경험이 적절한 크기를 알려줄 것이다. 욕조에 신선한 찬물을 환자가 들어가 앉았을 때 넘치지 않을 만큼 담는다. 여름에는 환자에게 부드러운 충격을 줄 만큼 물이 차지 않으면 얼음을 넣을 수도 있다. 일반적으로 밤 동안 질그릇에 담아놓은 물이면 목적을 달성할 수 있다. 천 조각을 수면 위에 놓고 세게 부채질을 해서 물을 식힐 수 있다. 욕조는 욕실 벽에 붙여놓아야 하고, 등을 기댈 수 있도록 판자를 욕조 안에 둔다. 환자는 발은 욕조 밖에 두고 욕조 속에 앉는다. 물 밖에 나와있는 몸은 환자가 추위를 느끼지 않도록 잘 덮어주어야 한다. 환자가 욕조 안에 편안하게 앉은 후에 부드러운 타월로 배를 가볍게 마찰한다. 이것은 5~30분까지 할 수 있다. 끝나면 몸을 닦고 환자를 자리에 눕힌다.

하반신욕은 고열이 있을 때 열을 내리게 한다. 위에 설명한 대로 하면, 아무런 해도 없고, 많은 도움이 될 수 있다. 변비를 완화시키고 소화를 개선시킨다. 이것을 하고 나면 환자는 상쾌하고, 기운이 나는 것을 느낀다. 변비의 경우에는 하반신욕을 하고 나서 바로 반시간 동안 빠르게 걷기를 하라고 쿠네는 권한다. 배가 부를 때는 절대로 하지 말아야 한다.

나는 하반신욕을 상당히 광범위하게 실험해보았다. 100 중 75 이상의 경우에 효과가 있는 것으로 밝혀졌다. 고열이 있는 경우 환자가 욕조 속에 앉아있을 수 있을 때, 열은 예외 없이 2~3도 떨어졌고, 열에 의한 착란 증세를 피할 수 있었다.

이제 마찰욕에 대해서 말해보자. 생식기는 몸에서 가장 예민한 부분 중 하나이다. 귀두와 포피의 예민함에 대해서는 착각이 가미되어 있기도 하다. 어쨌든 나는 그것을 어떻게 설명할지 모른다. 쿠네는 이 지식을 치료 목적으로 이용했다. 그는 외부 생식기 끝을 찬물을 부으면서 부드러운 젖은 수건으로 가볍게 마찰할 것을 권한다. 남자의 경우 귀두는 마찰하기 전에 포피로 덮여있어야 한다. 쿠네가 권하는 방법은 이렇다. 찬물이 들어있는 욕조에 수면보다 약간 높은 등 없는 걸상을 놓는다. 환자는 발은 욕조 밖에 둔 채 걸상에 앉아 욕조의 물에 겨우 닿는 생식기를 가볍게 마찰한다. 마찰은 고통을 일으켜서는 안된다. 반대로 환자는 기분이 좋고, 끝난 뒤에 평화롭게 쉰 느낌이 있어야 된다. 병이 무엇이든 마찰욕은 한동안 환자의 상태를 개선시킨다. 쿠네는 마찰욕을 하반신욕보다 높이 평가한다. 나는 마찰욕을 별로 해보지 않았다. 내가 마찰욕을 권한 사람들도 참을성 있게 실험을 해보지는 않았다. 그래서 나는 직접 경험에 근거해서 그 효험에 대해 의견을 말할 수는 없다. 그것은 누구든 해볼만한 가치가 있다. 욕조를 구하는 데 어려움이 있다면 물을 끼얹으면서 마찰욕을 할 수 있다. 그것은 반드시 환자에게 평화로움과 쉬었다는 느낌을 갖게 한다. 일반적으로 사람들은 생식기를 깨끗이 하는 데 주의를 기울이지 않는다. 마찰욕은 쉽게 그런 효과를 거둘 수 있을 것이다. 특히 주의를 하지 않으면 포피와 귀두 사이에 때가 쌓인다. 그것은 제거해야 한다. 생식기를 깨끗이 유지하고 위에서 설명한 처치를 참을성 있게 따르면 계율을 지키는 일이 비교적 쉬워질 것이다. 결과적으로 그 부분의 신경이 덜 예민해지고 원치 않는 누정(漏精)이 덜 일어날 것이다.

습포도 땀띠, 두드러기, 그 밖의 피부문제, 홍역, 천연두 등에 유용하다. 나는 이들 질병에 상당히 큰 규모로 습포를 사용해보았다. 천연두와 홍역의 경우 나는 물이 연한 분홍빛이 될 만큼 과망간산칼륨을 넣었다. 이 환자들에게 사용한 천은 나중에 끓는 물에 넣어 물이 식을 때까지 두어 살균하고 비누칠하여 빨았다.

혈액순환이 좋지 않거나 다리 근육이 아프거나 다리가 이상하게 아프고 불편한 느낌이 있는 경우에 얼음 마사지가 큰 효과가 있다. 이 처치는 여름에 더 효과가 있다. 허약한 환자에게 겨울에 얼음 마사지를 하는 것은 위험할 수 있다.

이제 더운물 치료법에 대해 몇마디 하겠다. 더운물을 잘 사용하면 많은 경우에 괴로움을 덜 수 있다. 모든 종류의 상처에 요드액을 바르는 것은 널리 알려진 치료법이다. 그 경우 대부분에 더운물을 바르는 것이 똑같이 효과가 있을 것이다. 붓거나 멍이 든 곳에 요드액을 바르는데, 더운물 찜질이 같거나 더 나은 효과가 있을 것이다. 또 귀가 아플 때 요드액을 쓰는데, 따뜻한 물로 귀를 씻으면 대부분의 경우 통증이 사라진다. 요드액을 사용하는 데는 얼마간의 위험이 따른다. 환자가 그 약에 알레르기 증상을 나타낼 수 있다. 요드액을 다른 것으로 잘못 알고 먹으면 큰일이 날 수 있다. 그러나 더운물에는 아무런 위험이 없다. 끓는 물은 요드액 못지않게 좋은 소독제이다. 나는 요드액의 유용성을 무시하려는 것도 아니고, 모든 경우에 더운물이 그것을 대신할 수 있다고 말하는 것도 아니다. 요드액은 내가 아주 유용하고 필요하다고 생각하는 몇 안되는 약 중의 하나이다. 그러나 그것은 비싸다. 가난한 사람들은 그것을 살 여유가 없고, 더욱이 그것을 누구나 안전하게 사용하리라고 믿을 수 없다. 그러나 물은 어디서나 구할 수 있다. 그것을 쉽게 구할 수 있다 해서 그 치료 효과를 무시해서는 안된다. 평범한 가정의 치료법이 수많은 위기에 대하여 천우신조가 되는 일이 흔히 있다.

증기는 더 가치있는 치료수단이다. 그것은 환자가 땀을 내도록 할 수 있다. 증기욕은 류머티즘 등의 관절 통증에 가장 유용하다. 가장 쉽고 또 가장 오래된 증기욕 방법은 다음과 같다. 단단하지만 성글게 짜여진 침상에 담요를 한두장 덮고 끓는 물이 가득 찬 통을 하나나 둘 뚜껑을 덮어 침상 밑에 놓는다. 환자를 침상에 눕히고 담요를 덮는데, 담요자락이 바닥에까지 닿아서 그 속의 증기가 빠져나가거나 바깥 공기가 들어가지 않도록 한다. 그 다음에 끓는 물이 담긴 통의 뚜껑을 열면 증기는 두 담요 사이에 누워있는 환자를 감싸게 된다. 뜨거운 물을 한번이나 두번 바꾸어줄 필요가 있을 수 있다. 보통 인도에서는 물그릇 밑에 화로를 두어 물이 계속 끓게 한다. 이렇게 하면 증기가 계속 나오게 되지만 사고의 위험이 있다. 불꽃이 튀어 담요나 침상에 불이 붙으면 환자의 생명을 위태롭게 한다. 그러므로 느리고 지루하게 여겨지더라도 내가 설명한 방법을 쓸 것을 권한다.

어떤 사람은 증기를 내는 물에 님 잎이나 그 밖의 다른 풀을 넣기도 한다. 그렇게 하는 것이 증기의 효과를 높이는지 어떤지 나는 모른다. 목적은 환자가 땀을 흘리게 만드는 것이며, 그것은 증기만으로도 된다.

발이 차거나 다리가 아플 때 환자는 견딜 수 있을 만큼 뜨거운 물에 무릎까지 담그고 앉아있게 한다. 물에 겨자가루를 조금 풀어 넣을 수 있다. 각탕은 15분을 넘지 말아야 한다. 이것은 다리의 혈액순환을 개선시키고 당장에 괴로움을 덜어준다.

일반적인 감기나 목이 아플 때는 보통의 찻주전자 비슷한 주둥이가 긴 증기 주전자로 코나 목에 증기를 쐬게 할 수 있다. 이런 목적으로 보통의 주전자에 고무튜브를 연결하여 쓸 수 있다.

'아카시'

'아카시'는 지구와 대기를 둘러싸고 있는 빈 공간으로 생각할 수 있다.

하늘과 에테르가 대기의 집이다. 빈 병에서 공기를 뽑아내어 진공을 만들 수 있다. 그러나 진공 자체를 뽑아낼 수 있는가? 그것이 아카시다.

이 아카시를 우리는 건강을 유지하거나 회복하기 위하여 이용해야 한다.

이 아카시라는 위대한 요소를 더 많이 활용할수록 우리는 더 건강해질 것이다. 첫째로 알아야 할 것은 우리 자신과 하늘 — 아주 가까이 있으면서 아주 멀리 있기도 한 무한 — 사이를 가로막는 것을 아무것도 두지 말아야 한다는 것이다. 집과 지붕, 옷의 방해 없이 우리 몸이 하늘과 접촉할 수 있으면 우리는 최대의 건강을 누릴 수 있을 것이다. 이것은 누구에게나 가능한 것이 아니다. 그러나 모두가 이 말의 타당성을 받아들이고, 그에 따라 생활을 조정할 수 있고, 그렇게 해야 한다. 실제로 그런 상태에 접근할 수 있는 만큼 우리는 만족과 마음의 평화를 즐기게 될 것이다.

이런 생각을 하는 사람은 그의 주위를 가능한 한 개방된 상태로 유지할 것이다. 그는 집을 불필요한 가구로 가득 채우지 않을 것이며, 옷도 최소한으로 입을 것이다. 많은 집들이 없어도 괜찮은 온갖 불필요한 가구와 장식품으로 가득 차있어서, 단순한 삶을 사는 사람은 그런 환경에서 숨이 막히는 기분이 될 것이다. 그런 것들은 먼지와 박테리아, 곤충이 꾀이게 할 뿐이다.

사람은 반드시 개방된 곳에서 자도록 해야 한다. 날씨의 변화

― 추위나 이슬 ― 에 대비해서 몸을 보호할 수 있게 덮을 것을 충분히 사용해야 한다. 우기에는 우산처럼 지붕만 있고 벽은 없는 곳을 사용한다. 그 외에는 별들이 박힌 푸른 천개가 지붕이 되어서 눈을 뜰 때마다 끊임없이 변하는 아름다운 하늘의 파노라마를 즐길 수 있다. 그 광경에 지칠 일은 없을 것이며, 눈부시거나 눈이 아플 일도 없을 것이다. 오히려 그것은 사람의 마음을 달래줄 것이다. 여러 별자리들이 장엄하게 흘러가는 것을 보는 일은 눈에게는 성찬이다. 자신의 모든 생각에 대해 별들을 살아있는 증인으로 삼게 되는 사람은, 악하거나 불순한 어떤 생각도 마음에 들어오게 하지 않을 것이며, 평화롭고 상쾌한 잠을 즐길 것이다.

위쪽의 아카시로부터 내려와, 내면과 바로 우리 주위의 아카시로 가보자. 우리의 피부에는 수많은 땀구멍이 있다. 이 땀구멍 속의 빈 공간을 채우면 우리는 죽게 된다. 그러므로 땀구멍이 조금이라도 막히면 건강의 균형된 흐름이 방해를 받는다. 마찬가지로, 우리는 소화기관을 불필요한 음식으로 가득 채우지 말아야 한다. 꼭 필요한 만큼 먹고 더 먹지 말아야 한다. 흔히 사람들은 의식하지 않고 과식을 하고, 소화시킬 수 없는 것을 먹는다. 때때로 일주일이나 이주일에 한번씩 금식을 하면 균형을 유지할 수 있을 것이다. 만일 하루 종일 금식을 할 수 없으면 하루에 한끼나 두끼를 건널 수 있다. 자연이 진공을 싫어한다는 생각은 부분적으로만 진실이다. 자연은 계속해서 진공을 요구한다. 우리를 둘러싸고 있는 거대한 우주 공간이 그 사실의 변치 않는 증거이다.

태양

일광욕은 보통의 목욕만큼 유용하다. 허약 상태나 순환이 느린 경우 전신을 아침 햇볕에 노출시키는 것은 전반적인 강장제 역할을 하고 대사작용을 촉진시킨다. 아침 해는 햇볕의 가장 효과적인 성분인 자외선을 가장 많이 가지고 있다. 환자가 추위를 느끼면 몸을 덮고 햇볕에 누워서 조금씩 덮은 것을 벗긴다. 사람들의 시선을 피할 수 있는 곳에서 옷을 입지 않고 햇볕 속을 걸어다니며 일광욕을 할 수도 있다. 그런 곳을 찾을 수 없으면 천 조각으로 음부만을 가리고 몸의 나머지 부분을 햇볕에 드러낼 수 있다.

나는 일광욕으로 도움을 받은 사람을 많이 알고 있다. 그것은 결핵에 대한 잘 알려진 처치법이다.

일광욕은 흔히 잘 낫지 않는 궤양을 낫게 한다.

공기

이 다섯번째 요소는 앞에서 말한 네가지 요소 못지않게 중요하다. 다섯 요소로 이루어진 인체는 그중 어느 하나도 없이 살 수 없다. 그러므로 아무도 공기를 두려워해선 안된다. 일반적으로 우리 사람들은 어디에 가든 햇볕과 공기를 막는 장치를 하고, 그래서 건강을 위태롭게 한다. 어린시절부터 열린 곳에서 많은 신선한 공기 가운데서 사는 습관을 들이면 몸이 강해져서 감기나 그와 비슷한 병에 걸리는 일은 없을 것이다.

의료의 범위

'전 인도 마을산업 연맹'의 활동 개시와 함께 의료 구호활동은 많은 일꾼들의 프로그램에서 아주 두드러진 위치를 갖게 되었다.

그것은 대증요법, 아유르베다, 동종요법 혹은 그 모두가 혼합된 약을 마을사람들에게 무료로 나누어 주는 것이다. 이런 약들을 파는 약제사들은 일꾼들에게 기꺼이 약들을 제공한다. 약값이 몇푼 되지 않는데다 그 약을 통해서 더 많은 고객을 확보하게 될 수도 있다고 생각하기 때문이다. 가난한 환자들은 의도는 좋지만 잘못 알고 있는, 혹은 지나치게 열성적인 일꾼들의 피해자가 된다. 이 약들의 3/4 이상이 쓸모없을 뿐만 아니라 보이지 않게 — 보이는 경우가 아니라면 — 그것을 섭취한 몸에 해를 끼친다. 실제로 환자들에게 일시적인 도움이 되는 경우에도 그것을 대신할 수 있는 것을 예외 없이 마을 장터에서 발견할 수 있다.

그러므로 '연맹'은 내가 설명한 종류의 의료구호를 엄격하게 금하고 있다. 그 주된 관심사는 건강과 경제에 관련된 교육이다. 그 두가지가 상호 연결된 것이 아닌가? 수많은 사람들에게 건강이 곧 부를 의미하지 않는가? 지능이 아니라 몸이 부를 얻는 주된 도구이다. 그러므로 '연맹'은 사람들에게 병을 예방하는 방법을 가르치려고 한다. 수많은 사람들의 음식에 영양분이 몹시 부족하다는 점은 잘 알려져 있다. 그들은 그들이 먹는 음식을 잘못 다루고 있다. 위생에 대한 지식은 사실상 전무하다. 마을의 위생시설은 가능한 한 나쁜 상태이다. 그러므로 만일 이런 결함을 바로잡고 사람들이 간단한 위생 규칙들을 지키게 되면, 그들이 겪고 있는 대부분의 괴로움은 다른 노력이나 돈을 들이지 않고도 사라질 것이 틀림없다. 그래서 '연맹'은 약국을 열 생각을 하지 않고 있다. 현재 마을에서 나오는 것에서 약으로 쓸 수 있는 것이 무엇인지 조사 중이다. 사티쉬 바부의 값싼 치료제들이 그런 방향의 노력이다. 그것들은 믿을 수 없을 만큼 단순하지만, 그는 이런 치료제의 효과는 줄이지 않으면서 수는 크게 줄이려는 생각으로 실험을 하고 있다. 그는 장터에 나오는 약들을 연구하고, 영국의 제약회사들에서 나오는 상응하는 약들과 비교 실험을 하고 있다. 단순한 마을사람들이 내용을 알 수 없는 알약과 물약들에 대한 두려움에서 벗어날 수 있게 도움을 주려는 것이다.

발열이나 변비 같은 일반적인 질병으로 마을일꾼들에게 도움을 청하면, 그들은 물론 줄 수 있는 도움을 줄 것이다. 확실한 진단을 할 수 있을 때에는 마을 장터의 약이 가장 싸고 가장 좋다는 것은 의심할 나위가 없다. 약품을 사두어야 한다면, 카스터 기름, 키니네, 끓는 물이 최고의 의약품이다. 카스터 기름은 지역에서 살 수 있다. 센나 잎을 같은 목적에 사용할 수 있다. 키니네는 자주 쓰지 않을 것이다. 열이 있는 경우라고 해서 모두 키니네가 필요하지는 않다. 또 모든 열에 키니네가 듣지도 않는다. 대부분의 열은 금식이나 절식을 하면 사라진다. 곡류, 콩, 우유를 먹지 않고, 과일주스나 끓인 건포도 물, 끓인 조청 물에 신선한 레몬주스나 타마린드를 섞은 것을 먹는 것이 절식이다. 끓는 물은 아주 강력한 치료 효과가 있다. 그것은 장운동을 촉진할 수 있고, 땀을 내게 하여 열을 내리기도 하며, 가장 안전하고 가장 값싼 소독제이다. 마셔야 될 때는 충분히 식도록 기다려야 한다. 끓이는 것은 그저 데우는 것을 의미하지는 않는다. 물이 끓으면 기포가 올라오고, 증기가 나오기 시작한다.

일꾼들이 무엇을 할지 확실히 알지 못할 때는 지역의 치료사가 완전히 맡아 하도록 두어야 한다. 그런 사람이 없거나 믿을만하지 않고, 일꾼이 가까이에 있는 인정 많은 의사를 안다면, 그의 도움을 청해도 좋다.

그러나 그들은, 병이라 하더라도 그것을 다루는 가장 효과적인 방법은 위생을 지키는 것임을 알게 될 것이다. 자연이 최고의 의사라는 사실을 기억하도록 하라. 사람이 손상시킨 것을 자연이 고쳐준다는 것을 확신할 수 있을 것이다. 사람이 계속해서 방해를 하면 자연은 무력하게 된 것처럼 보인다. 그러면 자연은 죽음 - 고칠 수 없게 된 것을 파괴하는 최후의 단호한 방법 - 을 보낸다. 그리고 그에게 새로운 의상을 준다. 그러므로 위생에 관한 일을 하는 일꾼들은 모든 사람에게 가장 좋은 도움을 주는 사람이며 가장 좋은 의사이다.

마을일이나 사회봉사의 일부로서 의료 구조활동은 여러 조직으로부터 내가 받은 많은 보고에서 중요한 역할을 하고 있다. 이것은 스스로 의료 구조를 한다고 광고를 하고, 여기저기서 모여든 환자들에게 약을 공급하는 것이다. 그것은 약을 주는 사람은 아무런 수고를 하지 않는다는 뜻이다. 그는 병이나 증상에 대하여 지식을 갖고 있을 필요가 없다. 약은 흔히 마음 좋은 약제사에게서 무료로 받는다. 기증품은 항상, 고통받는 인류를 위해 자선을 베풀 수 있으면 양심에 만족을 얻는, 닥치는 대로 기증을 하는 사람들에게서 얻을 수 있다.

이런 사회봉사는 내가 보기에 가장 게으른 형태의 봉사이며, 왕왕 해롭기까지 하다. 환자가 아무것도 하지 않고 주어진 약만 삼키면 된다고 생각할 때 해로운 일이 일어나는 것이다. 그는 약을 받음으로써 조금도 더 현명해지지 않는다. 오히려 전보다 더 나쁜 처지가 된다. 그가 어떤 불편을 바로잡아줄 알약이나 물약을 공짜로, 혹은 사소한 대가를 주고 얻을 수 있다는 것을 알게 되면 또다시 그렇게 하고 싶은 유혹을 느낄 것이다. 무료로 그런 도움을 받는다는 사실이 그의 자존감을 훼손할 것이다. 자존심이 있다면 대가 없이 무엇이든 받으려 하지는 않을 것이다.

다른 종류의, 크게 도움이 되는 의료 구조가 있다. 그것은 병의 성격을 아는 사람이 제공하는 것으로, 그는 환자에게 왜 그런 문제가 생겼는지, 어떻게 그것을 피할 수 있는지 말해줄 것이다. 그런 봉사자들은 밤낮을 불구하고 어떤 시간에든 도움을 주러 달려갈 것이다. 그런 구조는 사람들에게 어떻게 청결을 유지하고, 긴강을 얻을지를 가르쳐주는 위생교육이다. 그러나 그런 서비스는 드물다. 많은 경우, 보고서에 들어있는 의료 구조에 대한 언급은 다른 활동들을 위한 기부금을 요청하는 광고이다. 그런 활동들도 의료 구조와 마찬가지로 사람들에게서 자발적인 노력이나 지식을 거의 요구하지 않는 것들이다. 그러므로 나는 사회봉사활동 분야의 모든 일꾼들에게, 도시에서든 농촌에서든, 그들의 의료활동을 봉사의 가장 사소한 항목으로 취급하라고 권하고 싶다. 의료 구조에 대해서는 언급을 피하는 것이 더 나을 것이다. 일꾼들은 그들의 지역에서 병을 예방할 수 있는 조처를 취하는 것이 좋을 것이다. 비축하고 있는 약은 가능한 한 적어야 한다. 그들은 장터에서 구할 수 있는 약들을 연구하고, 그 성분이 무엇인지 알아내어 가능한 한 그것들을 사용해야 한다. 우리가 신디 마을에서 발견하고 있는 것처럼 그들도 더운물, 햇볕, 깨끗한 소금과 소다 그리고 때때로 카스터 기름이나 키니네로 대부분의 경우에 효과를 본다는 것을 알게 될 것이다. 우리는 모든 심각한 환자들은 반드시 병원으로 보낸다. 환자들은 미라바헨에 모여들어 위생과 질병 예방에 대한 교육을 받는다. 그리고 그들은 단순히 가루나 조제약을 받는 대신 이런 교육을 받게 되는 데 대해 분개하지 않는다.

제25장 식사

 사람이 공기와 물 없이 살 수 없다는 것은 분명하지만, 몸에 영양을 주는 것은 음식이다. 그래서 음식이 생명이라는 말이 있다.
 음식은 세가지 범주, 즉 채식, 육식, 혼합식으로 나누어진다. 육식은 가금류와 생선을 포함한다. 우유는 동물성 식품이어서 엄격한 채식에는 포함될 수 없다. 그것은 아주 넓은 범위에서 고기의 역할을 대신한다. 의학용어로 그것은 동물성 식품으로 분류된다. 일반인은 우유를 동물성 식품으로 생각하지 않는다. 한편 계란은 일반인이 고기 종류로 생각한다. 사실은 그렇지 않다. 요즈음은 무정란도 생산된다. 수탉이 없는 곳에서도 암탉은 알을 낳는다. 무정란은 병아리가 되지 않는다. 그러므로 우유를 먹는 사람은 무정란을 먹는 데 대해 반대할 것이 없다.
 해부학적·생리학적 증거로 인간은 채식을 하는 것이 좋다는 견해를 강하게 갖고 있는 학파가 커지고 있지만, 의학계의 의견은 대개 혼합식을 지지한다. 사람의 치아, 위, 장 등의 증거로 보아

인간은 채식을 하도록 되어있는 것 같다.

  채식 식단은 곡식, 콩, 식용뿌리, 괴경, 잎 외에도 생과일과 말린 과일을 포함한다. 말린 과일은 아몬드, 피스타치오, 호두 등을 포함한다.

  나는 항상 순수한 채식을 좋아해왔다. 그러나 경험을 통해 나는 완전히 건강하려면 채식에 우유와 응유, 버터, 버터기름 같은 유제품을 포함시켜야 한다는 것을 알게 되었다. 이것은 나의 본래의 생각에서 상당히 벗어난 것이다. 나는 6년간 우유를 배제한 식사를 하였다. 그때에는 그 때문에 아무런 나쁜 점을 느끼지 않았다. 그러나 1917년에 나는 자신의 무지로 심한 설사병을 앓았다. 나는 해골처럼 말랐는데도 고집스럽게 아무런 약도 먹지 않고 우유나 버터우유도 거부했다. 그러나 몸은 회복되지 않고, 침상을 떠날 만큼 기운이 돌아오지 않았다. 나는 우유를 마시지 않겠다는 맹세를 했었다. 의사인 한 친구가, 내가 그 맹세를 했을 때 나는 오직 소와 물소의 젖을 생각했을 것이 아닌가라고 말했다. 그 맹세 때문에 염소젖을 먹지 못할 이유는 없지 않은가? 아내도 그의 말을 거들었고, 나는 항복을 했다. 사실을 말하자면, 우유를 먹지 않겠다고 한 사람으로서, 맹세를 할 때는 소와 물소의 젖만을 생각했지만 모든 젖은 금기가 되어야 한다. 모든 동물의 젖은 사실상 같은 성분을 가지고 있고 그 성분의 비율만이 다를 뿐이다. 그러므로 나는 맹세의 말만 지키고, 그 정신은 지키지 못한 것이다. 어쨌든 당장에 나는 염소젖을 마셨다. 그것은 내게 새로운 생명을 가져다주는 것 같았다. 나는 빠르게 체력을 회복했고, 곧 침상을 떠날 수 있었다. 이것과 몇번의 그 비슷한 경험을 통해서 나는 엄격한 채식에 우유를 포함시킬 필요를 인정할 수밖에 없었다. 그러나 나는 거대한 식물의 왕국 속에 우리가 우유와 고기에서 얻는 필요 성분을 공급하면서도 윤리나 다른 약점을 가지고 있지 않은 종류가 꼭 있을 거라고 확신한다.

내 생각에 우유와 고기를 섭취하는 데는 결정적인 약점들이 있다. 고기를 얻기 위해서 우리는 죽여야 한다. 그리고 우리는 확실히 어린시절 어머니의 젖 외에는 다른 젖을 먹을 권리가 없다. 도덕적인 약점들말고도 순전히 건강의 관점에서도 약점들이 있다. 우유와 고기 모두 그것을 배출한 동물이 가지고 있는 결함을 가지고 있다. 가축으로 길러진 동물들은 완전히 건강한 경우가 거의 없다. 인간과 마찬가지로 동물들도 수많은 질병을 앓고 있다. 소들은 정기적인 검진을 하지만, 여러 질병이 간과된다. 뿐만 아니라, 인도 전체의 소들을 검진하는 일은 적어도 현재로는 불가능한 일이다. 나는 세바그람 아쉬람에 낙농장을 두고 있다. 나는 의사인 친구들에게서 쉽게 도움을 받을 수 있다. 그러나 나는 세바그람 낙농장의 모든 소들이 건강하다고 확실하게 말할 수는 없다. 반대로 모두가 건강하다고 생각하고 있던 소가 결핵에 걸려있는 것이 발견되었다. 이 진단을 받기 전에 그 소의 젖을 규칙적으로 아쉬람에서 사용했다. 아쉬람은 또 이웃 마을의 농부들에게서 우유를 제공받는다. 그 소들은 검진을 받지 않는다. 어떤 우유에 결핵균이 있는지를 알아내기는 어렵다. 우리는 우유를 끓이는 것으로써 확보되는 안전에 만족해야 한다. 아쉬람에서 그곳의 소들에 대한 완전한 검진을 할 수 없다면, 그래서 그 낙농제품의 안전을 보장할 수 없다면 다른 곳의 상황도 그보다 나을 가능성이 없다.

젖소에 해당되는 일이 고기를 위해 도축되는 소들에게는 훨씬 광범위하게 해당될 것이다. 일반적으로 사람이 그런 위험을 피하기 위해서는 행운에 의지할 수밖에 없다. 그는 건강에 대해 별로 걱정하는 것 같지 않다. 의사, 학자, 치료사들로 이루어진 요새 속에서 아주 안전하다고 느낀다. 그의 주된 걱정과 관심은 어떻게 부와 사회적 지위를 얻을까이다. 이 걱정이 다른 것들은 모두 가려 버린다. 그러므로 어떤 사심 없는 과학자가 참을성 있는 연구의 결과로 우유와 고기를 대신할 수 있는 식물을 찾아내지 않는 한, 그는 계속 고기와 우유를 먹을 것이다.

이제 혼합식을 살펴보자. 사람은 성장을 위해서, 또 매일 몸에 필요한 조직 구성물질을 공급하기 위해서 음식을 먹어야 한다. 그 음식에는 또 에너지와 지방, 소금과 노폐물 배설에 도움이 되는 섬유질을 공급할 수 있는 것이 포함되어야 한다. 조직을 구성하는 물질은 단백질이라고 알려져 있다. 그것은 우유, 고기, 계란, 콩, 견과류에서 섭취한다. 우유와 고기에 들어있는 단백질, 즉 동물성 단백질은 쉽게 소화되고 동화되기 때문에 식물 단백질보다 훨씬 가치가 있다. 우유는 고기보다도 우월하다. 의사들은 고기가 소화될 수 없는 경우에도 우유는 쉽게 소화된다고 말한다. 채식주의자들에게 우유는 유일한 동물성 단백질원이기 때문에 아주 중요한 식품이다. 날계란의 단백질이 모든 단백질 중에서 가장 쉽게 소화되는 것으로 생각된다.

그러나 누구나 우유를 마실 여유가 있는 것은 아니다. 또 우유는 어느 곳에나 있는 것도 아니다. 나는 여기서 우유에 관한 아주 중요한 사실을 언급하려 한다. 일반적인 믿음과는 달리 지방을 제거한 우유는 아주 가치있는 식품이다. 그것이 온전한 우유보다도 더 유용한 것으로 드러나는 경우도 있다. 우유의 주된 기능은 조직 구성과 조직 재생을 위해 동물성 단백질을 공급하는 것이다. 지방을 제거한 우유에는 단백질이 고스란히 남아있다. 또 현존하는 도구로는 지방을 완전히 걷어내지 못한다. 또 그런 도구가 만들어질 가능성도 없다.

신체에는 지방을 제거한 것이든 아니든 우유말고 다른 것도 필요하다. 나는 곡류 — 밀, 쌀, 수수, 바즈리[24]에 두번째 자리를 준다. 이것이 주식이다. 인도의 지방에 따라 주식으로 쓰이는 곡식이 다르다. 많은 곳에서 한가지 이상의 곡식을 동시에 주식으로 먹는다. 예를 들면, 적은 양의 밀, 바즈리, 쌀을 흔히 함께 쓴다. 이렇게 섞는 것은 몸의 영양을 위해 필요하지는 않다. 그것은 먹는 음식의 양을 규제하기 어렵게 하고, 소화에 부담을 준다. 이 모든 것들이 주로 전분을 제공하므로 한번에 한가지만 먹는 것이 더 좋다. 밀이 곡식 중의 왕이라고 할 수 있다. 세계 지도를 살펴보면 밀이 첫째 자리를 차지하고 있는 것을 알 수 있다. 건강의 관점에서 볼 때 우리가 밀을 얻을 수 있으면 쌀과 다른 곡식은 필요하지 않다. 밀을 구할 수 없고 수수 등을 혐오감이나 소화의 어려움 때문에 먹을 수 없으면 쌀에 의존할 수 있다.

곡식은 제대로 씻고 맷돌에 갈아서 그대로 사용해야 한다. 가루를 체에 쳐서는 안된다. 소금과 비타민이 풍부한 과피를 제거하게 되기 때문이다. 그 두가지는 영양학적으로 아주 중요하다. 과피는

---

24) 곡류의 일종.

또 장운동을 돕는 섬유질도 공급한다. 쌀알은 아주 섬세하므로 바깥 껍질이 있다. 그것은 먹을 수 없다. 이 먹을 수 없는 부분을 제거하기 위해 벼를 찧어야 된다. 바깥 껍질인 겨만 제거하도록 찧어야 하는데, 도정기계로 찧으면 겨뿐만 아니라 쌀알의 과피까지 벗겨버린다. 도정된 쌀은 저장하기에 좋으므로 사람들이 좋아한다. 과피는 달기 때문에 그것이 제거되지 않으면 쉽게 침해를 받는다. 도정한 쌀과 과피가 없는 밀은 거의 순수한 전분만을 제공한다. 과피와 함께 곡식의 중요한 구성성분이 사라진다. 쌀의 과피는 쌀겨로 따로 판다. 이것과 밀의 과피는 요리하여 그것만 따로 먹기도 한다. 그것으로 자파티 혹은 케이크를 만들 수 있다. 쌀 자파티는 현미쌀보다 더 쉽게 소화될 수 있고, 이런 형태로 먹으면 더 적은 양으로 만족할 수 있을 것이다.

우리는 자파티를 채소 국물에 적셔서 먹는 습관이 있다. 그 결과 대부분의 사람들이 음식을 제대로 씹지 않고 삼킨다. 씹는 일은 특히 전분질의 음식의 소화과정에 중요한 단계이다. 전분의 소화는 입에서 침과 접촉하는 것으로 시작된다. 씹으면 음식물을 침과 철저히 섞게 된다. 그러므로 전분 음식은 상대적으로 건조한 형태로 먹어야 침을 많이 분비하게 만들고 또 철저히 씹게 된다.

전분을 공급하는 곡류 다음에 단백질을 공급하는 콩류 — 콩과 편두 — 가 온다. 거의 모든 사람들이 콩류가 필수적인 식품이라고 생각하는 것 같다. 고기를 먹는 사람들조차도 콩을 먹어야 한다. 힘든 육체노동을 하고 우유를 마실 여유가 없는 사람은 콩을 먹지 않으면 안된다는 것을 쉽게 이해할 수 있다. 그러나 나는 주저없이, 점원, 사업가, 변호사, 의사, 교사 같은 사람들로서 우유를 마실 여유가 있는 사람들은 콩이 필요하지 않다고 말할 수 있다. 콩류는 보통 소화하기 어려운 음식으로 생각되며, 곡류보다 훨씬 적은 양만 먹는다. 콩류 중에서 완두콩, 이집트콩, 강낭콩이 소화하기 제일 어렵고 편두가 제일 쉽다고 생각된다.

세번째로 야채와 과일이 온다. 사람들은 인도에서는 싸고 쉽게 그것을 구할 수 있을 것으로 생각하지만 그렇지 않다. 그것들은 보통 도시사람들을 위한 맛있는 음식으로 생각된다. 마을에서는 신선한 채소는 드물고 대부분 과일도 구할 수 없다. 채소와 과일의 부족은 인도 행정부의 수치이다. 마을사람들은 하려고 하면 많은 채소를 기를 수 있다. 과일 문제는 그렇게 쉽게 해결될 수 없다. 토지법령은 마을사람의 관점에서 볼 때 나쁘다. 그러나 그것은 여기서 할 얘기는 아니다.

신선한 채소 중에서 상당한 양의 잎채소를 날마다 먹어야 한다. 나는 채소에 주로 전분을 공급하는 감자, 고구마, 수란[25]은 포함시키지 않는다. 그것들은 전분을 공급하는 곡류와 같은 범주에 넣어야 한다. 보통의 신선한 채소를 상당량 먹는 것이 권할만한 일이다. 오이와 토마토, 겨자, 다닥냉이 그리고 다른 연한 잎들은 요리할 필요가 없다. 깨끗이 씻어서 적은 양을 날것으로 먹어야 한다.

우리의 매일의 식사에 계절에 따라 구할 수 있는 과일을 포함시켜야 한다. 망고, 잠부, 구아바, 포도, 파파야, 라임, 오렌지, 무삼비 등을 제철에 먹어야 한다. 과일을 따는 가장 좋은 시간은 이른 아침이다. 과일과 우유로 충분한 아침식사가 된다. 점심을 일찍

---

25) 뿌리채소의 일종.

먹는 사람은 아침에 과일만 먹어도 된다.

바나나는 좋은 과일이다. 그러나 그것은 전분을 많이 갖고 있기 때문에 빵 대신 먹어야 한다. 우유와 바나나는 완벽한 식사가 된다.

일정량의 지방도 역시 필요하다. 이것은 버터기름이나 기름의 형태로 먹을 수 있다. 버터기름을 먹을 수 있으면 기름은 불필요하다. 기름은 소화하기 어렵고 순수한 버터기름만큼 영양분이 있지 않다. 하루에 1.5온스의 버터기름은 한사람의 몸에 필요한 양으로 충분하다. 우유도 버터기름의 공급원이 될 수 있다. 그것을 먹을 수 없는 사람은 지방의 공급을 위해 기름을 충분히 먹어야 한다. 기름 중에서 올리브 기름, 땅콩 기름, 코코아 기름을 선호해야 한다. 기름은 신선해야 된다. 장터에서 파는 기름과 버터기름은 보통 아주 쓸모가 없다. 그것은 아주 슬프고 부끄러운 일이다. 그러나 법제를 통해서든 교육을 통해서든 정직이 상도덕의 필수 요소가 되지 못한 이상 개인들은 참을성을 갖고 노력하여 순수한 물건을 구해야 한다. 물건의 질에 상관없이 구할 수 있는 것으로 만족해서는 안된다. 버터기름이나 기름을 먹지 않는 것이 나쁜 냄새 나는 기름이나 이물질이 섞인 버터기름을 먹는 것보다 훨씬 낫다. 기름처럼 당분도 일정량이 필요하다. 단맛이 있는 과일이 당분을 많이 공급하지만 하루에 1~1.5온스의 황설탕이나 백설탕을 먹는 것은 해롭지 않다. 만일 단 과일을 먹을 수 없다면 설탕이 필수품이 될 수 있다. 그러나 오늘날 단맛을 지나치게 강조하는 경향은 옳지 않다. 도시사람들은 단 음식을 너무 많이 먹는다. 우유 푸딩, 우유 사탕 그리고 다른 종류의 당과가 많이 소비되고 있다. 그것은 모두 불필요하고 아주 작은 양만 먹지 않으면 해롭다. 수

많은 사람들이 보통의 식사도 제대로 먹지 못하는 나라에서, 사탕과자와 다른 맛있는 음식들을 먹는 일은 도둑질과 다름없다고 말해도 조금도 과장이라고 할 수 없다.

단 음식에 해당되는 것이 똑같이 버터기름과 기름에도 해당된다. 버터기름이나 기름에 튀긴 음식을 먹을 필요는 없다. 튀긴 빵을 만드느라고 버터기름을 써버리는 것은 생각 없는 사치이다. 그런 음식에 익숙하지 않은 사람들은 그것을 먹을 수 없다. 예를 들어, 이 나라에 처음 온 영국사람은 우리의 단 음식과 튀긴 음식을 먹지 못한다. 그런 음식을 먹고 병이 나는 사람을 나는 자주 보았다. 맛은 습득되는 것이지 타고 나는 것이 아니다. 이 세상의 어떤 맛있는 음식도 배고픈 뒤에 먹는 음식처럼 맛있지는 않다. 배고픈 사람은 마른 빵 조각도 맛있게 먹겠지만, 배가 고프지 않은 사람은 가장 좋은 사탕과자도 먹으려 하지 않을 것이다.

이제 얼마나 많은 양을 얼마나 자주 먹어야 하는지 생각해보자. 음식은 몸을 유지하기 위해 의무적으로 — 약을 먹는 것처럼 — 먹어야 한다. 입맛을 만족시키려고 먹어서는 안된다. 그러므로 기분 좋은 느낌은 진짜 배고픔을 만족시키는 데서 오는 것이다. 따라서 우리는 맛은 배고픔에 의한 것이지 다른 데서 오는 것이 아니라고 말할 수 있다. 우리의 잘못된 습관과 인위적인 생활방식 때문에 신체가 무엇을 요구하는지 아는 사람은 별로 없다. 우리를 이 세상에 데려온 부모들은 일반적으로 자제심을 계발하지 않는다. 그들의 습관과 생활방식은 어느 정도 아이들에게 영향을 미친다. 임신 중의 어머니의 음식이 아이에게 영향을 미치게 마련이다. 아이가 어릴 때에 어머니는 온갖 맛있는 음식으로 아이의 기분을 맞추어준다. 어머니는 자신이 먹는 음식을 무엇이든 조금씩 아이에게 먹여 아이의 소화기관은 유아기에서부터 잘못된 훈련을 받는다. 습관이 한번 형성되면 버리기 어렵다. 습관을 버리는 데 성공하는 사람은 아주 드물다. 그러나 자신의 몸은 자기가 지켜야 하며 자신은 봉사에 헌신한 몸이라는 것을 깨달으면, 그는 자신의 몸을 건강한 상태로 유지하는 법칙을 배우기를 원하고, 그것을 따르려고 애쓰게 된다.

이제 우리는 육체노동을 하지 않는 사람이 섭취해야 할 여러가지 음식의 양을 결정할 시점에 도달했다. 이 글을 읽는 사람들 대부분이 여기에 해당될 것이다.

우유	2파운드
곡류(밀, 쌀, 바즈리 포함)	6온스
잎채소	3온스
다른 채소	5온스
생채소	1온스
버터기름(혹은 버터)	1.5온스 (2온스)
돌설탕 혹은 흰설탕	1.5온스
신선한 과일	식성과 지갑 사정에 따라 어떤 경우에든 하루에 신 라임 두개를 먹는 것이 좋다. 즙을 짜서 채소와 함께 먹거나 찬물이나 더운물에 타서 마신다.

앞의 무게는 모두 조리하기 전의 무게이다. 소금의 양을 쓰지 않았는데, 그것은 맛에 따라 나중에 첨가하면 된다.

그럼 얼마나 자주 먹어야 될까? 하루에 두끼를 먹는 사람도 많다. 일반적으로는 세번, 아침 일찍 일하러 나가기 전에 아침, 한낮에 점심 그리고 저녁에 저녁을 먹는다. 세번 이상 식사를 할 필요는 없다. 도시에서 어떤 사람들은 때때로 조금씩 먹는다. 이런 습관은 해롭다. 소화기관은 휴식이 필요하다.

제26장 마을의 보호

평화여단

얼마 전에 나는 평화여단 구성을 제안했다. 폭동, 특히 종교적 대립으로 인한 폭동을 목숨을 걸고 막기 위한 것이다. 내 생각은 이 여단이 경찰이나 군대까지도 대신한다는 것이었다. 이것은 아주 야심적인 것이었다. 실현 가능성은 없을지 모른다. 그러나 국민회의가 비폭력 투쟁에 성공한다면, 그런 상황을 평화적으로 다룰 기구를 개발해야 한다.

그러므로 완성된 평화여단의 구성원은 어떤 자격을 가져야 하는지 생각해보자.

1. 그는 비폭력에 대한 살아있는 신념을 가지고 있어야 한다. 이것은 신에 대한 살아있는 신념 없이는 불가능하다. 비폭력적인 사람은 신의 힘과 은총에 의하지 않고는 아무것도 할 수 없다. 그것 없이는 분노 없이, 두려움 없이, 보복하지 않고, 죽을 용기가 없을 것이다. 그런 용기는 모든 사람의 마음속에 신이 있으며, 신

이 있는 곳에서 아무런 두려움도 있을 수 없다는 믿음에서 온다. 신이 어디에나 존재한다는 생각은 적이라고 부를 수 있는 사람들의 목숨조차도 존중한다는 뜻이다. 이러한 명상이 개입하는 것은 사람이 내면의 짐승에게 사로잡혔을 때 그 사람의 분노를 가라앉히는 과정이다.

2. 이 평화의 사자(使者)는 지구상의 모든 주요 종교에 대해서 같은 관심을 가져야 한다. 그래서 그가 힌두교도라면 현재 인도에 있는 다른 신앙도 존중할 것이다. 따라서 그는 나라 안에 있는 다른 신앙들의 일반적 원리에 대한 지식을 갖고 있어야 한다.

3. 일반적으로 말해서 이 평화를 위한 일은 그 지역 사람이 그 지역에서만 할 수 있다.

4. 이 일은 혼자서도 할 수 있고, 무리를 이루어서도 할 수 있다. 그러므로 동지가 나타나기를 기다릴 필요가 없다. 그렇긴 해도 자연히 그 지역 내에서 동지를 찾게 될 것이고, 지역 여단을 형성하게 될 것이다.

5. 이 평화의 사자는 직접적인 봉사를 통해 그 지역이나 선택된 집단 안에서 사람들과 접촉을 갖고 있을 것이므로, 그가 좋지 않은 상황을 해결하러 나타났을 때, 그는 수상한 사람이나 반갑지 않은 방문객으로 간주될 수 있는 이방인이 폭동을 진압하러 온 것과는 다를 것이다.

6. 말할 것도 없이, 평화를 가져오는 사람은 흠잡을 데 없는 성품을 갖고 있어야 하고, 엄격하게 공정한 인물로 알려져 있어야 한다.

7. 일반적으로 다가오는 폭풍에는 전조가 있는 법이다. 이런 것을 감지하면 평화여단은 일이 터지기를 기다리지 않고, 일어나려고 하는 일을 조정하려 노력할 것이다.

8. 이 운동이 확산되면 늘 이 일을 하는 일꾼들이 있는 것이 좋

을 테지만 그것이 반드시 필요하지는 않다. 요점은 가능한 한 많은 선량하고 진실된 남녀를 확보하는 것이다. 이것은 여러가지 일에 종사하고 있으면서 주위 사람들과 좋은 관계를 계발할 만큼 여가가 있고, 달리 평화여단의 구성원에게 요구되는 자격을 가진 사람들 중에서 자원하는 사람을 뽑으면 된다.

9. 이 여단의 구성원들은 특색 있는 복장을 입고 있어서 시간이 가면 그들을 쉽게 알아볼 수 있어야 한다.

이것은 일반적인 제안일 뿐이다. 각각의 센터는 여기 제시된 내용에 기초하여 자체의 규약을 만들어낼 수 있다.

내가 생각하는 경찰력

비폭력적인 국가에서도 경찰력은 필요한 것이다. 이것은, 나도 인정하는 것이지만, 나의 '아힘사'가 불완전하다는 표시이다. 나는 군대는 없어도 된다고 생각하지만, 경찰력 없이 지낼 수 있다고 선언할 용기는 없다. 물론 나는 경찰이 필요하지 않은 국가를 마음속에 그릴 수 있다. 그러나 그것을 실현시킬 수 있을지는 오직 미래가 보여줄 수 있을 뿐이다.

내가 생각하는 경찰은 그러나, 현재의 경찰과는 완전히 다른 형태일 것이다. 그 구성원들은 비폭력을 믿는 사람들로 이루어질 것이다. 그들은 사람들 위에 군림하는 것이 아니라 사람들에게 봉사할 것이다. 사람들은 본능적으로 그들에게 모든 도움을 줄 것이며, 상호 협력을 통해 점점 줄어드는 소요사태를 쉽게 처리할 것이다. 경찰은 어떤 종류의 무기를 가지고 있겠지만, 그것을 사용하는 일은 아주 드물 것이다. 사실 경찰은 교정(矯正)활동에 종사하는 사람들일 것이다. 경찰의 일은 주로 도둑과 강도에 관한 일일 것이다. 노동과 자본 사이의 갈등이나 파업은 비폭력사회에서는 아주 드물 것이다. 비폭력적인 대다수의 영향이 아주 커서 사회 주요 구성원들의 존경을 받을 것이기 때문이다. 마찬가지로 종교집단 간의 분쟁이 일어날 여지도 없을 것이다.

비폭력적인 자원부대

얼마 전에 나의 제의로 평화단체를 형성하려는 시도가 있었지만 이루어지지 않았다. 그러나 그런 기구의 성질상 구성원이 그리 많을 수 없다는 교훈을 배웠다. 보통 힘에 기초한 커나단 자원부대를 효율적으로 운영한다는 것은 규율을 어기는 경우 힘을 사용할 가능성을 암시한다. 그런 단체에서 한사람의 성품은 거의 혹은 전혀 중요시하지 않는다. 체격이 첫째 요인이다. 성품이나 정신력이 가장 중요하고, 체격은 부차적인 자리를 차지하는 비폭력 단체에서는 그 반대가 통용된다. 그런 사람을 많이 찾아내기는 어렵다. 그래서 비폭력 부대가 효율적이 되려면 규모가 작아야 한다. 그런 여단은 여기저기에 흩어져 있을 수 있다. 마을이나 동네에 하나씩 있을 수 있다. 구성원들은 서로 잘 알아야 한다. 각 부대는 자신의 우두머리를 선출할 것이다. 모든 구성원은 똑같은 지위를 갖지만, 모든 사람이 같은 일을 할 때 전체를 통솔하는 한사람이 있지 않으면 일이 잘 되지 않는다. 둘 이상의 부대가 있을 때 지도자들이 의논을 하여 공동의 행동노선을 정해야 한다. 그런 방법으로만 성공할 수 있다.

만일 비폭력적 자원부대가 위에 말한 노선으로 형성되면 그들은 말썽을 쉽게 중단시킬 수 있다. 이들 부대는 군대에서 하는 것과 같은 신체훈련을 모두 할 필요는 없을 것이지만, 그중의 일정 부분은 필요할 것이다.

그러나 그런 단체의 구성원들에게 한가지 공통점이 있어야 하는데, 그것은 신에 대한 절대적인 신앙이다. 신이 유일한 동반자이며 행위자이다. 신에 대한 신앙 없이는 평화여단은 무기력할 것이다. 신을 어떤 이름으로 부르든 우리는 오직 신의 힘을 통해서만 일할 수 있다는 것을 깨달아야 한다. 그런 사람은 다른 사람을 죽이지 않을 것이다. 그는 필요하면 자신이 죽임을 당하는 것을 허용하여 죽음에 대한 승리를 통해 살 것이다.

이 법칙을 깨달아 그것이 그의 삶 속에 살아있는 현실이 된 사람의 마음은 위기에도 혼란스럽지 않을 것이다. 그는 본능적으로 바르게 행동할 줄 알 것이다.

그러나 내가 위에서 말한 것에도 불구하고, 나는 나 자신의 경험에서 얻은 몇가지 규칙을 제시하고자 한다.

1. 자원자는 어떤 무기도 지니지 말아야 한다.
2. 부대 구성원은 쉽게 알아볼 수 있어야 한다.
3. 자원자는 누구나 붕대, 가위, 바늘, 실, 외과용 칼 등의 응급처치 도구를 가지고 있어야 한다.
4. 그는 다친 사람을 운반할 줄 알아야 한다.
5. 그는 불을 끄는 법, 화재지역에 안전하게 들어가는 법, 조난구조를 위하여 높은 곳에 올라가는 법, 또 짐을 지고서나 혼자서나 안전하게 내려오는 법을 알아야 한다.
6. 그는 자기 지역의 모든 주민을 잘 알고 있어야 한다. 이것은

그 자체가 봉사이다.

7. 그는 마음속에서 끊임없이 '라마나마'를 암송해야 하며, 믿음을 갖고 있는 다른 사람들에게도 그렇게 하도록 설득해야 한다.

사람은 흔히 신의 이름을 앵무새처럼 반복하면서, 그렇게 하는 데에 과보가 있을 것을 기대한다. 진정한 탐구자는 앵무새 같은 되풀이의 거짓됨을 자신의 마음에서뿐만 아니라 다른 사람의 마음에서도 쫓아낼 수 있는 살아있는 신앙을 가지고 있어야 한다.

제27장 마을일꾼

이상적인 마을일꾼

나는 당신에게 일과 생활의 이상에 대해 말하고자 한다. 그것을 마음속에 지니고 그것을 향해 일해나가야 한다.

당신은 일반적인 의미의 경력을 쌓기 위하여 여기에 온 것이 아니다. 오늘날 사람의 가치는 돈으로 측정되고, 사람이 받은 교육은 상품이 된다. 만일 당신이 그런 척도를 가지고 왔다면 당신은 실망하게 될 것이다. 당신의 공부가 끝나면 당신은 10루피의 보수를 받고 시작할 수 있는데, 그뿐이다. 당신은 그것을 커다란 회사의 지배인이나 높은 관리가 받는 것과 비교해서는 안된다.

우리는 현재의 기준을 바꿔야 한다. 우리는 당신에게 아무런 세속적 경력을 약속하지 않는다. 사실 우리는 당신이 그런 종류의 야망을 버리길 바란다. 당신은 한달 식비를 6루피 이내로 유지해야 할 것이다. I.G.S.의 식비는 한달에 60루피나 될지 모른다. 그러나 그렇다고 해서 그가 당신보다 신체적으로나 지적으로 혹은 도덕적으로 우월하다는 것을 의미하지 않는다. 그는 그런 사치스러운 생활에도 불구하고 모든 면에서 당신보다 열등할지 모른다. 내가 짐작건대 당신은 세상에서의 당신의 자격을 높이 평가하지 않기 때문에 이곳에 왔다. 당신은 아주 적은 돈을 받고 나라에 봉사하는 것을 좋아한다. 어떤 사람은 주식 중개소에서 수천루피를 벌지 모르지만, 우리의 목적에는 전혀 쓸모가 없다. 그들은 우리의 소박한 환경 속에서 불행할 것이고, 우리는 그들의 환경에서 불행할 것이다. 우리는 나라를 위해 일할 이상적인 노동자를 원한다. 그들은 어떤 음식을 먹게 될지, 그들이 봉사하게 될 마을사람들에게서 어떤 안락함을 보장받을지 신경쓰지 않을 것이다. 그들은 신이 필요한 것을 주리라 믿고, 자신이 겪게 될 시련과 고난을 기뻐할 것이다. 70만 마을을 생각해야 하는 이 나라에서 그것은 피할 수 없는 일이다. 우리는 규칙적으로 올라가는 월급과 예비자금이나 연금에 관심이 있는 일꾼을 월급 받는 직원으로 둘 여유가 없다. 마을사람들에 대한 성실한 봉사가 그 자체의 보상이 되어야 한다.

당신들 중에는 이런 기준을 마을사람들에게도 요구하는지 물어보고 싶은 사람이 있을 것이다. 전혀 그렇지 않다. 이런 기대는 봉사자인 우리들에 대한 것이지 우리의 주인인 마을사람들에 대한 것이 아니다. 우리는 긴 세월 동안 그들의 등에 올라앉아 있었다. 그래서 우리는 주인들의 처지가 지금보다 훨씬 나아질 수 있도록 자발적으로 더 큰 가난을 받아들이고자 하는 것이다. 우리는 그들이 지금 벌고 있는 것보다 훨씬 더 많이 벌 수 있게 해야 한다. 그것이 '마을산업 연맹'의 목표이다. 내가 말한 것 같은 봉사자들이 계속해서 늘어나지 않으면 그것은 잘 되어갈 수 없다. 나는 당신들이 그런 봉사자가 되기를 기원한다.

필요 자격

[다음은 간디지가 '사티야그라히'(진리파지 활동가)들의 자격요건으로 말한 것들이다. 그러나 그에 의하면 마을일꾼 역시 진정한 '사티야그라히'가 되어야 하므로 이 자격요건은 마을일꾼에도 해당되는 것으로 볼 수 있다. — 편집자]

1. 그는 신에 대한 살아있는 믿음이 있어야 한다. 신만이 그의 유일한 반석이기 때문이다.
2. 그는 진실과 비폭력을 신조로서 믿어야 하며, 인간 본성에 내재하는 선에 대한 믿음이 있어야 한다. 자신의 고통을 통해 표현되는 진실과 사랑이 사람들 속의 선을 불러일으킬 것이다.
3. 그는 순결한 삶을 살아야 하며, 자신의 대의명분을 위해 기꺼이 자신의 생명과 소유물을 포기할 준비가 되어있어야 한다.
4. 그는 늘 카디를 입고 실을 자아야 한다. 이것은 인도를 위해 필수적이다.
5. 그는 술을 마시지 말아야 하고, 항상 맑은 이성과 변함없는 정신을 지니고 있도록 어떠한 마약도 쓰지 말아야 한다.
6. 때때로 정해지는 모든 훈련 규칙을 기꺼운 마음으로 수행해야 한다.

이 자격요건이 모두라고 생각해서는 안된다. 이것들은 예일 뿐이다.

그의 의무

1. 모든 일꾼은 늘 자신이 자은 실로 짠 것이거나 '연맹'이 인증한 카디를 입어야 하며 술을 마시지 말아야 한다. 그가 힌두교도라면 그와 그의 가족은 어떤 형태의 것이든 불가촉천민 제도를 따르지 않을 것이며, 종교집단 간의 통합, 모든 종교에 대한 동등한 존경과 관심, 그리고 종족과 종파, 성별에 상관없이 모든 사람의 기회 균등을 믿는 사람이어야 한다.

2. 그는 자신의 관할지역의 모든 마을사람과 직접적인 접촉이 있어야 한다.

3. 그는 마을사람들 중에서 일꾼들을 뽑고 훈련시킬 것이며, 이 모든 것을 기록해둘 것이다.

4. 그는 매일 자신의 일을 기록해야 한다.

5. 그는 마을이 농업과 수공업을 통해 자립하고 자급자족할 수 있도록 마을을 조직할 것이다.

6. 그는 마을사람들에게 위생에 관한 교육을 하고 그들의 불건강과 질병을 예방하는 모든 조처를 취해야 한다.

7. 마을사람들의 출생에서 죽음까지의 교육을 '나이탈림'의 노선으로 조직해야 한다.

8. 법정 투표인 명부에 이름이 빠진 사람을 찾아 바로잡아야 한다.

9. 아직 법적 자격을 얻지 않은 사람을 독려하여 참정권을 갖도록 한다.

마을일

마을일꾼의 생활의 중심은 실잣는 물레일 것이다. 카디의 배후에 있는 생각은 그것이 농사일과 함께 할 수 있는 일이면서 보충적인 일이라는 것이다. 우리가 마을에서 게으름을 없애고, 마을의 모든 집에서 물레 돌아가는 소리가 들려올 때까지는 물레가 우리의 삶에서 제자리를 확보했다고 말할 수 없을 것이다.

일꾼은 규칙적으로 실을 자을 뿐만 아니라 까뀌나 삽이나 구두골로 자신의 생계를 위한 일을 할 것이다. 여덟시간의 잠과 휴식 외의 모든 시간은 온전히 일하는 데 쓰일 것이다. 그는 낭비할 시간이 없을 것이다. 그는 자신에게도 다른 사람에게도 게으름을 허용하지 않을 것이다. 끊임없이 기쁨을 주는 일을 하는 그의 생활은 이웃들에게 꾸준한 교훈이 될 것이다. 어쩔 수 없는 경우이거나 스스로 선택한 경우이거나 게으름은 사라져야 한다. 그러지 않으면 어떤 만병통치약도 소용이 없을 것이며, 반(半) 기아상태가 현재와 마찬가지로 영원한 문제로 남아있을 것이다. 두그릇을 먹는 사람은 네그릇을 생산해야 한다. 이 법칙이 보편적으로 받아들여지지 않는 한, 인구를 줄여도 문제는 해결되지 않을 것이다. 그 법칙을 받아들여 지키면 우리는 수백만을 더 먹일 여유가 있을 것이다.

마을일꾼은 그렇게, 살아있는 근면의 화신이 될 것이다. 그는 목화씨 뿌리기에서 베짜기까지 카디의 전 과정을 통달하고, 그것을 완전하게 만드는 데 전념할 것이다. 그것을 과학으로 취급하면 그 때문에 신경이 거슬리는 일은 없을 것이며, 그것이 갖고 있는 커다란 가능성들을 차츰 깨닫게 됨에 따라 날마다 새로운 기쁨을 얻을 것이다. 마을에 가르치기 위해서 간다 하더라도 그가 배울 것이 많을 것이다. 그는 단순한 마을사람들에게서 배울 것이 많다는 사실을 곧 발견할 것이다. 그는 마을생활의 자세한 일을 모두 알게 될 것이고, 마을의 수공업을 발견할 것이며, 그것들의 성장과 개선의 가능성을 조사할 것이다. 마을사람들이 카디의 메시지에 대해 완전히 무감각할 수도 있다. 그러나 일꾼은 그의 봉사의 삶으로 사람들의 관심과 주의를 이끌어낼 것이다. 물론 그는 자신의 한계를 잊지 않고, 쓸데없이 농업 부채 해결 같은 일에 나서지는 않을 것이다.

위생문제에 많은 주의를 기울일 것이다. 자신의 집과 주위를 모범적으로 깨끗이 할 것이며, 비와 바구니를 들고 다니며 마을 전체의 위생상태가 개선되도록 도울 것이다.

그는 마을에서 약을 나눠 주거나 의사노릇을 하려고 하지 않을 것이다. 그런 것은 피해야 하는 함정이다. 나는 하리잔들을 둘러보는 여행 도중에 한 마을에서 그 정도는 알만한 우리 일꾼이 야단스러운 건물을 지어놓고, 그곳에 시약소를 두고 주위 마을에 무료로 약을 나눠 주고 있는 것을 보았다. 실제로 약은 자원하는 사람이 각 가정으로 배달해주고 있었고, 한달에 이용하는 환자가 1,200명이나 된다고 자랑하고 있었다! 나는 물론 그것을 심하게 비판했다. 그것은 마을일을 하는 방법이 아니라고 그에게 말했다. 그의 의무는 마을사람들에게 위생교육을 하여 병을 예방하는 방법을 보여주는 것이지, 그들을 치료하려 하는 것이 아니다. 나는 그에게 궁전과도 같은 그 건물은 지역위원회에 빌려주고, 초가를 얹은 오두막에 자리를 잡으라고 요청했다. 약으로 비축해두어야 할 것은 키니네, 카스터 기름, 요드액 같은 것뿐이다. 그 일꾼은 사람들에게 개인 위생과 마을 청결의 가치를 깨닫게 하고, 무슨 일이 있어도 그것을 유지하도록 돕는 데 집중해야 한다.

그리고 나서 그는 마을 하리잔들의 복지에 관심을 가져야 한다. 그는 그들에게 자신의 집을 개방해야 한다. 사실 그들은 어려움이 있으면 자연스레 그에게 도움을 청할 것이다. 만일 마을사람들이 마을에 있는 그의 집에 하리잔들이 드나드는 것을 용납하지 않으면, 그는 거처를 하리잔들의 구역에 두어야 한다.

알파벳 지식에 대하여 한마디 하겠다. 그것은 그 나름의 가치가 있지만, 그것을 잘못되게 강조하지 않도록 경고하고 싶다. 아이와 어른들에게 우선 읽고 쓰기를 가르쳐야만 교육을 할 수 있다는 가정을 하지 말라. 현재의 일이나 역사, 지리, 기초적인 산수 등에 대한 많은 유용한 정보는 알파벳 없이, 말로 가르칠 수 있다. 눈과 귀와 혀가 손보다 앞에 온다. 읽기가 쓰기 앞에 오고, 알파벳 글자를 베끼기 전에 그림 그리기를 해야 한다. 이 자연스러운 방법을 따르면 알파벳 쓰기 훈련으로 시작하는 것보다 아이들의 이해력은 훨씬 더 잘 발달할 수 있을 것이다.

일꾼의 생활은 마을생활과 조화를 이루어야 한다. 그는 생활의 번잡한 이야기를 듣기 싫어하면서 책 속에 파묻혀 학자연한 태도를 취해서는 안된다. 반대로, 사람들이 그를 볼 때는 언제나 실잣는 물레, 베틀, 까뀌, 삽 등의 연장을 가지고 일을 하고 있을 것이며, 하찮은 질문에도 항상 대답을 해야 할 것이다. 그는 항상 자신의 양식을 얻기 위해 일을 할 것을 고집할 것이다. 신은 모든 사람에게 자신이 일용할 이상의 것을 생산할 능력을 주었다. 그래서 자신의 재능을 사용하기만 하면, 그는 그 능력이 아무리 보잘것없는 것이라 해도 거기에 맞는 일거리를 찾을 것이다. 사람들이 기꺼이 그를 먹여주려 할 가능성이 많지만 냉대하는 곳도 있을 가능성이 있다. 그래도 그는 꾸준히 나아갈 것이다. 어떤 마을에서는 그의 친 하리잔 성향 때문에 그를 배척하는 일도 있을 수 있다. 그런 경우에는 하리잔들에게 가서 먹을 것을 구하도록 하라. 노동자는 항상 고용할 가치가 있고, 그가 양심적으로 그들에게 봉사한다면 하리잔들에게서 음식을 받기를 주저하지 않아도 된다. 다만 항상 받는 것보다 많이 주어야 한다. 초기에는 물론 가능한 곳에서는 중앙 기금에서 얼마 안되는 용돈을 받아 쓸 수 있다.

우리의 무기는 정신적인 것임을 기억하라. 그것은 보이지 않을지는 모르지만 저항할 수 없게 작용하는 힘이다. 그 진전은 산술적이기보다는 기하학적이다. 뒤에 추진하는 힘이 있는 한 멈추는 일이 없다. 그러므로 당신의 모든 활동의 배경은 정신적이라야 한다. 따라서 행동과 성품이 엄격하게 순수해야 한다.

이것은 불가능한 계획이며, 이 일을 할 자격이 자신에게 없다고 말하지 말라. 지금까지 그것을 성취하지 못했다는 것이 당신의 가는 길에 전혀 장애가 되지는 않는다. 당신의 이성과 마음이 거기에 끌리면 주저하지 말아야 한다. 실험을 겁내지 말라. 실험 자체가 더욱더 많은 노력을 할 힘을 제공할 것이다.

마을일의 항목들

마을일꾼이 해결할 첫째 문제는 위생시설이다. 그것은 일꾼들을 난처하게 만드는 모든 문제들 중에서도 가장 소홀히 되어온 것이고, 신체의 건강을 해치고 질병을 퍼뜨리는 것이다. 일꾼은 우선 똥거름을 모아서 퇴비로 만들고 마을길을 치우는 것으로 시작해야 할 것이다. 그는 사람들에게 언제 어떻게 배설을 할지 가르쳐주고, 위생의 가치와 그것을 소홀히 해서 생기는 큰 피해에 대해 말해주어야 한다. 마을사람들이 그의 말에 귀를 기울이지 않아도 일꾼은 그 일을 계속해야 한다.

만일 농촌 재건에 농촌의 위생시설이 포함되지 않는다면, 우리의 마을들은 현재와 같이 오물더미인 채로 남아있을 것이다. 마을의 위생시설은 마을생활의 중요한 부분이고, 중요한 만큼 어렵기도 하다. 오래된 비위생적 상태를 뿌리뽑는 데는 영웅적인 노력이 필요하다. 마을 위생의 과학에 대해 무지하고, 훌륭한 청소부가 못되는 마을일꾼은 마을 봉사에 적임자가 될 수 없다.

새로운 혹은 기초적인 교육 없이는 인도의 수백만 어린이의 교육은 거의 불가능하다는 것이 일반적인 생각인 것 같다. 그러므로 마을일꾼은 기초교육에 통달하고 스스로 기초교육자가 되어야 한다.

기초교육 다음에는 자연스럽게 성인교육이 따라올 것이다. 이 새로운 교육이 뿌리를 내린 곳에서는 아이들이 부모들의 선생이 될 것이다. 그렇더라도 마을일꾼은 성인교육도 해야 한다.

여성은 남성의 반려라고 한다. 여성이 법적으로 남성과 같은 권리를 갖지 못하고, 여자아기의 출생이 남자아기와 똑같이 환영받지 못하는 한, 인도는 부분 마비상태에 있다는 것을 우리는 알아야 한다. 여성 억압은 아힘사의 부정이다. 그러므로 마을일꾼들은 모두 모든 여자들을 자신의 어머니나 누이나 딸로 생각하고 존중해야 한다. 그런 일꾼만이 마을사람들의 신뢰를 받을 것이다.

건강하지 못한 사람은 스와라지를 얻을 수 없다. 그러므로 우리는 우리나라 사람들의 건강을 소홀히 하는 잘못을 이제는 저지르지 말아야 한다. 마을일꾼은 모두 건강의 일반 원칙에 대한 지식을 가지고 있어야 한다.

공통의 언어 없이는 어떤 나라도 존재할 수 없다. '힌디-힌두스타니'와 '우르두'의 논쟁에 대해 걱정하는 대신 마을일꾼은 '라시라바샤'를 배워야 한다. 그것은 힌두와 무슬림 모두가 이해할 수 있는 것이다.

우리는 영어에 매혹되어 지방언어에 충실하지 못하게 되었다. 이러한 불충실에 대한 속죄로라도 마을일꾼은 마을사람들에게 자신의 언어에 대한 사랑을 키워주어야 한다. 그는 인도의 모든 다른 언어도 똑같이 존중해야 하며, 그가 일하고 있는 지역의 언어를 배우고, 그렇게 하여 그 마을사람들에게 자신의 언어를 존중하도록 만들 수 있어야 한다.

이 모든 계획은 그러나, 경제적 평등이라는 굳건한 토대 위에 세워지지 않으면 사상누각이 되고 말 것이다. 경제적 평등이란 모든 사람이 똑같은 양의 부를 갖는 것을 뜻하는 것이 아니다. 그것이 뜻하는 것은, 모든 사람이 그 속에서 살 수 있는 적당한 집과 균형잡힌 충분한 음식과 몸을 가릴 충분한 카디를 가져야 한다는 것이다. 그것은 또한 오늘날 통하고 있는 잔인한 불평등이 비폭력적인 방법으로 제거되어야 한다는 것을 뜻한다.

마을일꾼에게 하는 말

카디가 확실히 마을산업의 중심을 차지할 것이다. 그러나 우리는 마을들이 카디를 자급자족하게 만드는 데 집중해야 된다는 것을 기억하라. 카디의 자급자족이 이루어지면 자연히 상업적 카디가 뒤따라올 것이다.

당신은 물론 마을에서 할 수 있는 다른 어떤 일이라도 할 것이고, 그것을 위한 시장을 찾을 수 있다. 주의할 것은 손해가 생기는 상점은 운영하지 말아야 하고, 시장이 없는 상품은 생산하지 말아야 한다는 것이다. 어떤 가내공업을 하든지 하루에 여덟시간 일을 해서 임금을 벌고 마을사람들에게 그들도 당신처럼 여덟시간 일을 해서 똑같이 돈을 벌 수 있다는 것을 보여주라.

당신은 또 동반자를 데리고 가지 말아야 한다. 우리 정책은 한 마을이나 한 무리의 마을에 한 사람의 일꾼을 보내는 것이다. 그렇게 하면 그는 자신의 재능을 완전히 발휘할 수 있게 된다. 마을 자체에서 함께 일할 사람을 얼마든지 뽑을 수 있다. 그들은 그 사람의 지시에 따라 일을 할 것이고, 그 마을에 대한 책임은 그 사람에게 있다.

기계시대의 유혹에 넘어가지 않도록 하자. 우리 자신의 신체기계를 완전하고 효율적인 도구로 만드는 데 집중하고 거기에서 최선의 것을 얻도록 하자. 이것이 당신의 임무이다. 겁내지 말고 나아가라.

두려움 콤플렉스

많은 일꾼들은 마을생활에 몹시 겁을 먹고, 어떤 기관에서 돈을 주지 않으면 마을에서 노동을 하여 생계를 꾸릴 수 없을 것이라고 두려워한다. 특히 결혼을 하여 부양할 가족이 있을 때 그렇다. 이것은 사기를 떨어뜨리는 두려움이다. 물론 어떤 사람이 도시사람의 정신상태를 가지고 마을에 가서 도시의 삶을 살려고 한다면, 도시인처럼 마을사람들을 착취하지 않고는 충분히 벌 수 없을 것이다. 그러나 그 사람이 마을에 정착을 하고 마을사람들처럼 살려고 한다면 노동을 해서 생계를 꾸리는 데 아무런 어려움도 없다. 그는 현명하지 못한 과거의 방법으로 일년 내내 일을 할 준비가 되어있는 마을사람들이 생계를 벌 수 있다면 그도 최소한 평균적인 마을사람만큼은 벌 수 있다는 자신감을 가져야 한다. 그는 마을사람 하나도 쫓아내지 않고 그렇게 할 것이다. 기생하는 사람이 아니라 생산하는 사람으로서 마을에 가는 것이기 때문이다.

만일 일꾼이 보통 규모의 가족을 가지고 있다면, 아내와 다른 한 식구가 온전한 일꾼들이 되어야 한다. 그런 일꾼은 당장에 마을사람을 지도하지는 못하지만 그 부족한 점을 지적 능력으로 충분히 메울 수 있을 것이다. 다만 수줍음과 두려움을 떨쳐버려야 한다. 마을사람들에게서 좋은 반응이 있어서 그의 모든 시간을 마을에 봉사하는 데 쓰지 않는다면, 그는 생산적인 일을 할 것이고 단순한 소비자로 있지는 않을 것이다. 그런 경우에 그는 그의 노력으로 인해 늘어난 마을사람들의 생산에 대해 수수료를 받을 자격이 있다. 그러나 '연맹'의 주관으로 진행된 몇달간의 마을일의 경험으로 보면, 마을사람들의 반응은 아주 느리게 올 것이고, 일꾼은 마을사람들 앞에서 미덕과 일에서 모범이 되어야 한다. 그것이 그들에게 최상의 실물교육이 될 것이고, 그가 사람들과 거리를 두고 존경을 받으려 하지 않고, 그들 속에서 그들 중의 하나로서 살면 조만간 그들에게 감명을 줄 것이다.

그러므로 문제는, 그가 선택한 마을에서 돈벌이가 되는 어떤 일을 할 수 있는가이다. 그와 가족은 마을사람들이 돕든지 말든지 얼마간의 시간을 마을 청소에 쓸 것이고, 자신의 능력 범위 안의 간단한 의료적 도움을 줄 것이다. 누구라도 단순한 변비약이나 키니네를 처방할 수 있고, 종기나 상처를 씻고, 더러운 눈이나 귀를 씻고, 상처에 깨끗한 연고를 발라줄 수 있다. 나는 마을에서 날마다 발생하는 일반적인 상황에 대한 아주 단순한 지시를 담은 책을 찾아내려 애쓰고 있다. 어쨌든 이 두가지 일이 마을일의 핵심적 부분이다. 그 일은 하루에 두시간 이상은 차지하지 않을 것이다. 마을일꾼에게 하루 여덟시간 근무 같은 것은 없다. 그에게 마을사람을 위한 노동은 사랑의 노동이다. 그러므로 그는 자신의 생계를 위해 그 두시간 외에 적어도 여덟시간을 쓸 것이다. '연맹'이 제의한 새 계획하에서는 모든 노동은 똑같은 최소가치를 가지고 있다는 것을 잊지 말아야 한다. 그래서 한시간 일을 해서 평균적인 양의 보풀을 세운 목화를 내놓는 사람은, 베짜는 사람이나 실잣는 사람이나 종이 만드는 사람이 시간당 정해진 일을 할 때 받는 것과 같은 임금을 받을 것이다. 그러므로 그 일꾼은 그가 쉽게 할 수 있는 무슨 일이든 선택해서 배우면 되고, 다만 그 노동의 산물이 그의 마을이나 이웃 지역에서 쉽게 팔리는 것 혹은 '연맹'이 요구하는 것이 되도록 주의해야 한다.

모든 마을에 몹시 필요한 것은, 순수한 식품과 그 외 물건들을 원가에 적절한 수수료만 더해서 판매하는 정직한 상점이다. 상점은 아무리 작다 해도 얼마간의 자본이 필요하다는 것이 사실이다. 그러나 그가 일하는 지역에서 잘 알려진 일꾼은 정직하다는 믿음을 얻고 있을 것이므로 소규모의 도매 물건을 외상으로 살 수 있을 것이다.

 이런 구체적인 제안은 더 하지 않는 것이 좋을 것이다. 주의깊은 일꾼은 항상 중요한 발견을 할 것이며, 생계를 벌면서 동시에 그가 봉사하려는 마을사람들의 모범이 될 수 있도록 어떤 노동을 해야 할지 곧 알게 될 것이다. 따라서 그는 마을사람들을 착취하지 않고, 그들의 건강이나 도덕을 해치지 않고, 마을사람들에게 여가시간에 할 일을 찾아 그들의 빈약한 수입에 보탬이 되도록 가르칠 수 있는 노동을 선택할 것이다. 그는 관찰을 통해 잡초와 마을의 얼마 안되는 자연자원을 포함한 마을의 쓰레기에 주의를 기울일 것이다. 그는 곧 그것들을 잘 이용할 수 있다는 것을 발견할 것이다. 먹을 수 있는 풀을 찾게 되면 양식을 그만큼 번 것이나 마찬가지이다. 미라벤은 나에게 여러 유용한 목적에 그대로 쓸 수 있는 대리석 같은 아름다운 돌들을 주었는데, 나는 시간이 있으면 간단한 연장을 써서 그것들을 여러가지 모양으로 만들어 장터에서 팔 수 있는 물건으로 만들 것이다. 카카사헵은 그에게 태워버릴 예정이던 대나무 조각들을 주었다. 그는 칼로 손질을 하며 그것으로 종이칼, 나무 숟가락 등을 만들었다. 모두 팔 수 있는 물건들이다. 마간와디의 어떤 일꾼들은 한면이 깨끗한 폐지로 봉투를 만드는 데 여가시간을 쓴다.

 문제는 마을사람들이 모든 희망을 잃어버렸다는 사실이다. 그들은 낯선 사람이 오면 그가 자신들의 목을 조르지 않을까 의심하면서, 자기들을 착취하러 온다고 생각한다. 지적 능력이 노동과 분리되어 그들의 사고 능력을 마비시켰다. 그들은 일하는 시간을 최대한 이용하지 않는다. 일꾼은 그런 마을에, 사랑과 희망을 가득 지니고 들어가야 한다. 일년에 절반은 할 일이 없고, 일하는 방법도 합리적이지 못한 사람들 사이에 들어가서 그가 일년 내내 일을 하고, 또 현명한 방법으로 일을 하면, 반드시 마을사람들의 신뢰를 얻을 수 있으며, 정직한 노동으로 자신의 생계도 해결할 수 있다는 확신을 가져야 한다.

"하지만 내 아이들의 교육은 어떻게 합니까?"라고 한 일꾼 후보자가 말한다. 만일 그 아이들이 현대식 교육을 받아야 한다면 나는 아무런 유용한 안내를 해줄 수 없다. 그러나 아이들을 언제라도 부모의 집에서 생계를 벌 능력이 있는 건강하고 힘세고 정직하고 지적인 마을사람으로 만드는 것으로 충분하다고 생각한다면, 부모의 집에서 그들은 전반적인 교육을 받을 수 있을 것이다. 또한 그들은 이해력이 생기고 손발을 조직적으로 움직일 수 있는 나이가 되자마자 집안의 생계 벌이를 부분적으로 담당할 수 있을 것이다. 좋은 가정만한 학교는 없으며, 정직하고 덕성스러운 부모만한 선생은 없다. 현대의 고등학교 교육은 마을사람들에게는 무거운 짐이다. 다행히도 좋은 가정에서 훈련을 받는다면 고등학교 교육을 받지 못한 것을 애석히 여길 일은 없을 것이다. 만일 마을일꾼이 좋은 가정을 꾸릴 수 있는 훌륭한 남녀가 아니라면 그 사람은 마을일꾼이 되는 높은 특권과 명예를 바라지 않는 것이 좋다.

마을일꾼들의 질문

1

[일꾼들의 모임에서 그들은 간디지에게 연설을 청하는 대신 여러 질문이 담긴 목

록을 주고 거기에 대해 답을 해달라고 청했다. 질문들은 마을일꾼의 의무, 그들의 생계 수단, 육체노동, 일기 쓰기, 구자라트(지방)의 노예들 사이에서 일하기 등에 관한 것이었다.]

마을일꾼의 유일한 의무는 마을사람들에게 봉사하는 것이고, 봉사를 잘하려면 열한가지의 맹세를 늘 염두에 두고 지켜야 한다. 그 맹세를 비노바가 시구절로 만들었는데, 나라 안의 대부분의 아쉬람에서 기도 때마다 되풀이한다.

[비폭력, 진리, 도둑질 안하기, 계율, 무소유, 육체노동, 입맛의 통제, 두려워하지 않기, 모든 종교를 고르게 존중하기, 스와데시(멀리 있는 것보다 자신 주변 가까이 있는 것을 사용하고 가까이에 봉사하기), 보편적인 우애의 정신 — 이 열한가지 맹세를 겸손의 정신으로 지켜야 한다.]

문 생계를 어떻게 벌어야 하는가? 어디에서 용돈을 받는가, 아니면 노동을 해서 벌어야 하는가, 아니면 마을에 의지하는가?

답 이상적인 방법은 마을에 의지하는 것이다. 그렇게 하는 것이 수치스러울 것은 없으나 겸손해야 한다. 또 제멋대로 할 수 있는 여유도 없다. 제멋대로 하는 것을 권장하거나 용인할 마을이 있을 거라고 생각할 수 없기 때문이다. 일꾼이 해야 하는 일은 일하는 시간 내내 마을을 위해 일하고, 필요한 곡식이나 채소 등을 무엇이든 마을에서 받는 것이다. 그는 필요하다면 약간의 돈도 (우편료나 다른 금전 지출을 위해서) 받을 수 있지만, 나는 꼭 그럴 필요가 있다고는 생각하지 않는다. 만일 그가 마을의 초청을 받아서 갔다면 마을에서 기꺼이 그를 부양할 것이다. 마을사람들이 그의 관점을 용납할 수 없어서 그들의 지원을 취소할 경우도 있을 수 있다. 1915년에 내가 사티야그라하 아쉬람에 불가촉천민들을 받아들였을 때 그런 일이 있었다. 그러면 그는 생계를 위해 일을 해야 한다. 기관에 의지하는 것은 소용없는 일이다.

마을일꾼은 가능한 한 많은 육체노동을 하고 마을사람들이 게으름을 벗어나도록 가르치려고 마을에 있는 것이다. 그는 어떤 노동을 해도 좋지만 쓰레기 치우기를 우선적으로 해야 한다. 쓰레기 치우기는 확실히 생산적인 노동이다. 나는 어떤 일꾼들이 주장한, 적어도 30분을 전적으로 봉사이면서 생산적인 일에 바쳐야 한다는 생각이 마음에 든다. 쓰레기 치우기는 바로 그 범주에 들어간다. 맷돌 일도 그렇다. 돈을 절약하면 그만큼 번 것과 같기 때문이다.

나는 마을일꾼이 그가 깨어있는 동안의 매시간에 대해 설명할 준비가 되어있어야 하고, 그 시간을 일로 채워야 하며, 그것을 일기에 분명히 언급해야 한다는 데 전혀 의심이 없다. 진정한 일기는 그 사람의 마음과 영혼의 거울이다. 그러나 많은 사람들이 그들의 마음의 활동을 진실되게 기록하는 것이 어려움을 알게 될 것이다. 그런 경우에 그들은 육체적 활동만을 기록할 수도 있다. 그러나 그것을 아무렇게나 해서는 안된다. 그저 간단히 '부엌에서 일했음'으로는 안된다. 부엌에서 어정거리기만 했을 수도 있다. 일의 구체적인 항목을 언급해야 한다.

노예들에 대한 봉사는 그들의 수고와 그들의 어려움을 함께할 용의가 있음을 의미하고, 그들의 주인과 접촉하여 주인이 그들을 정당하고 친절하게 다루도록 하는 것을 의미한다.

마을일꾼은 정치에는 관여하지 않을 것이다. 그는 국민회의과가 될 수는 있으나 선거운동은 하지 않아야 한다. 그에게는 미리 정해진 일이 있다. '마을산업 연맹'과 '실잣는 사람 연맹'은 둘 다 국민회의가 만든 것이지만, 국민회의에서 독립되어 활동하고 있다. 그래서 그 단체와 회원들은 모든 정치와 상관없이 움직이고 있다. 그것이 비폭력적인 방법이다.

그는 또 마을의 파벌에도 상관하지 않을 것이다. 그는 도시에서 없이 지내지 못했던 대부분의 것 없이 지내기로 결심하고 그곳에 가서 정착해야 한다. 마을에 자리를 잡는다면 본래는 아무 해가 없는 것이라 해도 무엇을 가지고 가지 말아야 할지 결정해야 한다. 그것이 보통의 마을사람의 생활과 살 어울릴시가 문제이다. 그는 부패하지 않고, 바위처럼 굳건히 유혹의 공격에 맞서서 마을을 구할 것이다. 단 하나의 순수한 영혼이 온 마을을 구할 수 있다. 소돔과 고모라는 그곳에 하나의 순수한 영혼이 남아있는 한 멸망하지 않았다.

2

[마을일꾼이 마을사람들은 먹을 여유가 없는 우유, 과일 채소를 먹어도 되는지를 묻는 질문에 대답으로 간디지는 다음과 같이 썼다.]

마을일꾼이 명심해야 할 것은 그가 마을사람들에게 봉사하기 위해 마을에 있다는 사실이다. 그리고 건강을 유지하고 자신의 역할을 수행하기 위해서 필요한 음식 등을 섭취하는 것은 그의 권리이고 의무이다. 이것은 반드시 마을일꾼에게 더 높은 생활수준을 허락하게 될 것이지만, 내가 받은 인상으로는 마을사람들이 그것을 싫어하는 것 같지 않았다. 일꾼의 양심이 기준이 된다. 그는 절제해야 하고, 입맛을 즐기기 위해서 먹지 말아야 하고, 사치하지 말아야 하고, 깨어있는 모든 시간을 봉사의 일로 채워야 한다. 그렇게 해도 그의 생활방식을 흠잡는 사람이 있을 것이다. 우리는 그런 비판을 견뎌야 한다. 내가 제시한 식사는 마을에서 어느 정도의 노동을 하면 얻을 수 없는 것은 아니다. 우유는 보통 얻을 수 있고 대추, 카람다 열매 같은 과일도 있다. 쉽게 구할 수 있지만 그렇기 때문에 가치가 없는 것으로 생각하는 식용 꽃이 있다. 우리의 마을에는 야생으로 자라는 온갖 종류의 잎들이 있는데, 우리는 (속물이어서가 아니라면) 모르거나 게을러서 그것들을 사용하지 않는다. 나 자신은 전에 먹어본 적이 없지만 먹었어야 한다고 느끼는 이 여러가지 푸른 잎들을 먹고 있다. 마을에서 소를 돌보는 비용을 소에게서 얻는 것은 가능한 일이다. 나는 그 실험을 해보지 않았지만, 가능할 것이라고 생각한다. 나는 또 마을사람들도 마을일꾼들과 같은 음식을 먹고, 같은 생활수준을 갖는 것이 불가능하지 않다는 인상을 받고 있다.

3

문 거의 모든 마을에 파벌이 있다. 우리가 지역 사람들의 도움을 얻으려 하면 우리는 원하든 않든 이 지역 세력 정치에 휘말리게 된다. 이런 어려움을 어떻게 피할 수 있는가? 파벌들을 모두 배제하고 외부 사람들의 도움으로 일을 수행해야 하는가? 우리의 경험으로는 전적으로 외부의 도움으로 일을 했는데, 그것이 중단되면 당장에 무너지고 만다. 그러면 지역에서 솔선하게 하고 지역의 협력을 키우기 위해서 우리는 무엇을 해야 되는가?

답 분파며 파벌이 도시뿐만 아니라 마을에도 있다는 것은 인도에 슬픈 일이다. 마을사람들의 복지에 대한 생각이 아니라 파벌의 세력을 키우기 위해서 힘의 정치가 마을에 들어가면 이것은 마을 발전에 도움이 아니라 방해가 된다. 나는 결과가 어떻게 되든 우리는 가능한 한 지역의 도움을 사용해야 한다고 말하겠다. 그리고 우리가 힘의 정치에 오염되지 않으면 우리가 잘못하게 되는 일은 없을 것이다. 도시 출신의 영국 교육을 받은 남녀들은 이 나라의 중추인 마을들을 소홀히 하는 큰 잘못을 저질렀다. 우리의 소홀함을 기억한다면 참을성을 가질 수 있을 것이다. 내가 가본 마을에는 어디나 정직하게 일하는 사람이 있었다. 우리는 우리의 마을들에 있는 장점을 알아볼 만큼 겸손하지 않으면 그를 발견하지 못한다. 물론 우리는 지역정치에 개입하지 말아야 하고, 모든 파벌과 파벌이 아닌 사람들로부터 도움을 받아들일 때 그렇게 하는 방법을 알게 될 것이다. 나는 마을사람들을 회피하는 것은 성공에 치명적인 일이라고 본다. 바로 이 어려움을 알기 때문에 나는 한 마을에 일꾼 한 사람이라는 규칙을 엄격히 따르고자 하였다. 나는 이 제도가 지금까지 우리의 목적에 부합해왔다는 말밖에 할 수 없다. 따라서 나는 당신의 경험을 고려에 넣을 수 없다. 또 나는 우리가 성급한 결론을 내리는 나쁜 습관을 갖게 되었다는 말을 하고 싶다. "전적으로 외부의 도움으로 일했는데 그것이 중단되면 당장에 무너지고 만다"라는 말에 암시된 단정적인 비난을 하기 전에, 나는 단 한 마을에서 지역 사람들과 일을 하려고 노력한 2~3년의 경험을 그런 결론을 내릴 단정적인 증거로 볼 수는 없다고 말하겠다. 그 반대가 명백하게 사실이다. 이제 마지막 문장을 자세히 검토할 필요는 없어졌다. 나는 일꾼에게 "만일 외부의 도움을 받고 있다면 그것을 제거하라. 혼자서 용감하게 현명하게, 얻을 수 있는 지역의 도움을 모두 받으면서 일하라. 그리고 성공하지 못하면 오직 당신 자신을 탓하고 다른 누구도, 다른 무엇도 탓하지 말라"라고 단호하게 말할 수 있다.

훈련생들과의 대화

문 마을사람들이 당신을 보러 오는가?

답 오지만, 두려움을 가지고 그리고 어쩌면 의심도 지니고 온다. 이것도 역시 마을사람들의 많은 단점 중에 속한다. 우리는 그들에게서 이것들을 없애야 한다.

문 어떻게?

답 서서히 그들의 사랑을 얻는 방법으로. 우리가 그들을 강제하려고 간 것이 아닌가 하는 두려움이 근거 없는 것임을 알게 해야 한다. 우리의 행동으로 강제할 의도도 없고, 이기적인 동기도 없음을 보여주어야 한다. 그러나 이것은 모두 참을성이 필요한 일이다. 그들에게 당신의 선의를 빠르게 확신시킬 수는 없다.

문 아무런 보수나 용돈을 받지 않고 일하는 사람만이, 즉 '연맹'에서나 마을에서나 아무것도 받지 않아야 그들에게서 믿음을 얻을 수 있다고 생각하지 않는가?

답 그렇지 않다. 그들은 누가 보수를 받기 위해 일하는지 그렇지 않은지조차 모른다. 그들에게 감명을 주는 것은 우리가 사는 방식, 우리의 습관이고, 말이나 손짓조차도 그렇다. 우리가 돈을 벌고자 한다고 의심하는 사람도 소수 있을 수 있다. 물론 우리는 그들의 의심을 없애야 한다. 그런데 '연맹'이나 마을로부터 아무것도 받지 않는 사람이 이상적인 봉사자라는 느낌을 갖지는 않도록 하라. 그는 흔히 독선의 노예가 되며 그것은 인품을 떨어뜨린다.

문 당신은 우리에게 마을일들을 가르친다. 그것은 우리에게 생계 수단을 주기 위해서인가, 아니면 마을사람들을 가르칠 수 있게 하기 위해서인가? 후자를 위해서라면 우리가 1년에 어떻게 다 배울 수 있는가?

답 당신들이 보통의 일을 배우는 것은 원리를 알아야 사람들에게 좋은 제안을 하며 도와줄 수 있을 것이기 때문이다. 당신들 중 아주 진취적인 사람은 확실히 한가지 일을 익혀 생계를 벌 것이다. 우리가 여기서 가르치는 것은 마을사람들에게 그 일에 대한 보다 나은 지식을 가져다줄 수 있는 것이다. 우리는 맷돌, 쌀 찧는 돌, 기름 짜는 틀을 개량했다. 우리는 연장들을 개량하는 실험을 하고 있는데, 그렇게 개량된 것을 그들에게 가져다 주어야 한다. 무엇보다도 우리는 그들에게 일을 함에 있어서 진실성과 정직성을 가르쳐야 한다. 그들은 우유와 기름에 잡된 것을 섞는다. 그들은 사소한 이익을 위해 거짓말을 할 것이다. 그것은 그들의 잘못이 아니다. 우리의 잘못이다. 우리는 너무 오래 그들을 무시했고, 그들을 착취하기만 했지 그보다 나은 것을 가르친 일이 없다. 그들과 가까이 접촉함으로써 우리는 쉽게 그들을 교정할 수 있다. 오랜 소홀과 고립이 그들의 지능을 둔화시켰고, 도덕 감각까지 무디게 만들었다. 우리는 그들을 깨우치고 되살아나게 해야 한다.

안으로부터의 위험

활기있는 운동이나 조직은 어떤 것도 외부의 공격으로 죽지 않는다. 그것은 내부의 부패로 죽는다. 필요한 것은 의심의 여지 없는 인품, 일의 기술에 대해 지식을 키워가면서 끊임없이 행하는 노력과 엄격하게 단순한 생활이다. 인품을 갖추지 못한 일꾼, 보통의 마을사람보다 훨씬 잘사는 생활, 자신이 하는 일에 대한 지식 부족 등은 마을사람들에게 아무런 감명을 줄 수 없다.

이 글을 쓰면서 인품이 부족하거나 소박한 생활을 하지 못하여 대의(大義)와 자신들에게 해를 끼친 일꾼들의 경우가 마음에 떠오른다. 다행히도 적극적인 잘못된 행동의 예는 드물다. 그러나 일의 진전에 가장 큰 방해는 일꾼들이 마을의 규모에 맞추어 자신을 부양하지 못하는 데 있다. 만일 그런 일꾼 모두가 자기의 일에 비싼 값을 매겨서 마을 봉사로는 지탱할 수 없으면 결국 이 조직들은 해체될 수밖에 없다. 임시적인 드문 경우를 제외하고는, 도시 수준의 보수를 고집하는 것은 도시와 마을 사이의 격차를 메울 수 없다는 것을 의미할 것이기 때문이다. 마을운동은 마을사람들의 교육이면서 도시사람들의 교육이기도 하다. 도시에서 온 일꾼들은 마을의 사고방식을 익히고, 마을식으로 사는 기술을 배워야 한다. 이것은 마을사람들처럼 굶주려야 한다는 뜻이 아니다. 그러나 과거의 생활방식에 근본적인 변화가 있어야 한다는 것을 의미하기는 한다. 마을의 생활수준은 올라가야 하고, 도시의 수준은 일꾼의 건강을 상하게 하지 않는 범위에서 상당한 수정을 가해야 한다.

우리의 마을들

마을에서 살면서 생계를 벌어보려고 하는 한 젊은이가 나에게 애처로운 편지를 보냈다. 그는 영어를 잘 몰라서 나는 다음에 그의 편지를 요약해서 싣는다.

저는 소도시에서 15년간 산 후에 삼년 전 스무살 나이로 이 마을로 왔습니다. 집안 형편이 내가 대학에 갈 수 있는 정도는 아니었습니다. 마을을 되살리기 위한 당신의 일에 용기를 얻어 마을 생활을 해보기로 했습니다. 나는 땅을 좀 가지고 있고, 이 마을 인구는 거의 2,500명입니다. 마을에 가까이 접촉해보고 나는 마을사람 3/4 이상에게서 다음과 같은 것을 발견했습니다.

1. 파벌과 분쟁
2. 질투심
3. 문맹
4. 사악함
5. 분열
6. 부주의
7. 무례
8. 의미 없는 옛 관습에의 집착
9. 잔인함

이곳은 궁벽한 곳입니다. 이런 오지에는 훌륭한 사람이 온 적이 없습니다. 훌륭한 사람을 만날 수 있는 것이 마을의 발전에 필수적입니다. 그래서 저는 이 마을에서 살기가 두렵습니다. 마을을 떠나야 할까요? 어떤 조언을 해주실 수 있겠습니까?

이 젊은이의 편지에는 분명히 과장이 들어있겠지만, 그의 말은 일반적으로 수용할 수 있는 것이다. 이 비극적인 상태의 원인은 쉽게 찾을 수 있다. 마을들은 오랫동안 교육의 혜택을 받은 사람들의 관심 밖에 있었다. 그들은 도시생활을 선택했다. 마을운동은 봉사정신에 고취된 사람들이 마을에 정착하여 마을사람들에 대한 봉사로 자신의 뜻을 펴도록 유도함으로써 마을과의 건강한 접촉을 확립하려는 시도이다. 그 젊은이가 본 결함들은 마을생활 자체에 내재하는 것이 아니다. 봉사정신으로 마을에 정착한 사람들은 그들이 마주하게 되는 어려움으로 낙담하지 않는다. 그들은 가기 전에 이미 마을사람들의 무뚝뚝함을 포함하여 많은 어려움과 싸워야 될 줄을 안다. 그러므로 자신과 자신의 임무에 대한 신념을 가진 사람들만이 마을사람들에게 봉사하고, 그들의 삶에 영향을 줄 것이다. 사람들 가운데서 사는 진실한 삶 자체가 가까운 주위에 직접적인 영향을 주는 실물교육이다. 그 젊은이의 어려움은 아마도, 그가 봉사정신은 없이 오직 생계를 위해 마을로 갔다는 점에 있다. 나는 돈을 벌기 위해 마을에 간 사람에게 마을생활이 매력적이지 않다는 것을 인정한다. 봉사를 하겠다는 동기 없이는, 마을생활은 신기함이 사라지고 나면 신경에 거슬릴 것이다. 마을에 간 젊은이는 약간의 어려움에 직면해서 추구하는 바를 포기해서는 안된다. 참을성 있게 노력하면 마을사람들이 도시사람들과 다를 바 없다는 것을 알게 될 것이고, 그들은 친절을 베풀고 반응을 보일 것이다. 마을에서는 훌륭한 사람들을 만날 기회가 없다는 것은 분명 사실이다. 마을 정신상태가 성장함에 따라 지도자들은 마을들을 여행하며, 마을사람들과 살아있는 연결을 확립하는 것이 필요함을 알게 될 것이다. 뿐만 아니라, 위대하고 선한 사람들과의 교제는 누구에게나 차이타냐, 라마크리쉬나, 툴시다스, 카비

르, 나나크, 다두, 투카람, 티루발루바르, 그 외에도 똑같이 유명하고 경건하지만 너무 많아서 다 말할 수가 없는 성인들의 글을 통해서 가능하다. 어려운 일은 영원한 가치를 받아들이도록 마음을 돌리는 일이다. 얻고자 하는 것이 현대의 사상 ― 사회, 경제, 과학에 관한 ― 이라면 호기심을 만족시킬 문헌을 구하는 것이 가능하다. 그러나 그런 것들은 종교적 문헌만큼 쉽게 만나지 못한다는 것을 나도 인정한다. 성인들은 대중을 위해 쓰고 말했다. 현대적 사상들을 대중이 쉽게 받아들이도록 전달하는 것은 아직 그리 흔한 일이 아니다. 그러나 때가 되면 그렇게 되어야 한다. 그러므로 나는 이 편지를 쓴 사람 같은 젊은이들이 굴복하지 말고 노력을 계속해서 그들이 있음으로 해서 마을이 더 살만한 곳, 사랑할 수 있는 곳이 되게 하라고 충고하고 싶다. 마을사람들이 받아들일 수 있는 방법으로 봉사를 함으로써 그렇게 할 수 있을 것이다. 자신의 노동으로 마을을 더 깨끗하게 만들고, 능력이 닿는 데까지 문맹을 없애는 것으로 누구든 시작을 할 수 있다. 그리고 만일 그들의 생활이 깨끗하고 규율 있고 근면하다면 마을에 그것이 확산될 것이 분명하다.

마을 순례

스리 시타람 사스트리는 마을 봉사의 메시지를 주위에 전하는 일꾼들의 순례단이라고 부를 수 있는 것을 조직하고 있다. 나는 그 순례단이 기차나 자동차, 마을 수레까지도 이용하는 것을 피하라고 제안하겠다. 그들이 내 충고를 받아들인다면, 그들의 일은 더 효과적이고 비용이 거의 들지 않는 것을 알게 될 것이다. 둘이나 세명 이상의 무리를 이루지 말아야 한다. 나는 마을사람들이 그들을 재워주고 먹여줄 것으로 기대한다. 작은 무리는 마을사람들에게 큰 부담이 되지 않을 것이다.

그들의 일은 주로 위생적인 봉사, 마을 상태 조사, 마을사람들에게 별 지출 없이 건강과 경제상태를 개선시키기 위해 할 수 있는 일을 가르쳐주는 일이어야 한다.

옛 일을 하는 새로운 방법?

일꾼들은 상당한 경험이 없이는 옛 연장, 옛 방법, 옛 동지에 참견하지 말아야 한다. 현존하는 과거의 것들을 온전히 유지하면서 개선하는 방법을 생각하는 것이 안전할 것이다. 그것이 진정한 경제라는 것을 발견할 것이다.

종합적 마을 봉사

마을 전체의 봉사자는 그 마을에 살고 있는 사람들을 모두 알아야 하고, 그들에게 할 수 있는 봉사를 해야 한다. 그 일꾼이 혼자 손으로 모든 일을 할 수 있을 거라는 뜻이 아니다. 그는 그들에게 스스로 돕는 방법을 보여주고, 그들에게 필요한 도움과 물질을 구해줄 것이다. 그는 자신의 조수들을 훈련시킬 것이다. 그렇게 하여 그는 마을사람들의 호감을 얻고, 그들은 그의 조언을 찾고 따를 것이다. 내가 여자 한사람과 한 마을에 가서 정착한다고 하자. 나는 한달에 15~20루피를 버는 보통의 남자가 되지는 않을 것이다. 나는 위대한 남자가 될 것이다. '위대한'이라는 말은 재미로 쓴 것이지만, 내 말은 남자로서 나는 마을사람들이 따를 수 있는 모범이 되겠다는 뜻이다. 나는 기타(Gita)와 코란(Quran)을 아는 남자일 것이다. 나는 마을 아이들을 가르칠 만큼 공부도 했을 것이다. 시간이 부족해서 아이들을 가르칠 수 없을지 모른다. 마을사람들이 나에게 와서 "우리 아이들의 교육문제를 해결해주십시오"라고 청하면, "선생님을 찾아드릴 테니 비용은 당신들이 부담해야 됩니다"라고 나는 말할 것이다. 그러면 그들은 아주 기꺼이 그렇게 하려고 할 것이다. 나는 그들에게 실잣기를 가르칠 것이고, 그들이 베짜는 사람이 필요하다고 하면 선생님을 찾아준 것과 같은 조건으로 나는 베짜는 사람을 구해줄 것이다. 그리고 베짜는 사람은 그들에게 스스로 베짜는 방법을 가르쳐줄 것이다. 나는 그들에게 위생과 청결의 중요성을 깨우쳐줄 것이고, 그들이 청소부가 필요하다고 하면 나는 "내가 당신들의 청소부가 되겠습니다. 그리고 당신들 모두에게 청소부 일을 훈련시키겠습니다"라고 말할 것이다. 이것이 내가 생각하는 마을 봉사자이다.

제28장 정부와 마을들

정부가 할 수 있는 일

국민회의와 각료들에게 카다르와 그 밖의 다른 마을산업들을 위해서 무엇을 할 것인지 물어보는 것은 합법적이다. 그 일을 위해 따로 각료가 지명되든 않든 그 일을 위한 부서는 반드시 필요하다. 지금 식품과 의복이 부족한 이때에 이런 부서는 큰 도움을 줄 수 있다. 각료들은 '마을산업 연맹' 등을 통해 전문가들을 동원해 쓸 수 있다. 오늘날 최소의 지출로 그리고 가능한 가장 짧은 시간에 인도의 모든 사람들에게 카디를 입히는 것이 가능하다. 각 지방정부는 마을사람들에게 자신이 사용할 카다르 직물을 스스로 만들어야 한다고 말해야 한다. 그렇게 하면 자동적으로 지역에서의 생산과 분배가 일어나게 된다. 그리고 분명히, 적어도 어느 정도로는 도시를 위한 여분이 있을 것이고, 이것이 지방의 공장들에 대한 압력을 줄여줄 것이다. 그러면 공장들은 세계의 다른 곳에 부족한 천을 공급하는 데 참여할 수 있을 것이다.

이런 결과를 어떻게 끌어올 수 있는가?

정부는 마을사람들에게 자기 마을에서 필요한 카다르를 정해진 시점까지 생산하도록 통보하고, 그 이후에는 천을 공급하지 않기로 한다. 그리고 요구가 있는 곳에는 정부가 목화씨나 목화를 원가로 공급하고, 도구들도 원가로 공급하고, 여러 해에 걸쳐 조금씩 갚게 한다. 필요한 곳에는 교사를 보내주고, 마을사람들이 모두 자신들이 생산한 옷을 입고도 여분의 카다르가 있으면 정부가 그것을 구매한다. 이렇게 하면 직물의 부족 상태를 아주 적은 경비로 어렵지 않게 해소할 수 있다.

마을들을 조사하여, 지역에서 약간의 도움으로 혹은 아무런 도움 없이 생산하여 마을에서 사용하거나 밖으로 내다 팔 수 있는 것의 목록을 마련한다. 그런 것에는 압착 기름과 짜고 난 찌꺼기, 압착해서 만든 연료 기름, 손으로 찧은 쌀, 당밀, 꿀, 장난감, 매트, 수제 종이, 마을에서 만든 비누 등이 있다. 그렇게 충분히 주의를 기울이면, 지금 대부분 죽어가고 있거나 죽은 것이나 다름없는 마을들은 활기를 되찾고, 자신들의 대부분의 필요를 스스로 충족시키고, 인도의 도시들에도 공급할 수 있는 막대한 가능성을 보여줄 것이다.

또 인도에는 돌보지 않아서 고통을 겪고 있는 수많은 소들이 있다. 소 보호 단체 '고세바 모임'이 아직 경험을 갖추지 못했지만, 소중한 도움을 줄 수 있다.

기초적 교육이 없어서 마을사람들은 교육에 목말라 있다. 이 절실한 요구는 '힌두스타니 타밀리 모임'에 의해 공급될 수 있다.

만일 내가 장관이라면

위에서 밝힌 나의 견해는 변하지 않고 있다. 그런데 그중 한가지가 오해를 일으켰다. 정부가 강제적인 일을 해야 한다고 썼다는 것이다. 모호하게 쓴 것에 대해 미안하게 생각한다. 나는 대의제 정부가 원한다면 무엇을 할 수 있는지를 묻는 질문에 대답을 한 것이었다. 나는 그런 정부의 통보가 강제로 해석될 수는 없다고 생각했다. 대의정부의 모든 선의의 행동은 유권자들이 승낙한 것으로 간주되기 때문이다. 유권자들이란 투표권자로 등록되었든 아니든 모든 민중을 뜻한다. 그런 배경을 가지고, 나는 마을사람들이 자신들이 마련한 카디를 입을 수 있게 하기 위해서, 정부가 정한 시점 이후에는 공장에서 생산된 천을 공급하지 않는다고 그들에게 알려야 한다고 썼다.

나는 지난 4월 28일자 글의 의미가 무엇이었든 간에, 카디에 관해 어떤 계획을 세우더라도 관련된 사람들이 기꺼이 협력하지 않으면 스와라지를 이루는 수단으로서 카디는 죽고 만다는 것을 분명히 말하고 싶다. 그렇게 되면 카디가 중세의 암흑과 노예상태로의 회귀를 의미한다는 조롱이 사실이 될 것이다. 그러나 나는 그와는 반대되는 견해를 가지고 있었다. 강제에 의한 카디는 노예상태의 표지이지만, 현명하게 자발적으로 그리고 주로 자신이 사용하기 위해 만든 카디는 단연 우리의 자유의 표지가 된다. 자유는 전반적인 자조활동이 아니라면 아무것도 아니다. 나 자신도 카디가 자유인의 의무이면서 동시에 특권이 아니라면 그것에 대해 상관하지 않을 것이다.

한 우호적인 비평가는 그렇게 만들어진 카디를 팔 수도 있는지 묻는다. 그렇다. 파는 것이 부차적인 용도라면, 즉 팔기 위해 만드는 것이 유일한 혹은 주된 목적이 아니라면 말이다. 우리가 카디를 파는 일로 시작을 한 것은 우리의 제한된 비전도 보여주지만, 일시적인 필요 때문이기도 하다. 경험은 위대한 교사이다. 경험이 우리에게 많은 것을 가르쳐주었다.

모든 정부 활동의 중심으로서의 마을 재활을 책임진 장관으로 내가 처음 할 일은 상임 공무원 중에서 그 일을 할 능력이 있는 정직하고 청렴한 사람을 찾아내는 것이 될 것이다. 나는 그들 중 가장 훌륭한 사람들을 '마을산업 연맹'이나 국민회의 기관들과 접촉하는 일에 배지할 것이고, 그래서 마을산업을 크게 장려하는 계획을 도입할 것이다. 나는, 마을사람들을 강제하지 말 것 — 그들은 다른 사람의 노예 노릇을 하지 않아야 하며 스스로 돕고 음식과 옷 등의 필수품들의 생산을 위해 자신들의 노동과 기술에 의지해야 한다는 것을 그들에게 가르칠 것을 명문화할 것이다. 그래서 그 계획은 포괄적인 것이 되어야 한다.

그렇게 만들어진 계획은, 마을사람 자신들이 예컨대, 정해진 날짜에서 1년이 지나면 공장에서 생산된 천을 원하지 않는다고 선언하고, 목화와 모(毛)와 필요한 도구 등을 무상이 아니라 나누어 갚을 수 있도록 요구하는 내용을 포함할 것으로 가정하자. 그 계획은 또 어느 지방에서든 전체에 당장 적용하지 않고 한 부분에서부터 시작하도록 규정한다. 그 계획은 '연맹'이 계획의 수행을 지도하고 보조할 것도 말한다.

그것이 건전한 것임을 충분히 확신하게 되면, 나는 법률 부서와 의논하여 그것을 법령으로 만들고, 그 계획의 발생을 완전히 설명하는 공고를 낼 것이다. 공장주와 그 밖의 다른 사람들과 함께 마을사람들이 거기에 참여할 것이다. 그 공고는 비록 정부 도장이 찍혀있어도 민중의 법령일 것이다. 정부의 돈이 가장 가난한 마을사람들을 위해 사용될 것이고, 관련된 사람들에게 가능한 최대의 보상을 해줄 것이다. 그러므로 그것은 가장 이익이 많이 생기는 투자로서, 전문가들의 도움은 자발적인 것이고, 간접비용이 가장 적은 투자일 것이다. 공고에는 나라가 부담하는 전체 비용과 사람들에게 돌아가는 금액을 자세하게 알려줄 것이다.

장관으로서 나의 유일한 의문은 '연맹'이 카디 계획을 만들어내고 사람들을 지도하여 성공으로 이끌어갈 확신과 능력을 가지고 있는가이다. 그렇다면 나는 자신만만하게 이 조그만 배를 바다에 띄울 것이다.

제29장 인도와 세계

 인도가 자립적이고 자급자족하게 되어 유혹과 착취를 이길 수 있으면 서양이든 동양이든 어떤 세력의 탐욕의 대상도 되지 않을 것이며, 값비싼 무장을 해야 할 부담 없이도 안전하게 느낄 것이다. 인도의 자립적 국내 경제가 공격을 막아낼 가장 든든한 방책일 것이다.

 내가 생각하는 완전한 스와라지는 고립된 독립이 아니라 건강하고 위엄있는 독립이다. 나의 민족주의는 열렬한 것이기는 하지만 배타적인 것이 아니고 어떤 나라나 개인도 해치려는 것이 아니다. 법에 관련된 속담은 법적이기보다는 도덕적이다. 나는 "당신의 재산을 사용하되 이웃의 재산을 해치지 않도록 사용하라"는 말의 영원한 진실성을 믿는다.

 자유로운 민주적인 인도는 공격에 대한 상호 방어와 경제 협력을 위해 기꺼이 다른 자유국가들과 연합할 것이다. 인도는 세계가 가지고 있는 지식과 자원을 인류의 진보를 위해 사용하면서 자유와 민주주의에 기초를 둔 진정한 세계질서를 위해 일할 것이다.

이것은 서구 국가들이 그들의 기술을 사용해야 한다는 뜻이다. 만일 미국이 박애적인 동기에서 자신의 기술을 외국에서 사용하고자 한다면 미국은 "우리는 다리를 만들 줄 안다. 우리는 그것을 비밀로 하지 않고 전세계에 다리를 만드는 방법을 가르쳐줄 것이며, 그것에 대해 돈을 청구하지 않을 것이다"라고 말해야 할 것이다. 미국은 "다른 나라에서 밀싹 하나를 키우는 곳에 우리는 2,000개를 키울 수 있다"고 말한다. 그렇다면 미국은 그 기술을 배우고자 하는 사람에게 무료로 가르쳐주어야 하며, 전세계 사람이 먹을 밀을 자신이 키우려 해서는 안된다. 그것은 정말로 이 세상에 불행한 날을 불러올 것이다.

[아프리카사람들이 인도가 그들에게 무엇을 줄 수 있는지 알고 싶어 했고, 현재 그들이 겪고 있는 끔찍한 착취에서 벗어나기 위해 어떻게 협력적인 산업화를 이룰 수 있는지 알기를 원했다.]

인도와 아프리카 사이의 교역은 서구 착취자들이 하는 것과 같은 원료와 가공품의 교역이 아니라 생각과 용역의 교역이 될 것이다. 그리고 인도는 당신들에게 실잣는 물레를 제공할 수 있다. 만일 내가 남아프리카에 있었을 때 그것을 발견했더라면 피닉스의 내 이웃이었던 아프리카사람들에게 그것을 소개했을 것이다. 당신들은 목화를 기를 수 있고, 여가시간도 많고 솜씨도 있다. 당신들은 우리가 되살리려고 하는 마을산업의 교훈을 연구하고 채택할 수 있다. 그곳에 당신들의 구원의 열쇠가 있다.

"실잣는 물레는 미국을 위한 메시지를 가지고 있는가? 그것이

핵폭탄에 맞서는 무기가 될 수 있는가?"

나는 그것이 미국과 전세계를 위한 메시지를 가지고 있다고 느낀다. … 나는 인도와 세계를 구하는 길이 물레에 있다는 것을 조금도 의심하지 않는다. 만일 인도가 기계의 노예가 된다면, 나는 하늘이여 세계를 구해주소서라고 말할 것이다.

나는 마음속 가장 깊은 곳에서 … 세계가 출혈로 죽어가고 있다고 느낀다. 세계는 출구를 찾고 있는데, 나는 갈구하는 세상에게 나갈 길을 보여주는 것이 어쩌면 오래된 나라 인도의 특권일 것이라고 믿고 있다.

만일 인도가 실패하면 아시아는 죽는다. 아시아는 혼합된 많은 문화와 문명의 온상이라고 불려왔다. 그것은 타당한 말이다. 인도가 아시아든 아프리카든 그 밖의 다른 어떤 곳이든, 지구상의 착취당하는 모든 민족들의 희망이 되고, 그렇게 남아있기를 나는 기원한다.

우리는 전체 세계로부터 떨어져 홀로 떠돌기를 원하지 않는다. 우리는 모든 나라들과 자유로운 상호교환을 할 것이지만, 현재의 강제된 상호교환은 사라져야 한다. 우리는 착취당하는 것도, 다른 어떤 나라를 착취하는 것도 원하지 않는다. 계획을 통해 우리는 모든 어린이들을 생산자로 만들 것을 기대하고 있고, 그렇게 하여 전국의 모습을 바꾸려 하고 있다. 그것은 우리의 모든 사회적 존재에 스며들 것이기 때문이다. 그러나 그것이 우리가 전세계로부터 떨어져 나온다는 것을 의미하지는 않는다. 세상에는 자신들이 어떤 물건을 생산할 수 없어서 다른 나라와 상호교환을 하기 원하는 나라들이 있을 것이다. 그들은 그 물건에 대해 다른 나라에 의존하게 될 것이지만, 그들에게 물건을 공급하는 나라들은 그들을 착취하지 말아야 한다.

"만일 당신이 다른 나라로부터 오는 물건이 아무것도 필요하지 않을 정도로 생활을 단순화하면 당신은 그들로부터 자신을 고립시킬 것이다. 하지만 나는 당신이 미국에 대해서도 책임을 지기를 바란다."

우리가 미국에 대해서 책임을 질 수 있으려면 착취하고 착취당하기를 그쳐야 한다. 그러면 미국은 우리의 모범을 따를 것이고, 그때에는 우리와 미국 사이에 자유로운 상호교환에 어려움이 없을 것이다.

나는 그 일(이상적인 마을을 만드는 일)이 인도를 이상적인 나라로 만드는 것만큼 어렵다는 것을 안다. … 그러나 누가 하나의 이상적인 마을을 만들 수 있다면, 그는 온 나라를 위해서뿐만 아니라 어쩌면 온 세계를 위한 모범을 제공한 것이 될 것이다. 구도자는 이 이상의 것을 바랄 수는 없을 것이다.

"자유 인도에서 누구의 이익이 최우선이 되어야 하는가? 만일 이웃한 나라가 가난한데도 인도는 고립주의를 취하면서 인도 자신의 필요가 우선되어야 한다고 말할 것인가?"

진정으로 독립되고 자유로운 인도는 불행한 이웃을 돕기 위해 달려갈 것이다. 자신의 지역사회 너머에까지 희생정신이 미치지 못하는 사람은 자신도 이기적으로 되고 자신의 지역사회도 이기적인 사회로 만들 것이다. 자기희생의 논리적 전개는, 개인이 공동체를 위해 희생하고 공동체는 지역을 위하여, 지역은 광역 지방을 위하여, 광역 지방은 나라를 위하여, 그리고 나라는 세계를 위하여 희생하는 것이다. 대양에서 떨어져 나온 물 한방울은 아무런 소용도 없이 사라진다. 그러나 대양의 한 부분으로서의 물 한방울은 거대한 선박들을 가슴에 품는 영광을 함께한다.

'라마라쟈'가 힌두교도들의 지배를 의미한다고 생각하는 잘못을 저지르지 않도록 하라. 내가 말하는 라마는 신의 다른 이름이다. 나는 신의 통치를 원한다. 그것은 지상의 하느님 왕국과 같은 것이다. 그러한 '라쟈'를 세우는 일은 인도사람 모두뿐만 아니라 전세계의 복지를 뜻할 것이다.

나는 인도가 자유롭고 강해져서 세계의 향상을 위해 순수한 희생으로 자신을 기꺼이 제공할 수 있기를 바란다. 개인은 순수한 존재라면 가족을 위해 자신을 희생한다. 가족은 마을을 위해, 마을은 지역을 위해, 지역은 광역 지방을 위해, 광역 지방은 나라를 위해, 그리고 나라는 모두를 위해 희생한다.

스와라지를 통해서 우리는 전세계에 봉사할 것이다.

우리의 봉사를 국가가 만든 경계선 너머 우리의 이웃들에게로 확장하는 데는 아무런 제한이 없다. 신은 그런 경계선을 만든 적이 없다.

역자 후기

 서양문명에 대해서 어떻게 생각하느냐는 질문을 받았을 때, "그런 게 있다면 참 좋겠지요"라는 게 간디의 답변이었다. 이것은 꽤 알려져 있는 얘기지만, 그러나 이 발언의 진의를 제대로 이해하고 있는 사람은 아직 많지 않은 것 같다.

 간디의 이 신랄한 답변은 물론 서양적인 것에 대한 한 동양인의 고집스러운 편견을 드러내는 발언이 아니다. 그 신랄하면서도 간명한 답변에는 오래된 문화에 깊이 뿌리박은 심오한 종교사상이 내포되어 있을 뿐만 아니라, 서양이 주도해온 근대문명의 논리가 세계의 대다수 풀뿌리 민중에게는 잔혹한 폭력으로 작용할 수밖에 없었던 근현대사의 내적 진실을 투철하게 꿰뚫어 보고 있었던 명징한 시선이 들어있다.

 간디의 근본사상은 '아힘사(비폭력주의)'의 원칙, 즉 "다른 생명에 해를 끼쳐서는 안된다"는 고대 이래 인도의 위대한 사상 유산에 대한 가장 겸허한 충실성에 기초해 있었다. 그런 그의 관점에서 볼 때, 산업주의 경제와 근대적 과학기술에 의존한 서양문명은 참된 의미에서의 문명이라는 이름에 값할만한 것이 아니었다. 그것은 다수 인류의 정신과 영혼과 삶을 고양시키는 데 이바지하기는커녕 도리어 인간성과 문화를 파괴하고, 온 세계의 사회적 약자에 대한 구조적 착취와 억압을 불가피한 것으로 하는 야만적인 폭력일 뿐이었다.

아마도 아직도 많은 사람들은 간디라고 하면, '비폭력, 무저항주의'를 내세워 영국의 식민통치로부터 민족을 해방시키고자 한 '인도 독립의 아버지'라는 식으로 이해하고 있을지 모른다. 그래서 끊임없는 단식투쟁이나, 소금행진과 같은 '비폭력' 투쟁방식을 통하여 독립을 추구한 비타협적인 애국지사 혹은 민족주의자로서 사람들은 간디를 기억하고 있을지 모르겠다.

그러나 간디를 단순히 애국지사로 보아서는 그의 사상과 실천의 핵심을 놓쳐버릴 것이 분명하다. 왜냐하면 간디의 궁극적인 목표는 영국의 식민통치로부터의 정치적 독립이 아니었기 때문이다. 그 목표는 지금까지 인도 — 그리고 세계의 온갖 지역에서 — 의 풀뿌리 민중에 대한 착취, 억압을 옹호해온 인간불평등사상을 극복하고, 그러한 착취, 억압 없이는 한순간도 지탱할 수 없는 사회경제적 시스템을 뿌리로부터 넘어서는 근원적 변화였다.

외세에 의한 식민주의는 철저히 배격되어야 하지만, 문제는 외세의 직접적 지배가 종식되었다고 해서 식민주의가 저절로 극복되는 것이 아니라는 데 있다. 이 점을 깊이 인식하는 것의 중요성에 대해 간디는 끊임없이 언급하였다. 식민주의는 형태를 바꾼 채 독립 이후에도 얼마든지 계속될 수 있고, 또 실제로 계속되어온 것이 현대사의 엄연한 현실이기도 하다.

그런데 식민주의의 극복을 말할 때 간디의 독특함은 그가 다른 많은 현대적 사상가·정치가들과는 달리 서구적 근대문명, 산업주의, 기계문명을 철저히 배격해야 할 필요성을 역설했다는 점에 있다. 간디에 의하면, 영국의 식민지로서 인도사회의 노예상태와 빈곤의 궁극적 원인은 영국 혹은 서양으로부터 도입된 산업주의 내지 기계문명의 논리에 순응함으로써 결과적으로 자립, 자치의 능력을 상실해버린 인도사람들 자신에게 있었다. 간디는 근대적 산업화·기계화는 "인류에게 무엇보다 큰 화근"임을 주목하여, 언젠가 "반드시 인류에게 저주가 될 날이 올 것"이라고 단언했다. 그는 근대 산업주의 문명이 가져다주는 물질적 풍요를 기반으로 한 인류의 행복이란 결국 허망한 약속에 지나지 않는다는 것을 집요하게 역설하였다. 간디에 의하면, 인도의 참다운 미래는 근대적인 도시가 아니라 자립적인 농촌마을에 달려있었다. 그는 이기심과 영적 빈곤과 낭비를 조장하는 근대적 대도시와 산업문명의 논리 속에서는 풀뿌리 민중의 자립, 자치적인 삶이 장려될 가능성을 조금도 찾아볼 수 없었다.

그리하여 간디는 식민지시대를 통해서 비참한 운명을 강요당해온 인도의 70만개의 농촌마을의 부활과 회생 속에서 참다운 독립과 해방뿐만 아니라 진정하게 새로운 인류문명의 가능성을 보았던 것이다. 여기서 간디의 유명한 '물레'가 등장한다.

물레(차르카)는 간디가 구상하는 새로운 문명에서 중심적 역할을 하고 있다. 간디는 농업과 물레로 대변되는 마을의 수공업이야말로 인도 민중의 진정한 독립생활, 즉 자치, 자립의 삶에 필수적인 두가지 수단이라고 생각하였다. 그래서 간디는 "농업이 민중의 몸이라고 한다면 물레는 그 손발이다. 인도 인구의 80퍼센트를 차지하는 민중이 가야 할 길은 이 두가지를 지키는 것밖에 없다. 인도를 비폭력적인 수단으로 지키는 유일한 무기는 물레밖에 없고, 인도의 진정한 독립은 물레에서 나오는 '카디' 옷 없이는 생각할 수 없다"고 갈파한 것이다.

그러니까 '아힘사'의 원리에 비추어 볼 때, 물레는 간디에게 무엇보다도 착취와 지배를 배제하는 가장 비폭력적인 삶의 상징이었다. 이러한 간디의 믿음은 "물레야말로 핵폭탄에 맞서는 무기"가 될 수 있고, "세계를 구하는 길이 물레에 있다"는 확신으로 나아갈 만큼 확고한 것이었다.

그러나 독립 후 인도는 네루의 정치적 지도하에 맹렬히 근대화·산업화를 추구하는 방향으로 가면서, 간디의 이러한 가르침은 무시되었다. 간디가 속했던 국민회의파에게도, 사회주의자들에게도 간디의 논리는 이해하기 어려운 것이었다. 간디의 사상은 그들에게 "현대국가로의 발전"을 저해하는 장애물이었다. 생존 시에 이미 간디 자신이 "나 때문에 이 나라가 암흑시대로 돌아가는 게 아닌가 하고 많은 사람들이 생각하고" 있다는 것을 알고 있었다.

실제로 인도뿐만 아니라 세계 전역의 많은 사람들 사이에서 오랫동안 간디의 마을을 중심으로 하는 '스와라지', 즉 자치·자립의 사상은 중세적 보수주의 경제사상쯤으로 받아들여져, 경시되어왔다고 할 수 있다. 하지만 세계의 현실이 간디가 깊이 우려했던 방향으로 갈수록 위기상황으로 치닫는 오늘날 간디의 선견지명과 그의 중심적 메시지는 과거 어느 때보다도 절박한 현실성과 호소력을 가지고 다가오는 느낌이다.

특히 이른바 압축적 경제성장의 결과, 농업, 농촌, 농민의 전면적인 몰락과 함께, 식량자급률 25퍼센트 수준에서 외국농산물에 대한 의존 없이는 생존 자체가 불가능하게 된 위태로운 상황에서도 여전히 경제성장의 논리에 굴복하고 있는 한국의 우리들에게 간디의 메시지는 심히 아픈 각성을 요구하는 것이라고 하지 않을 수 없다.

오늘날 식민주의 논리의 확대판이라고 해야 할 '세계화 경제'의 지배하에서 세계 전역에서 풀뿌리 민중의 삶은 짓이겨지고, 인간 생존의 자연적 토대는 급속도로 허물어지고 있다. 이 상황을 타개하고자 하는 많은 헌신적인 노력들 속에서 지금 간디의 '물레의 사상'은 새삼 활발하게 재음미되기 시작하고 있는 것 같다. 이것은 결코 우연이 아닐 것이다. 간디의 '마을 스와라지' 사상과 그 실천은 지금 인류사회에 절실히 요구되는 희망의 논리를 제공할 수 있는 가장 중요한 원천의 하나임이 분명하기 때문이다.

이 책은 1962년 인도의 나바지반(Navajivan) 출판사에 의해 간행된 'Village Swaraj'라는 제목의 책을 우리말로 옮긴 것이다. 이 책에는 간디의 방대한 저작물 중 여러 다양한 출처에서 발췌된 글들이 '마을 자치'라는 큰 주제하에 다양한 항목별로 재배치되어 있다. 이 책은 읽기에 따라 지루할 수도 있겠지만, 이 위대한 민중의 스승이 왜 이토록 풀뿌리 민중의 삶의 온갖 세부에 걸쳐 되풀이하여 자상한 관심을 기울이고 있는지를 골똘히 생각하면서 읽는다면, 이것은 드물게 독특하고 감명적인 사상서의 하나로 읽혀질 것임을 믿어 의심치 않는다.

2006년 11월
역자

역자

김태언(金泰彦)

1948년 경북 출생
서울대학교 영문과 졸업
전(前) 인제대학교 영문과 교수

역서

리처드 라이트 《검둥이 소년》
배리 하인즈 《케스 ― 매와 소년》
마사 베크 《아담을 기다리며》
미셸 오당 《농부와 산과의사》 등

마을이 세계를 구한다

초판 제1쇄 발행 2006년 11월 20일
개정판 제1쇄 발행 2011년 3월 18일
　　　　제8쇄 발행 2023년 10월 31일

저자　마하트마 간디
역자　김태언
발행처　녹색평론사

주소　서울시 종로구 돈화문로 94 동원빌딩 501호
전화　02-738-0663, 0666
팩스　02-737-6168
웹사이트　www.greenreview.co.kr
이메일　editor@greenreview.co.kr
출판등록　1991년 9월 17일 제6-36호

ISBN 978-89-90274-61-8 04330
ISBN 978-89-90274-57-1(세트)

값 10,000원